무비 스님의
초발심자경문 강설

무비 스님의 초발심자경문 강설

초판 1쇄 펴냄 2016년 5월 20일
　　3쇄 펴냄 2024년 12월 30일

강　　설 | 무비 스님
발 행 인 | 원명
펴 낸 곳 | 조계종출판사

출판등록 | 제300-2007-78호(2007.04.27.)
주　　소 | 서울시 종로구 삼봉로 81 두산위브파빌리온 1308호
전　　화 | 02-720-6107
팩　　스 | 02-733-6708
구입문의 | 불교전문서점 향전 (www.jbbook.co.kr)

ⓒ 무비 스님, 2016

ISBN 979-11-5580-074-4 03220

무비 스님의

초발심자경문 강설

조계종
출판사

머리말

　「계초심학인문誠初心學人文」, 「발심수행장發心修行章」, 그리고 「자경문自警文」을 합해서 『초발심자경문初發心自警文』이라 부릅니다. 출가 수행하는 사람들은 사미계沙彌戒를 받기 위한 준비로써 『초발심자경문』을 반드시 공부하도록 하고 있습니다. 처음 발심해서 수행하겠다고 출가한 사람들에게는 정말 소중한 경책과 교훈이 담겨 있습니다. 그리고 수행 생활에 꼭 필요한 규범에 관한 말씀도 담겨 있지요. 인생의 무상함을 깨닫고, 그야말로 영원한 진리를 찾고자 하는 마음을 내었을 때, 어떻게 하면 보다 효과적인 결과를 얻을 수 있을까 하는 옛 조사들의 간절한 마음이 『초발심자경문』에 펼쳐집니다.

　「예불문」, 『반야심경』, 『천수경』, 「계초심학인문」, 「발심수행장」, 「자경문」의 순서를 밟아 공부해 나간다면 출가 수행자의 공부 순서와 마찬가지로 하는 것과 같습니다. 비록 『초발심자경문』이 출가 수행자를 위한 수행 지침서이지만 근래에는 불자들을 위한 교

양대학 또는 불교대학 등에서도 강의를 많이 하죠. 일반 사찰에서
도 불자들을 대상으로 이와 같은 강의가 심심찮게 이루어지고 있
습니다.

근래 우리나라 불교의 중흥조로 경허 스님을 듭니다. 경허 스님
이 나오시기 전까지 우리나라 불교는 조선 시대의 배불 정책 등으
로 그야말로 등불이 거의 꺼질 지경에 이르렀습니다. 그런데 경허
스님이라는 걸출한 도승이 나타나서 불교를 중흥시켰죠.

또 경허 스님은 훌륭한 제자들도 많이 길러 내셨습니다. 수월
스님, 혜월 스님, 만공 스님, 한암 스님 등등 우리나라 불교를 반
석 위에 올려놓았다고 해도 좋을 기라성 같은 선지식이 바로 경허
스님의 제자들입니다.

그런 경허 스님께서 이『초발심자경문』을 평생 열심히 읽으셨다
는 이야기가 전해 내려옵니다. 이는『초발심자경문』이 출가한 지

얼마 안 된 어린 사미, 아니면 수행이 상당한 중견 수행자, 아니면 원로, 이런 것을 떠나서 수행자라면 한평생 수행의 지침서로 삼아도 손색이 없는 아주 뛰어난 가르침을 담고 있음을 바로 경허 스님께서 입증해 주신 것이라 해도 과언이 아닙니다. 막 출가한 사미가 공부하는 것을 평생 독송하고 늘 의지하셨던 것이 우리가 아는 경허 스님을 있게 한 좋은 밑받침이 되었을 것입니다.

우리는 보통 처음엔 계획을 잘 세웁니다. 연초에는 그해 할 일에 대해 계획을 세우기도 하고, 어릴 때는 큰 꿈을 그리며 이렇게 저렇게 살아야겠다는 계획을 세우기도 합니다. 친구 사이, 가족 사이, 또 자신의 인생을 획기적으로 바꾸려고 하는 경우에도 굳은 결심과 각오로 새로운 계획을 설계합니다. 이러한 마음이 초심입니다. 그런데 세월이 가다 보면 그 마음이 해이해지고 퇴색되어, 급기야는 내가 언제 그렇게 생각했던가 하고 잊어버리게 됩니다.

그래서 사람들은 '초심으로 돌아가자.'는 말을 잘합니다. 처음 결심했던 대로 수행을 하고 공부를 하기 위해서는 초심을 항상 굳게 지켜야 하겠지요. 그렇기 때문에 『초발심자경문』에 펼쳐진 말씀들은 출가 수행자를 위해 쓰여진 것이기는 하지만, 재가 수행자에게도 꼭 필요한 가르침을 담고 있습니다.

차례

자경문 강설

부 록

계
초
심
학
인
문

강
설

강의를 시작하며

　　우리나라 역대 조사를 꼽아 보면 신라 때는 수많은 스님 가운데 원효 스님이 첫손에 꼽힐 것입니다. 고려 때는 지눌 스님을 꼽고, 조선 시대에는 배불 정책으로 불교가 힘을 펴지 못했다 하더라도 서산 스님을 첫 손가락으로 꼽습니다. 『초발심자경문』 중 우리가 제일 먼저 접하는 「계초심학인문」이 바로 고려 시대 보조 지눌 스님이 쓴 글입니다.

　　여기서 잠깐 지눌 스님에 대해 말씀드리겠습니다. 스님의 시호는 불일보조佛日普照, 탑호는 감로甘露입니다. 지눌은 법명입니다. 자호는 '소를 먹이는 사람'이란 뜻으로 목우자牧牛子라 불렀습니다. 성은 정씨鄭氏이고 8세에 출가를 했답니다. 구족계具足戒를 받았지만 어떤 스승 밑에서 무엇을 공부했는지는 구체적으로 나타나지 않습니다. 『육조단경六祖壇經』을 보다가 스스로 깨달은 바가 있었다는 기록도 있고, 『금강경金剛經』, 『육조단경』, 『화엄론華嚴

論』, 『화엄합론華嚴合論』 및 대혜 스님의 어록 등에 의지해서 수행의 길을 갔다는 기록도 있습니다.

스님은 오백 나한 절로 유명한 팔공산 거조사居祖寺에 들어가 이전의 담선법회에서 결사를 약속했던 도반을 모은 뒤 정혜를 익혔습니다. 그리고 『권수정혜결사문勸修定慧結社文』을 선포합니다. 하지만 거조사에서 인연이 성숙되지 않아 지리산 상무주암上無住庵으로 들어가 홀로 수행에 전념합니다. 그리고 새로운 결사 도량인 송광산 대길상사大吉祥寺, 지금의 송광사로 옮깁니다. 그리고 인연 있는 대중을 모아 '우리가 고려불교의 잘못된 점들을 반성하고, 제대로 수행자다운 수행을 하자.'며 본격적인 결사를 하게 됩니다.

이 결사 운동이라는 게 요즘같이 머리에 띠를 두르고 큰 소리치는 것은 아니었습니다. 뜻을 같이하는 도반들이 한 장소에 모여 스스로를 경책하면서 조용히 피나는 수행을 하는 것으로 진행되었습니다. 매우 바람직한 모습입니다. 자기 자신이 본래의 뜻에 충실할 때 그것이 곧 세상을 향한 큰 운동이 됩니다. 예를 들어 자연 보호 운동도 그렇습니다. 우리는 무엇을 어떻게 하자며 현수막을 들고 길거리에 나서거나, 신문에 이름을 내서 주장을 하는 것을 많이 봅니다. 하지만 이런 일보다는 자기 자신이 솔선수범하는 자연 보호를 위한 철저한 실천행이 있을 때 주변과 이웃에서도 자연스럽게 동참하게 됩니다.

지눌 스님께서 하신 일이 그렇습니다. 불교를 일으키기 위해 승속을 막론하고 수행에 뜻을 같이한 사람과 함께 모범을 보이며 수행으로 일관하셨던 그 일이 그대로 정혜 결사 운동이 되었습니다. 이를 통해 불교가 빛을 발하게 되는 훌륭한 사례를 남겼습니다.

「계초심학인문」이란 '처음 마음 낸 사람들을 경계한 글'이라는 뜻입니다. '초심으로 돌아가자.'는 말이죠. 수행을 할 때 지켜야 할 청규淸規입니다.

사찰에서 지켜야 할 생활 규칙을 청규라 합니다. 청정대해중淸淨大海衆의 '청'과 수행자가 지켜야 할 규칙인 규구준승規矩準繩의 '규'를 합친 말이죠. 대표적인 것이 『백장청규百丈淸規』와 『선원청규禪院淸規』입니다.

「계초심학인문」은 그 당시에는 수선사修禪社의 청규였지만 오늘의 우리에게는 수행 지침서이자 생활 지침서로의 의미가 있다고 하겠습니다.

1. 초심학인의 자세

:

부 초 심 지 인 　 수 원 리 악 우 　 　 친 근 현 선
夫初心之人은 **須遠離惡友**하고 **親近賢善**하야

무릇 처음 발심한 사람은 반드시 악한 벗을 멀리하고 어질고
착한 이를 가까이해야 하며,

초심初心은 초발심初發心입니다. 부처님과 같은 깨달음을 성취
하겠다고 내는 첫 마음을 말합니다. 초심지인初心之人, 처음 마음
낸 사람, 초심학인이란 말입니다. 수행하겠다고 출가하여 막 사찰
에 들어온 사람들, 행자나 사미에 해당하겠지요. 그런 사람들을
두고 하는 말입니다. 비록 출가는 하지 않았다 하더라도 수행을
제대로 하겠다는 마음을 낸 사람을 가리키기도 합니다.

　이러한 초심 수행자가 가장 먼저 경계해야 할 것으로 악한 벗을
멀리해야 함을 들었습니다. 악한 벗에서 '벗'은 비단 친구 사이만
가리키는 것은 아닙니다. 자기에게 영향을 미칠 수 있는 모든 사

람을 통칭합니다. 그러므로 악한 벗은 소견이 바르지 못하고 삿된 생각을 가진 사람, 세속적인 가치관에 이끌려 야욕을 불태우고 있는 사람, 신통력을 얻겠다며 정법正法보다는 사법邪法을 앞세우는 사람 등을 모두 가리킵니다. 눈에 드러나는 나쁜 짓을 하는 사람이라기보다 스승으로서 스승답지 못한 사람들이지요.

부처님께 귀의해서 부처님이 제시해 준 가장 바람직한 길, 세상에 모범이 되는 인생을 살고자 하는 사람으로서 소견이 잘못된 사람을 만나는 것은 무척이나 곤란한 일입니다. 이는 출가한 사람뿐만 아니라 세속 사람에게도 마찬가지입니다. 바른 소견을 갖지 못한 스님이거나 세속적인 가치관을 좇는 스승이라면 가차없이 떠나야죠. 멀리 떠난다는 것은 출가 수행자의 근본입니다. 세속의 부와 명예, 욕망과 가치를 모두 떠나는 것이 출가 수행자입니다. 달마 스님도 『혈맥론血脈論』에서 다음과 같이 말씀하셨습니다.

외식제연(外息諸緣)
내심무천(內心無喘)
심여장벽(心如墻壁)
가이입도(可以入道)
밖으로 꺼들리는 모든 반연을 쉬고,
안으로 마음의 헐떡임을 없게 하여
마음을 장벽처럼 움직이지 않게 하면
도에 이를 수 있다.

그 반대로 친근히 해야 할 사람은 현선賢善, 즉 선지식입니다. 『화엄경』에서는 선지식을 '사람들을 인도하여 일체지一切智로 가게 하는 문이며 수레이며 배이며 횃불이며 길이며 다리.'라고 하였습니다. 훌륭한 인품과 지혜로운 가르침으로 나에게 좋은 영향을 미치는 사람이 바로 현선입니다.

'향을 쌌던 종이에서는 향기가 나고, 생선을 묶었던 새끼에서는 비린내가 난다.'는 말이 있습니다. 또 '근묵자흑近墨者黑'이라는 말도 있습니다. 안갯속을 가다 보면 당장에는 옷이 젖지 않지만 차츰 축축이 젖어 오듯이 악한 사람을 가까이하거나 선한 사람을 가까이하면 당장에는 변화가 없다 하여도 차츰차츰 그 영향을 받게 됩니다. 그것이 인연의 도리 아니겠습니까. 우리 인생도 마찬가지입니다. 어떤 인연을 가까이하느냐에 따라 인생이 향기로울 수도 있고 악취를 풍길 수도 있습니다.

흔한 말이고, 쉬운 말이며, 간단한 말이지만 가장 중요하고 큰 일이기 때문에 지눌 스님이 처음 출가한 사람이 지켜야 할 첫째 조항이라고 청규로 내리지 않았을까 합니다.

수 오 계 십 계 등　　선 지 지 범 개 차
受五戒十戒等하야 **善知持犯開遮**니라
오계와 십계 등을 받아서 잘 간직하고 범하고 열고 닫을 줄을 알아야 하느니라.

일반 신도들은 보통 오계五戒를 받은 다음 보살계菩薩戒라고 해서 십중대계十重大戒와 사십팔경계四十八輕戒를 받습니다. 그리고 출가한 이들은 처음에 십계十戒를 받습니다. 여기서 오계와 십계를 받는다고 한 것을 보면 출가한 사람에게도 처음에는 오계를 주었다가 어느 정도 무르익게 되면 십계를 주지 않았나 생각이 듭니다. 요즘은 그렇지 않습니다. 오계를 주고 한참 있다가 십계를 주는 것이 아니고 바로 십계를 줍니다. 십계에 오계가 다 포함되어 있기 때문입니다. 출가자의 입장에서 보면 사미십계沙彌十戒, 사미니십계沙彌尼十戒라고 말할 수 있습니다.

여러분이 다 알고 있듯이 불살생不殺生, 불투도不偸盜, 불사음不邪淫, 불망어不妄語, 불음주不飮酒가 오계입니다. 불음주를 제외한 나머지는 그 행위를 범하는 자체가 죄가 되는 계입니다. 그렇기 때문에 반드시 지켜야 합니다. 다만 불음주계는 술을 마시는 행위 자체가 죄가 되기보다는 술을 마심으로써 앞의 네 가지 죄를 범하기 쉽기에 금하는 것입니다. 대승계에서는 오계에 '자비, 복덕, 청정, 진실, 지혜'라는 적극적인 의미가 있다고 보기 때문에 보살이 행해야 할 덕목으로 삼고 있습니다.

십계는 오계에 다섯 가지의 계를 더한 것입니다. 그 다섯 가지 계는 사미와 사미니, 즉 정식 승려가 되기 전의 출가 수행자가 지켜야 할 계입니다. 내용은 다음과 같습니다.

첫 번째는 '불착향화만불향도신不着香華鬘不香塗身'입니다. 장신구를 몸에 지니거나 향을 바르지 말라는 말입니다. 출가한 자가 세속적 가치와 욕망에 이끌려 외향만을 꾸미고자 하는 것은 바르지 못합니다.

두 번째, '불가무창자불왕관청不歌舞唱自不往觀聽'입니다. 노래하고 춤추거나 풍류를 즐기지 말라는 말입니다.

세 번째는 '부좌와고광대상不坐臥高廣大床'입니다. 넓고 큰 평상에 앉거나 눕지 말라는 말입니다. 사치스러움을 추구하는 것은 수행자가 할 일이 아니라는 것입니다.

네 번째, '불비시식不非時食', 때 아닌 때에 식사를 하지 말라는 말입니다. 음식을 때 아닌 때에 먹어 버릇하면 대중 생활이 어렵습니다.

다섯 번째, '불착금은전보不着金銀錢寶'입니다. 금은재보를 모으거나 쌓아 두지 말라는 말입니다. 수행하는 사람은 있는 것도 베풀어서 버리고 버려야 하는데 재산을 쌓아 둠은 바람직하지 못하다는 것입니다.

출가한 사람에게는 이와 같은 열 가지 계를 줍니다. 이를 잘 지키면 수행자라고 하고, 제대로 지키지 못하면 참다운 수행자라 할 수 없으며, 아직 수행자의 반열에 들지 못했다고 말할 수 있습니다. 물론 시대에 따라서 최소한의 필요한 것은 갖추되, 지키지 못하는 상황도 생깁니다. 그런 점이 계율의 문제에 크게 등장합니다. 그래서 오계와 십계 등을 받아 가지고 지범개차持犯開遮를 잘해야 합니다.

지범持犯에서 지持는 보지계율保持戒律, 즉 절대로 계를 파하지 말아야 하는 것입니다. '살생하지 마라.' 하면 살생을 하지 않도록 철저히 노력하는 게 지持 자에 담긴 뜻입니다. 범犯은 침범계율侵

犯戒律, 즉 계를 깨는 것입니다. 계를 잘 가지고 지키기도 해야 되지만 잘 범할 줄도 알아야 한다는 의미입니다. 다른 종교의 계율과는 다른 점입니다.

개차開遮, 열 개開 자, 막을 차遮 자입니다. 연다는 것은 부작용을 줄이기 위해 방편으로서 열어 놓는 겁니다. 그런데 방편으로 여는 것이기에 잘못하면 또 다른 부작용을 일으킬 수 있습니다. 그래서 적절하게 잘할 줄 알아야 합니다. 지눌 스님이 선지善知라고 말한 이유가 여기에 있습니다. 차遮는 본래의 개開보다도 더 확대해서 해석하여 지키는 것을 말합니다. 예를 들어, '술 마시지 마라.'고 하면 도박도 하지 말고, 담배도 피우지 말고, 마약도 하지 말라는 또 다른 계율이 저절로 따르는 것입니다. 남방이나 일본의 스님들은 담배를 곧잘 피웁니다. 계율에는 하지 말라는 말이 없어서 그렇다고 합니다. 계율 제정 당시에는 담배가 없다가 이후에 생긴 것이기 때문에 그렇습니다. 그러나 우리나라에서는 금지하고 있습니다. 확대하여 해석하고 있는 것이죠. 열 것도 많고 막을 것도 많습니다. 시대와 상황에 따라서 적절하게 해야 된다는 의미입니다.

참 융통성 있는 가르침이고 우리가 마음에 꼭 새겨 둬야 할 가르침입니다.

단 의 금 구 성 언   막 순 용 류 망 설
但依金口聖言이언정 莫順庸流妄說이어다

다만 부처님의 성스러운 말에 의지할지언정 용렬한 무리의 망설을 따르지 말지어다.

수선사 길상화 도량에 모인 모든 수행자, 특히 초발심 수행자가 준수해야 할 규칙들이 쭉 나열됩니다. 그러나 이 규칙은 수행 단체에만 적용되는 것은 아닙니다. 성인의 가르침이기 때문에 일상생활을 하는 재가 신도들도 활용할 만한 좋은 인생 지침이라고 할 수 있습니다.

금구성언金口聖言, 즉 성인의 입은 항상 교훈이 되는 말씀, 남을 북돋우는 말씀, 격려해 주는 말씀, 칭찬하는 말씀, 이치를 깨우치게 하는 말씀, 참다운 이치에 근거한 말씀을 토해 냅니다. 우리들은 이를 통해 지혜의 눈이 열려 마음이 편안해지고, 이치를 알게 되어 어리석지 않고 순리대로 살 수 있습니다. 그러한 가르침이기 때문에 존경의 표현으로 금구金口라 하였습니다. 『금강경』에서도 '부처님의 말씀은 진리의 말씀이며, 실다운 말씀이며, 속이지 않는 말씀이며, 망령되지 않은 말씀이다.'라고 하였습니다.

금구성언은 비단 부처님 말씀만 뜻하는 것은 아닙니다. 보살님들의 말씀, 조사들의 말씀 등 그 뜻이 훌륭하면 누구의 말씀이라도 금구성언에 해당됩니다. 성인이 아니더라도 성인다운 말씀이라면 금구성언이 되는 것이죠. 중생이라도 불보살님과 같은, 조사와 같은 말을 할 수 있거든요. 그 말도 역시 금구성언이라고 할 수 있습니다.

우리는 좋은 말씀을 많이 들으려고 노력해야 합니다. 설사 만

마디 말을 듣고 한 마디만 실천하더라도 포기해서는 안 됩니다. 듣는 일 자체가 정진이고 수행입니다. 우리가 경전을 읽고, 경전 강의를 듣고, 법문을 듣는 그 일 자체가 수행이고, 마음 닦는 일이에요. 평소에 저축을 해 놔야 돈을 쓸 일이 있을 때 쓸 수 있는 것과 마찬가지로 성인의 지혜도 평소에 읽고 듣고 사유해서 저축을 해 놔야 합니다. 그렇게 저축을 해 놓아야 어떤 일이 생겼을 때 그 것을 꺼내어 자신을 비춰 보고, 남을 비춰 보고, 어떤 사건에 대입시켜서 바른 길을 찾을 수 있는 것입니다.

용렬한 무리란 소견이 아주 좁고, 들은 바와 아는 바도 없는 사람들입니다. 먹고, 입고, 자는 것밖에 모릅니다. 그런 이들은 생각에 한계가 있고, 행동에 한계가 있고, 말에 한계가 있어요. 그렇기 때문에 그런 사람들은 따르지 말라는 겁니다.

기 이 출 가　　참 배 청 중
既已出家하야 **參陪清衆**인댄

상 념 유 화 선 순　　　부 득 아 만 공 고
常念柔和善順이언정 **不得我慢貢高**다

이미 출가하여 청정한 대중 속에 참여하였거든 항상 부드럽고 화합하고 착하고 순수함을 생각할지언정 교만심으로 잘난 체하지 말지어다.

여기서는 출가 대중이 지녀야 할 삶의 태도를 말씀하십니다. 출가에는 삼종출가三種出家 또는 사종출가四種出家가 있습니다. 삼종출가란 세속의 집에서 나오는 출세속가出世俗家, 번뇌의 집에서 나오는 출번뇌가出煩惱家, 생사윤회의 삼계의 집에서 벗어나는 출삼계가出三界家를 말합니다. 사종출가는 첫째, 몸은 출가하였으나 마음은 아직 출가하지 않은 신출가심불출가身出家心不出家, 둘째, 마음은 출가하였으나 몸이 아직 출가하지 않은 심출가신불출가心出家身不出家, 셋째, 몸과 마음이 함께 출가한 신심구출가身心俱出家, 넷째, 몸도 마음도 다 출가하지 못한 신심구불출가身心俱不出家입니다.

집을 떠나 머리를 깎고 승복만 걸치는 출가는 진정한 출가라 할 수 없습니다. 부지런히 선정과 지혜를 닦아 영원한 진리와 계합해서 삼계를 벗어나야 진정한 출가입니다. 출가와 재가의 구별은 겉모양에 있는 것이 아니라 청정한 마음에 있는 것입니다.

세상에는 무리를 이룬 사람이 많습니다. 정치적 이해관계에 의한 집단도 있고, 부와 명예를 위한 집단도 있습니다. 봉사 활동을 목적으로 구성된 집단도 있지만 나쁜 일을 도모하기 위해 모인 집단도 있을 것입니다. 공부하기 위해 모인 집단도 있을 것이며, 목적하는바 무엇을 배우기 위해 모인 집단 등 헤아릴 수 없이 많습니다.

청중淸衆, 곧 청정한 대중이란 진리를 깨쳐 중생 구제에 이바지하겠다는 원력을 세운 사람들의 모임을 말합니다. 삼귀의를 할 때 '귀의승중중존歸依僧衆中尊', '거룩한 스님들께 귀의합니다.'라고 하는 이유도 가장 청정하고 훌륭한 단체가 승가 대중이기 때문입니다. 몸과 마음이 모두 출가한 초발심자는 선지식과 도반이 있는 청정한 대중의 처소에서 살아야 합니다. 참배參陪의 배陪는 '모시다.', '쌓아올리다.', '더하다.' 등의 뜻입니다. 처음 출가한 자가 대중처소에서 받들어야 할 규칙을 말씀하신 겁니다.

그것은 바로 유화선순柔和善順, 즉 항상 부드럽고 화합하고 선하고 순수한 것을 염두에 두고 살아야 한다는 가르침입니다. 강한 것은 부드러움을 이기지 못하고, 다툼은 화합을 넘지 못하며, 바르지 못함은 선한 마음을 당하지 못하고, 사사로움은 순수함을 따르지 못한다고 하였습니다.

여러분은 유화선순 네 글자 중 어떤 글자와 가장 잘 어울린다고 생각하십니까? 물론 이 네 글자에 없을 수도 있겠지요. 믿을 신信 자, 밝을 명明 자 등등 자기 자신에게 알맞은, 다른 적절한 글자를 찾을 수도 있을 것입니다. 이러한 가르침은 교만심을 없애 지혜를 증장하고 자비를 실천하기 위한 것임을 한시도 잊어서는 안 될 것입니다.

불교에서는 가장 경계해야 할 것으로 아만심我慢心을 말합니다. 지눌 스님도 초심자에게 특별히 강조하고 있습니다. 다른 사람과 비교하여 우열을 가리고, 내가 너보다 뛰어나고 잘났다는 아만심이야말로 가장 어리석은 일입니다. 교만한 태도는 수행의 가장 큰 장애이며, 대중의 화합을 저해하는 지름길입니다.

부드럽고, 화합하고, 선하고, 순한 자세를 가진다면 설사 가문이 좋고, 학벌이 좋고, 부유하고, 지식이 많고, 지위가 높고, 배경이 든든하다 하더라도 어찌 잘난 체하고, 아만을 피우고, 뽐내는 일이 있을 수 있겠습니까. 초심학인으로서는 더욱더 주의해야 할 일입니다.

대자　위형　　소자　위제
大者는 **爲兄**하고 **小者**는 **爲弟**니

큰 사람은 형으로 여기고 작은 사람은 아우로 여길지니,

출가 수행자의 입장에서 보면 모든 사람이 대자大者입니다. 나보다 나이가 많아서 큰 사람이고, 아는 게 많아서 큰 사람이고, 머리가 좋아서 큰 사람이고, 출가를 먼저 했으니 큰 사람이고, 출가도 늦고 나이도 어리지만 머리가 더 좋고 근실하여 공부에 열중하니 큰 사람입니다. 어디를 봐도 나보다 더 큰 사람뿐입니다.

특히 먼저 출가한 사람을 대자라고 합니다. 이는 청정 대중의 위계질서를 말합니다. 위계질서 확립의 제1원칙은 바로 출가를 언제 했느냐에 있습니다. 이를 기준으로 순서를 정하고 질서를 잡습니다. 사찰에 먼저 들어와 출가한 기간이 긴 사람을 형으로 여기고, 출가한 기간이 짧은 사람을 아우로 삼는 것입니다. 이렇게 명확한 기준으로 형과 아우를 정하면 존경과 배려, 화합과 질서가 바로잡히게 됩니다.

당 유 쟁 자   양 설   화 합
儻有諍者어든 兩說을 和合하야

단 이 자 심 상 향   부 득 악 어 상 인
但以慈心相向이언정 不得惡語傷人이어다

만일 서로 다투는 이가 있거든 두 사람의 말을 화합시켜 서로
가 자비로운 마음으로 대하게 할지언정, 나쁜 말로써 사람을
상하게 해서는 안 된다.

절집에서는 흔히 '각성바지가 모여 가지고.'라는 표현을 씁니
다. 한집안은 할머니, 어머니의 성이 다르다 하여도 한 가족이기
때문에 큰 문제가 없습니다. 그러나 절집 안은 그야말로 각성바
지, 여러 성을 가진 사람이 동서남북에서 모입니다. 그러니 수준
이 다르고, 생활 습관이 다르고, 교육 수준이 다르고, 성격 다르
고, 은사 스님 다르고, 공부한 연한이 달라서 다 다툼 거리뿐입니
다. 그렇기 때문에 다툼이 심심찮게 일어납니다.

다툼에는 항상 두 가지의 주장이 있기 마련입니다. 그러할 경우
다만 자비로운 마음으로 각각을 대할지언정 등질 일이 아닙니다.
상대를 향해서 정을 보내고, 마음을 보내고, 염려하는 입장이 되
도록 중재를 잘해야 됩니다. 어느 한쪽의 편을 들거나, 마음속 깊
이 원통한 생각을 맺히게 하여 상처 주는 말을 하지 말아야 합
니다. 세상 사는 데 제일 마음을 쓰면서 살아야 할 것이 바로 인간
관계입니다.

불교 교단의 화합을 위한 가장 기본적인 덕목을 제시하고 있는

것이 '육화경六和敬'인데 그 내용은 다음과 같습니다.

　　신화공주(身和共住)
　　구화무쟁(口和無諍)
　　의화동사(意和同事)
　　계화동수(戒和同修)
　　견화동해(見和同解)
　　이화동균(利和同均)
　　몸으로 화합할지니 함께 머물러라.
　　입으로 화합할지니 다투지 마라.
　　뜻으로 화합할지니 함께 일하라.
　　계로써 화합할지니 함께 닦아라.
　　바른 견해로 화합할지니 함께 깨달아라.
　　이익으로써 화합할지니 균등하게 나누어라.

　　신라 말 부설 거사의 임종게에서도 시비를 끊고 화합하라고 말씀하신 부처님의 뜻을 충분히 느낄 수 있습니다.

　　목무소견무분별(目無所見無分別)
　　이청무성절시비(耳聽無聲絕是非)
　　분별시비도방하(分別是非都放下)
　　단간심불자귀의(但看心佛自歸依)
　　눈으로 보는 것이 없으면 분별함도 없고

귀로 듣는 소리가 없으면 시비도 끊어진다.
분별하고 시비함을 모두 놓아 버리고
오직 마음의 부처를 지켜서 스스로 귀의하라.

약 야 기 능 동 반　　논 설 시 비
若也欺凌同伴하야 **論說是非**인댄

여 차 출 가　　전 무 이 익
如此出家는 **全無利益**이니라

만약 도반을 속이고 업신여겨서 시비를 한다면, 이와 같은 출가는 전혀 이익이 없느니라.

우리는 흔히 도반道伴이라는 말을 씁니다. 전통적인 의미에서의 도반은 동주도반同住道伴, 즉 같은 절, 같은 방 등 같은 조건에서 함께 머물며 벗이 되어 도 닦는 사람을 의미합니다. 일가친척보다 가깝고, 형제자매보다 믿음직스러운 존재입니다. 자나깨나 24시간 같이 생활하는 그런 이를 도반이라 하죠.

　도 닦기 위해 함께하는데 잘잘못만 따지고 허물만 들춰낸다면 무슨 소득이 있겠습니까. 그럴 시간에 경전 한 구절이라도 더 읽고, 화두 한 번이라도 더 들고, 염불 한 마디라도 더 하여야 자기에게 이익이 있습니다. 누가 옳으니, 누가 틀렸느니 따지며 시비에 휘말려 여기저기 쫓아다니고, 시간을 허비하며 분란을 일으키고, 대중을 어지럽게 하여 공부 분위기를 흐려 놓는 사람들이 있습니다. 이는 다른 사람에게 죄를 짓는 것이고 자기에게는 어떠한 이익도 없다는 것은 더 말할 나위가 없습니다.

참고로 '논설시비論說是非인댄'은 '논설시빈댄'으로 읽습니다.

재 색 지 화　　심 어 독 사　　성 기 지 비　　상 수 원 리
財色之禍는 **甚於毒蛇**하니 **省己知非**하야 **常須遠離**어다
재물과 이성에 의한 화는 독사보다 더 심하니, 자기를 반성하고 그릇된 줄을 알아 모름지기 항상 멀리할지어다.

앞에서 청정 대중의 처소에서 지켜야 할 청규를 말씀하셨다면 여기에서는 수행자 개인이 지켜야 하는 엄격한 규율을 이야기하고 있습니다. 앞에서 출가한 수행자가 지켜야 하는 오계와 십계를 설명한 바 있습니다. 그중 불착금은전보와 불음계에 해당하는 재색을 멀리할 것을 거듭 강조합니다. 재색에는 재욕財慾, 성욕性慾 · 色慾, 음식욕飲食慾, 명예욕名譽慾, 수면욕睡眠慾의 오욕락이 포함되어 있습니다.

이는 가치관의 문제입니다. 가치관이란 우리가 무엇을 추구하며, 꿈꾸고, 목표를 삼아 살아갈 것인가의 문제입니다. 일반적으로 재財 · 색色 · 식食 · 명名 · 수睡는 세속적인 가치 기준입니다. 대부분의 사람은 이 목표를 향해서 부단히 줄달음질치며 살아간다고 볼 수 있습니다.

제가 들은 이야기입니다. 가난한 집안에서 태어난 사람이 사법

고시 공부를 열심히 한 결과 판사가 되었습니다. 그 사람에게 판사가 되고 나서 뭐가 달라지더냐 물었더니, 먹는 음식의 질이 달라졌고, 마시는 술의 질이 달라졌고, 다가오는 여자도 많더라고 했답니다. 머리에 띠를 동여매고, 밤잠을 설치며 수년간 고시원에서 공부해서 법관이 된 것은 그러한 것을 얻기 위해서였다는 것으로밖에 달리 말할 수 없습니다.

하지만 도를 닦고 깨달음을 증득하기 위해 출가한 수행자는 출세간적인 가치관이 확립되어야 합니다. 출세간적인 인생관이 확립되어 있는 사람이라면 재·색·식·명·수를 위해서 노력하거나 거기에 연연하지 않습니다.

사람이 독사에 물리게 되면 금생의 목숨만 잃게 됩니다. 그러나 재·색·식·명·수라는 세속적 가치관으로 살다 보면 그 생각이 우리의 무의식에 잠재되어 세세생생 그것 심부름만 하다 세월을 보낼 수밖에 없습니다. 그래서 재·색·식·명·수 때문에 입는 화는 독사의 독보다 심하다는 겁니다.

사표師表가 되어 많은 사람을 지혜의 길로 이끌겠다는 마음이 있다면 세속적인 가치관에 허덕여서는 안 됩니다. 그러한 것은 수행하는 데 바른 길이 아닌 줄을 잘 알아야 합니다.

성기省己라는 말은 조고각하照顧脚下라는 말과도 연관이 있습니다. 내가 서 있는 장소를 잘 살피라는 말입니다. 자기 자신이 서 있는 위치에서 자신을 잘 살펴서 잘못된 점을 알아야 한다는 의미입니다. 출가한 사람이 수행하는 사람들과 더불어 있으면서 항상 자기 자신을 살피는 것이 조고각하예요. 내가 있는 곳에서 나의 위치가 어떻게 되며, 내가 무엇을 하는 사람인가를 살피는 것입니다.

무 연 사 즉 부 득 입 타 방 원
無緣事則不得入他房院하며

당 병 처 　　 부 득 강 지 타 사
當屛處하야 **不得强知他事**하며

일 없이 다른 사람의 방에 들어가지 말며, 가려 놓은 곳에 이르러서는 굳이 남의 일을 알려고 하지 말며,

지금부터는 일상생활에서 수행자가 가져야 할 바른 몸가짐과 마음가짐을 이야기합니다.

맨 먼저 다른 사람의 방이나 집에 들어가지 말라고 합니다. 방은 거주하는 사람에 따라 각각 다릅니다. 집도 용도와 목적에 따라 다릅니다. 선원, 강원, 종무소, 원주실 등 각각 용도나 목적에 따라 나눠져 있습니다. 같은 집이라도 소임에 따라 방을 달리 사용합니다. 그 집과 방에 꼭 필요한 볼일이 있다면 몰라도 그렇지 않으면 할 일 없이 기웃거리지 말라는 것입니다. 집에도 들어가면 안 되고 방에는 더욱더 들어가지 말라고 했습니다. 그렇지 않으면 괜히 오해받을 수도 있고, 또 이것저것 안 봐도 될 것을 보게 되어 의혹이 일어날 수 있습니다. 남의 집을 가더라도 보여 주는 곳만 가서 보아야지 그렇지 않은 곳을 기웃기웃하면서 여기저기 들어

가 보면 집주인이 이상하게 생각하는 것과 같습니다. 특히 병풍을 쳐 놓았거나 보자기로 싸 놓는 등 가려 놓은 곳에 다다라서는 억지로 다른 사람의 일을 알려고 하지 말라는 것입니다.

비 육 일   부 득 세 완 내 의
非六日이어든 不得洗浣內衣하며

임 관 수   부 득 고 성 체 타
臨盥漱하야 不得高聲涕唾하며

6일이 아니면 속옷을 빨지 말며, 손을 씻거나 이를 닦을 때는 큰 소리로 코를 풀거나 침을 뱉지 말지며,

당시 수선사에는 800여 명 이상의 대중이 살았다고 합니다. 삭발하는 날, 목욕하는 날, 빨래하는 날을 따로 정해 놓지 않으면 생활이 불편하고 질서가 지켜지지 않아 혼란스러웠을 겁니다. 그래서 음력 6일, 16일, 26일을 삭발일, 목욕일, 세탁일로 정해 두었습니다.

세탁하는 날에는 '수두水頭'라는 소임자가 물을 충분히 준비해 두었습니다. '마호磨糊'라는 소임을 맡은 사람도 세탁하는 날에만 풀을 쑤었습니다. 그날 하루만 풀을 쑤어서 옷에 풀을 먹일 수 있도록 한 것이죠.

그리고 손을 씻거나 세수를 하거나 양치질을 할 때에도 몸가짐을 조심하라고 하였습니다. 여러 명이 함께 생활하는데 소리를 높

여 코를 풀거나 가래를 뱉는 등의 행위를 하는 것은 품위 없는 짓이며, 남을 배려하지 않는 경솔한 행위입니다.

사찰에서는 이를 닦을 때도 한쪽에 쪼그리고 앉아 칫솔질을 하고 입을 헹구어 아무 일도 없는 듯이 일어나라고 합니다. 거품 많은 칫솔을 입에 물고 왔다갔다한다든지, 심한 경우 칫솔질을 하면서 돌아다니는 사람들도 있습니다. 그런 행동은 품위가 없죠. 남 보기에도 사납습니다. 남 보기에 사나운 일은 예의상 문제가 있는 짓이라고 할 수 있습니다.

불가에서는 속 내용을 중요시하지만, 그 내용 못지않게 겉모양도 아주 중요하게 여깁니다. 겉모양이 충실하면 내용도 충실하고, 내용이 충실하면 겉모양도 저절로 갖추어진다는 거죠. 우리 중생의 일이라고 하는 것은 겉모양만 잘 잡으면 내용도 자연스럽게 잡혀집니다. 물론 겉모양이 점잖아도 속마음은 그렇지 못한 경우가 있습니다만 안팎이 조화를 이루어서 언행과 태도가 의젓하고 품위가 있어야 한다고 가르치고 있습니다.

행 익 차　부 득 당 돌 월 서
行益次에 **不得搪揆越序**하며

경 행 차　부 득 개 금 도 비
經行次에 **不得開襟掉臂**하며

이익을 나누는 일을 할 때 당돌하게 차례를 어기지 말며, 경행을 할 때 옷깃을 헤치거나 팔을 흔들지 말며,

행익行益이란 발우 공양을 할 때 쓰는 행반行飯과 익반益飯을 말합니다. 여기서는 이로운 일을 행한다는 의미로 쓰이고 있습니다. 음식을 돌린다든지, 공양물을 나눈다든지 등의 일을 말합니다.

이익이 돌아가는 그런 일, 예를 들어 공양을 나눌 때, 차담茶啖을 나눌 때, 옷을 나눌 때, 신발을 나눌 때 등 일체의 이익을 나눌 때 자기 마음에 드는 것을 갖기 위해 순서가 있는데도 불구하고 당돌하게 이를 어기는 사람이 있습니다. 그렇게 하는 것은 옳지 못한 일이니 반드시 차례를 지켜야 한다는 말입니다.

옛말에 '찬물도 선후가 있다.'고 했습니다. 집안에서도 어른이 숟가락을 들기 전에 아랫사람은 음식에 손을 대지 않았습니다. 공동체의 구성원이면 지켜야 할 예의이고, 질서이며, 배려입니다.

경행經行할 때도 마찬가지입니다. 경행이란 도량을 거니는 것뿐 아니라 길을 걷는 것, 좌선하다 포행布行하는 것, 법당에 예불하러 가는 것, 이쪽 집에서 저쪽 집으로 건너가는 것 등 일체 걷는 것을 말합니다. 경행할 때 옷깃을 헤치고 팔을 흔들며 다니는 것은 수행자의 모습이 아닙니다. 수행자는 항상 차수를 하도록 가르치고 있습니다. 두 손을 가지런하게 포개 배꼽 정도 되는 위치에 자연스럽게 붙이고 얌전하게 걸어 다녀야 합니다.

바른 마음이 깃든 의젓하고 신중한 스님의 언행이 백 마디 설법보다 중요할 때가 많습니다. 수행자의 행동 하나하나가 불법의 흥망성쇠와 직결된다고 하겠습니다.

언 담 차　　부 득 고 성 희 소
言談次에 **不得高聲戲笑**하며

비 요 사　　부 득 출 어 문 외
非要事어든 **不得出於門外**하며

말할 때 소리를 높여 희롱하거나 크게 웃지 말 것이며, 요긴한
일이 아니거든 문밖에 나가지 말며,

　출가 수행자의 언행은 항상 점잖고 다른 사람의 모범이 되어야
합니다. 큰 소리로 떠들거나 실없이 꺼불거리고 웃는 모습은 수행
자의 위의가 아닙니다. 특히 초심자는 수행자로서의 언행을 더욱
잘 다듬어야 합니다.

　비록 세속에서 그렇게 살았다 하더라도 세속의 일을 버리고, 원
력을 세우고, 발심해서 보다 가치 있는 인생을 살겠다는 각오를
했다면 반드시 실천해야 합니다.

　'문밖[門外]'은 산문 밖을 말합니다. 요긴한 일이 아니라면 괜히
산문 밖으로 나서지 말아야 합니다. 문밖출입이 잦다 보면 세속의
일에 관심을 두게 됩니다. 출세간의 도를 구하는 일을 등한시하게
되는 것이죠. 강원이면 강원, 승방이면 승방, 종무소면 종무소 등
정해진 자기의 위치에서 열심히 정진하라는 말씀입니다.

유 병 인　　　수 자 심 수 호
有病人이어든 **須慈心守護**하며

견 빈 객　　　수 흔 연 영 접
見賓客이어든 **須欣然迎接**하며

병든 사람이 있거든 마땅히 자비로운 마음으로 지켜 주고 간호할 것이며, 손님이 오거든 기쁜 마음으로 맞아들이며,

지금까지 지눌 스님은 하지 말아야 할 것을 강조하였지만, 이제부터는 마땅히 해야 할 것을 가르칩니다.

'팔복전八福田'이라고 하는 여덟 가지 복 닦는 일이 있습니다. 복전福田이란 복을 받기 위하여 공경하고 공양하거나 보시하여야 할 대상을 밭에 비유하여 이르는 말입니다. 팔복전은 불전佛田, 성인전聖人田, 승전僧田, 화상전和尚田, 아사리전阿闍梨田, 부전父田, 모전母田, 병전病田을 일컫습니다. 또 복을 받을 수 있는 여덟 가지 좋은 일로 먼 길에 우물을 파는 일, 물가에 다리를 놓는 일, 험한 길을 잘 닦는 일, 부모에게 효도하는 일, 승려에게 공양하는 일, 병든 사람을 간호하는 일, 재난을 당한 이를 구제하는 일, 무차대회無遮大會를 열어 모든 외로운 넋을 제도하는 일을 말합니다. 그중에서 병든 사람을 간호하는 간병 복전이 으뜸가는 일이라고 합니다.

제가 출가 초기에 『치문緇門』의 다음 구절을 보고 얼마나 가슴이 쓰렸는지 모릅니다.

사해무가병비구(四海無家病比丘)
고등독조파상두(孤燈獨照破牀頭)

사방을 돌아봐도 아는 이 없는 병든 비구여
고장난 등불만이 홀로 병상 머리를 비추누나.

세속에서야 병이 들면 살펴줄 가족이 많지만 출가한 사람들끼리는 대부분 정이 없습니다. 「자경문」에 '일의일발一衣一鉢 절인정絶人情'이라는 구절이 있습니다. 도를 닦기 위해서 가사와 발우 하나로 인정을 끊으라는 말입니다.

그러나 병든 사람에 대해서는 자비로운 마음으로 잘 간호해야 됩니다. 보살계에서도 병든 사람을 보고 간호하지 아니하면 경구죄輕垢罪를 범하게 된다고 했습니다. 반면 병든 사람을 간호하고, 보호하고, 약이라도 마련해 주어 조금이라도 호전되도록 하면 그것보다 더 큰 복이 없다고 했습니다.

또 손님을 뵙거든 흔연히 영접하라고 합니다. 여기서 손님은 스님뿐만 아니라 일반 신도를 비롯한 모든 사람을 일컫습니다. 근본적으로 모든 사람은 부처님이니, 부처님으로 생각하고 부처님을 뵙듯 그렇게 기쁜 마음으로 영접하라는 것입니다.

일반적으로 갓 출가한 사람을 '공복고심여아호空腹高心如餓虎', 속은 텅 비고 마음만 높아 마치 주린 호랑이와 같다고 합니다. 갓 출가한 사람은 아만심만 높아 신도들이나 관리들을 대할 때 못 본 척 무시하는 경향이 높고 금방 성불이라도 할 것 같은 기분에 들떠 있습니다. 그렇게 되면 손님을 대하는 태도가 바뀝니다. 안하무인이 되는 거죠.

봉 존 장　　　수 숙 공 회 피
逢尊長이어든 須肅恭廻避하며

판 도 구　　　수 검 약 지 족
辦道具호대 須儉約知足하라

어른을 만나거든 마땅히 엄숙하고 공손한 마음으로 길을 비켜
드리며, 도구를 마련할 때는 마땅히 검소하고 약소한 것에 만
족할 줄 알아라.

출가 수행자가 스승이나 어른을 모실 때는 정성을 다하여야 합
니다. 어른을 예의 바르게 대하는 일은 수행자가 교만을 여읠 수
있게 합니다. 또한 배우고자 하는 간절함이 몸에 배게 합니다. 그
러므로 진심으로 스승과 선배를 공경할 때 성불의 길로 나아갈 수
있습니다.

또 도구를 마련할 때는 검약한 것에 만족할 줄 알아야 한다
고 했습니다. 도구란 글자 그대로 도道 닦는 데 필요한 기구[具]입
니다. 사중 물건을 말하기도 하지만 여기서는 수행에 필요한 개인
적인 물건을 말합니다. 먹고 입고 자고 생활하는 데 필요한 모든
것을 말하죠. 따라서 모든 것이 도를 위한 기구라는 겁니다. 도 닦
는 데 필요한 기구를 마련할 때는 좋은 것, 새로운 것, 비싼 것만
을 찾지 말고 수행에 도움이 될 수 있는 것을 찾아야 합니다.

지금은 물질적으로 참 풍요로운 세상에 살고 있습니다. 아파트
단지 폐기물 처리장에는 멀쩡한 가전제품, 가구, 옷가지 등이 수
북이 쌓여 있습니다. 음식물 쓰레기를 처리하는 데만도 연 18조

원의 비용이 발생한다고 합니다. 수요보다 공급이 많아지고, 새로운 것과 비싼 것만을 추구하는 풍조가 만연하면서 검소한 생활이 더이상 미덕으로 여겨지지 않게 된 것입니다. 그럼에도 불구하고 우리 사회가 안고 있는 최대의 과제는 경제 문제이고 민생 문제입니다. 참으로 아이러니가 아닐 수 없습니다.

따라서 현재의 상태에서 만족할 줄 아는 것, 이것이 참 중요합니다. '지족知足이 제일부第一富'라 하죠. 만족할 줄 아는 사람이 제일가는 부자입니다. 아무리 많이 가져도 만족할 줄 모르는 사람은 늘 가난한 사람입니다. 어떤 사람이 부자인지는 그 기준이 없습니다. 어떤 수치로 부자다, 가난한 사람이다 말할 수 없죠. 가진 게 없어도 만족할 줄 알면 그 사람은 부자이고, 만족할 줄 모르면 수십 조, 수백 조를 가져도 거지예요.

이러한 가르침은 출가한 초심자만이 아니라 현대를 살아가는 우리 모두가 다 귀담아들어야 할 것입니다.

　　재 식 시　　음 철　　부 득 작 성
齋食時에 **飮啜**을 **不得作聲**하고
재식 시에 마시고 씹는 소리를 내지 말고,

공양할 때 지켜야 할 규칙입니다.

재齋 자는 '재계하다.', '공손하고 삼가다.', '엄숙하다.'는 뜻입니다. 가지런할 제齊 자와는 다릅니다. 재식齋食이란 수행으로 공양하는 마음 자세를 말합니다. 따라서 수행자에게는 세끼 공양이 모두 재식이 됩니다. 그러므로 가사 장삼을 수하고 공양게송을 외면서 수행하는 마음으로 공양하여야 하지만 근래에는 많이 생략되었습니다. 최근에는 사시 공양 때만 그렇게 합니다.

재식을 할 때에는 마시고 씹는 소리를 내지 말라고 했습니다. 국이나 물을 마실 때도 후루룩 소리 내어 마시는 일이 없어야 하고, 무김치 등을 씹을 때도 씹는 소리가 입 밖에 나지 않도록 입을 다물고 씹게 돼 있습니다.

사찰에서 발우 공양하는 모습을 보면 절 안의 모든 스님이 큰방에 앉아 공양을 해도 마시고 씹는 소리가 전혀 나지 않습니다. 재식으로서의 발우 공양에는 청정·위엄·여법의 뜻이 담겨 있습니다.

집 방　　요 수 안 상　　부 득 거 안 고 시
執放에 **要須安詳**하며 **不得擧顔顧視**하고

부 득 흔 염 정 추　　수 묵 무 언 설
不得欣厭精麤하라 **須黙無言說**하고

수저나 발우를 잡고 놓을 때에 모름지기 차근차근 조심스럽게 하며, 얼굴을 들고 이리저리 돌아보지 말고, 맛있는 음식을 좋아하거나 맛없는 음식을 싫어하지 마라. 모름지기 아무 말 없이 먹어야 하고,

안상安詳은 '편안하고 자세하게', '조심스럽게'라는 뜻입니다. 숟

가락과 발우를 들고 놓을 때, 법당에 출입할 때 등 수행자로서의 온갖 행동거지는 반드시 안상하게 해야 합니다. 수행자라면 갖추어야 할 행동거지의 요체입니다.

『법화경』에서는 부처님께서 삼매에서 깨어나는 모습을 '안상히 깨어나다.'라고 표현합니다. 다르게 말하자면 연꽃이 피는 모습이라고도 할 수 있습니다. 부처님께서 삼매에 들었다가 깨어났지만, 깨어나서도 어떤 소리가 있다든지, 무슨 작용과 움직임이 있다든지 등이 전혀 없습니다. 연꽃이 틀림없이 피기는 피지만, 피는 소리가 들리는 것도 아니요, 한순간에 바람을 일으키며 꽃잎이 벌어지는 것도 아닙니다. 발우 공양을 위시한 사찰에서의 모든 행동거지를 한마디로 요약하면 '안상하게 하라.'고 하면 됩니다. 기도를 할 때나 참선할 때도 마찬가지입니다. 소리를 내거나 바람을 일으켜 옆 사람이 의식할 수 있도록 하는 것은 수행자의 몸가짐이 아닙니다. 언제 일어났는지, 또 언제 앉았는지 옆 사람이 전혀 눈치챌 수 없도록 아주 조용하고, 미세하고, 편안하게 움직이라는 뜻입니다.

수저와 발우를 들거나 놓을 때 마음이 깃들어 있지 않으면 소리가 나게 돼 있습니다. 한 동작, 한 동작을 예의주시하면서, 또 조심하면서 하라는 것입니다. 공양을 하는 시간에도 염불을 하는 사람은 염불을 하고, 경을 외우는 사람은 경을 외우고, 화두를 드는 사람은 항상 화두를 들기에 소리를 내면 옆 사람 공부에 방해가 됩니다.

또 얼굴을 들어 여기저기 살피지 말아야 합니다. 눈은 자기 발우 주변을 벗어나면 안 됩니다. 옆 사람이 어떻게 행동하는지를 볼 필요가 없습니다. 공양 순서는 죽비 소리로 지휘하게 돼 있습니다. 그렇기 때문에 옆 사람이 얼마나 먹었는지, 또 무얼 하는지를 굳이 살필 필요가 없다는 말입니다.

흔염欣厭은 '좋아하고 싫어하다.'라는 뜻입니다. 음식이 마음에 들거나 마음에 들지 않는 경우가 있을 수 있습니다. 몸에 좋은 음식이거나 그렇지 않은 음식일 수도 있습니다. 몸에 이롭고 맛있는 음식이라고 좋아하거나, 입에 거친 음식이라고 싫어하지 말라는 겁니다. 특히 윗자리에서 음식이 맛있다고 반찬을 다 덜어 버리면 아랫자리의 사람은 어떻게 되겠습니까. 이 말 속에는 남을 배려하는 정신도 깃들어 있습니다.

세속에서는 대화도 하고 웃으면서 식사하는 것이 소화도 잘 되고 즐겁다고 하지만, 사찰에서는 절대 말을 해서는 안 됩니다. 세속의 가치관과는 상반되는 일이지요. 또 밥과 국을 운반한다든지, 볼일이 있어 오갈 경우에도 세속에서는 앞으로 다니는 것이 실례지만, 절에서는 뒤로 다니는 것이 실례입니다. 공손하고 엄숙한 태도로 앞으로 다녀야 합니다.

수 방 호 잡 념　　　수 지 수 식
須防護雜念하며 須知受食이

단 료 형 고　　　위 성 도 업
但療形枯하야 爲成道業하며

모름지기 쓸데없는 생각을 방호하며, 밥을 먹는 것은 오직 몸이 쇠약해지는 것을 막아 도업을 이루기 위한 것임을 알며,

사람은 음식으로 인해 잡념이 참 많이 일어납니다. '밥이 되다, 질다.', '반찬이 맛이 있다, 없다.', '음식 양이 적다, 많다.' 등등 별별 생각을 일으킵니다. 이러한 잡념을 잘 막아 지키라는 말입니다. 수행자가 밥을 받아먹는 것은 오직 몸이 쇠약해지는 것을 막고 도업을 이루어 깨달음을 얻어서 중생을 제도하기 위한 것입니다. 일반적으로 발우 공양을 할 때 여러 게송 중에서도 「오관게五觀偈」를 많이 암송하는데 그 내용은 다음과 같습니다.

계공다소량피래처(計功多少量彼來處)
촌기덕행전결응공(忖己德行全缺應供)
방심이과탐등위종(防心離過貪等爲宗)
정사양약위료형고(正思良藥爲療形枯)
위성도업응수차식(爲成道業應受此食)
이 음식이 어디서 왔는가.
내 덕행으로 받기가 부끄럽네.
마음의 온갖 허물 모두 버리고
육신을 지탱하는 약으로 알아
도업을 이루고자 이 공양을 받습니다.

수 념 반 야 심 경   관 삼 륜 청 정   불 위 도 용
須念般若心經호대 觀三輪淸淨하야 不違道用이어다
반야심경을 생각하되 삼륜이 청정한 것을 관하여 도를 쓰는 데
어기지 말지어다.

지눌 스님 당시에는 공양할 때 『반야심경』을 외웠던 것 같습
니다. 지금은 「소심경小心經」이라 하여 공양의 순서에 따라 하발게
下鉢偈, 회발게回鉢偈, 전발게展鉢偈, 십념十念, 봉반게奉飯偈, 오관
게, 생반게生飯偈, 정식게淨食偈, 삼시게三匙偈, 절수게折水偈, 해탈
주解脫呪 등을 염송합니다.

　『반야심경』을 염하면서 삼륜三輪이 청정함을 관하라고 했습니다.
삼륜이란 시주물, 시주한 사람, 시주물을 받는 사람을 말합니다.
청정하다는 것은 곧 공한 줄을 아는 것입니다. 『반야심경』을 외는
이유가 여기 있습니다. 주는 사람도 공하고, 받는 나도 공하고, 물
건까지도 공하다는 것을 관해야 도 닦는 원칙에서 벗어나지 않는
다는 것이죠. 『반야심경』에 담긴 가르침이 뭡니까. '오온개공五蘊
皆空', 일체가 공하다는 겁니다. 그래서 '조견오온개공照見五蘊皆空',
곧 일체가 공함을 보면 모든 고통에서 벗어날 수 있습니다.

2. 초심학인의 수행

⋮

부 분 수　　수 조 모 근 행　　자 책 해 태
赴焚修호대 **須朝暮勤行**하야 **自責懈怠**하며

지 중 행 차　　부 득 잡 란
知衆行次하야 **不得雜亂**하며

예불을 하고 기도를 하되 아침저녁으로 부지런히 행하여 스스로 나태함을 꾸짖을 것이며, 대중이 행하는 때를 알아서 어지럽히지 말며,

지금부터는 예불과 참회에 관한 규칙을 말합니다.

분수焚修란 법당에서 향을 사르고 예불과 기도를 올리며 마음을 닦는 일입니다. 이러한 수행을 아침저녁으로 부지런히 행하여 스스로 해태懈怠함을 극복하라고 하였습니다. 새벽부터 일어나 예불을 올리고 염불, 정근, 독경, 참선 등을 하다 보면 때로는 싫증이 나기도 합니다. 저도 어릴 때 그랬습니다. 어느 해에는 조석 예

불에 한 번도 빠지지 않았지만 어느 해에는 몸살이나 감기 등으로 빠진 경우가 열 손가락으로 셀 수 있을 정도였습니다. 이렇게 조석 예불을 빠지는 일이 많아지다 보면 나태함에 빠져 참석하는 날짜는 점점 줄어듭니다.

일 년 365일 한 번도 빠지지 않고 조석 예불에 참여한다는 것은 대단한 일입니다. 그런데 제대로 수행하는 분들은 다 그렇게 합니다. 설령 타지에 나가 있더라도 조석 예불을 꼭 드립니다. 스스로 게으르고 나태함을 꾸짖으며 정성을 기울여 수행에 전념하는 것입니다.

법당에서 예불을 올릴 때는 각자 앉는 위치가 있고, 행할 순서가 있으며, 소임에 따라 맡은 역할이 있습니다. 이를 통해 질서와 조화를 이룹니다. 그렇지 않으면 혼란만 가중됩니다.

행자는 행자가 앉는 자리가 있고, 사미는 사미가 앉는 자리가 있습니다. 그리고 앉는 순서도 있습니다. 『범망경』에서는 '먼저 입사入寺한 사람은 먼저 앉고, 뒤에 들어 온 사람은 뒤에 앉아라. 만약 그 순서를 어기면 속인과 같고 외도와 같다.'라고 했습니다. 이런 기준으로 보면 소임 순서대로 앉거나, 강원에서의 상·하반 순서대로 앉거나 해서는 안 됩니다. 강원에서 상반이지 선방에 가서도 상반일 수는 없지요. 또 사찰에서 소임 순서로 앉는 경우 역시 잘못된 일입니다. 소임을 보다 보니까 주지, 총무, 재무, 원주, 별좌로 나눠질 뿐입니다. 종무를 의논하는 자리에서나 그렇게 앉아야 할 일입니다. 『범망경』에서는 그런 일은 외도나 하는 짓이라고 합니다.

찬 패 축 원　　수 송 문 관 의
讚唄祝願호대 **須誦文觀義**언정

부 득 단 수 음 성　　부 득 운 곡 부 조
不得但隨音聲하고 **不得韻曲不調**하며,

범패를 하고 축원을 하되 모름지기 뜻을 관할지언정 단지 소리
만 따라 내어서는 안 되고 곡조를 틀리게 내지 말며,

예불을 올릴 때는 목탁, 요령, 광쇠, 죽비 등을 사용하여 신호
를 합니다. 특히 부처님의 공덕을 찬탄하는 범패를 할 때는 북,
징, 바라 등을 함께 사용하여 장단과 운율을 맞춥니다.

예불문이나 축원문, 발원문 등을 외울 때에도 외는 방식의 차이
는 있을지언정 일정한 격식에 따라 이루어집니다. 그런데 예불문,
축원문, 발원문 등을 외울 때는 반드시 그 글 속에 담겨진 뜻을 관
하라고 하였습니다.

음성만 따라가고 마음이 담기지 않으면 염불이 아닙니다. 예를
들어 사십구재 때 경전을 읽어 주는 것도 마찬가지입니다. 마음이
담기지 않고 소리만 쫓아가면 아무런 효험이 없습니다. 영가는 귀
로 경전 읽는 소리를 듣는 게 아니고 사람이 읽는 그 마음을 보기
때문입니다.

또한 염불과 축원 등을 할 때에는 운자韻字와 곡조曲調를 잘 맞
추어야 합니다. 소리를 너무 크게 지른다든지, 장단의 곡조가 다
르다든지 하면 대중 생활의 질서와 조화가 이루어지지 않습니다.

첨 경 존 안   부 득 반 연 이 경
瞻敬尊顔하야 **不得攀緣異境**이어다

존경하는 마음으로 부처님의 존안을 우러러보아 다른 경계에
이끌리지 말지어다.

존안尊顔은 불상과 탱화 등 부처님의 상호를 말합니다. 이러한
상호를 우러러보라는 말입니다. 단순히 마음속으로 부처님을 그
릴 수도 있겠습니다만, 성스러운 불상을 바라보면서 공경하는 마
음, 귀의하는 마음을 내라는 겁니다.

사바세계 중생은 상견중생相見衆生이라고 합니다. 형상을 봐야
마음이 나는 중생입니다. 중생이 가진 한계죠. 석굴암 본존불을
보면 저절로 숙연해지고, 알 수 없는 존경심이 가슴 가득 채워집
니다. 그 형상을 봄으로써 그와 같은 마음이 자연스럽게 나는 겁
니다. 그래서 존안을 우러러보고 존경하라고 했습니다.

그렇게 했을 때 다른 경계에 반연攀緣하지 않습니다. 반연이란
칡넝쿨이 옆에 있는 나무를 휘어 감고 올라타는 것을 말합니다.
다른 경계에 얽혀 그만 떠내려간다든지, 그 경계에 정신이 팔린다
든지, 그 경계에 정신을 잃는다는 뜻입니다. 그렇게 되면 예불하
는 의미가 없지 않습니까. 법당의 부처님을 우러러보며 시방에 계
신 모든 부처님을 마음으로 그리고, 지극한 마음으로 예불을 올려
야 다른 경계에 꺼들리지 않습니다.

수 지 자 신 죄 장　　유 여 산 해
須知自身罪障이 **猶如山海**하고

수 지 이 참 사 참　　가 이 소 제
須知理懺事懺으로 **可以消除**하며

모름지기 자신의 죄와 업장이 산과 같고 바다와 같은 줄을 알
고, 마땅히 이참과 사참으로 죄업을 녹여 없앨 줄 알며,

우리는 세세생생 중생으로 살아오면서 신·구·의 삼업三業으
로 알게 모르게 수많은 죄를 지었습니다. 한 번 입을 열면 서른 가
지 허물이 생긴다는 말이 있습니다. 과거와 현재를 통해 알면서도
지은 죄, 모르는 사이 지은 죄가 무량무변無量無邊합니다. 그렇게
우리가 지은 죄와 업장을 참회를 통해 녹여 없애야 한다고 했습
니다. 참회란 과거의 잘못을 뉘우쳐 반성하면서 다시는 범하지 않
겠다고 맹세하는 것입니다.

이참理懺이란 이 마음을 깨닫지 못하여 생사번뇌에 시달리는 자
신을 참회하는 것, 즉 자기 마음이 부처인 줄 모르는 어두워진 마
음을 참회하는 것입니다. 사참事懺이란 '수사분별참회隨事分別懺悔'
의 약칭입니다. 과거 생부터 현세에 이르기까지 몸과 입과 마음으
로 지은 업장을 참회하는 것을 말합니다. 이참과 사참이 조화를
이루어 진실로 참회가 이루어져야 합니다.

우리가 가장 많이 암송하는 『천수경』에 이참회게理懺悔偈와 사참
회게事懺悔偈가 잘 표현되어 있습니다.

이참회게는 다음과 같습니다.

죄무자성종심기(罪無自性從心起)

심약멸시죄역망(心若滅時罪亦亡)

죄망심멸양구공(罪亡心滅兩俱空)

시즉명위진참회(是則名爲眞懺悔)

죄의 자성 본래 없고 마음 따라 일어난 것

마음이 멸하면 죄 따라 없어지네.

죄 없고 마음 멸하여 두 가지 다 비우면

이것을 이름하여 참된 참회라 하네.

사참회게는 다음과 같습니다.

아석소조제악업(我昔所造諸惡業)

개유무시탐진치(皆由無始貪瞋癡)

종신구의지소생(從身口意之所生)

일체아금개참회(一切我今皆懺悔)

아득한 옛날부터 내가 지은 모든 악업

크고 작은 모든 죄가 탐·진·치로 생기었고

몸과 입과 뜻을 따라 무명으로 지었기에

나는 지금 일체의 모든 악업을 참회하나이다.

심 관 능 례 소 례   개 종 진 성 연 기

深觀能禮所禮가 皆從眞性緣起하고

심 신 감 응   불 허   영 향 상 종
深信感應이 **不虛**하야 **影響相從**이니라

예배하는 나와 예배받는 부처님이 다 같이 진성으로부터 연기
하는 줄을 깊이 관하면 감응이 헛되지 아니하여 그림자나 메아
리가 서로 따르는 것과 같음을 깊이 믿을지니라.

　조금 어렵습니다. 능례와 소례는 주객을 말합니다. 능례는 예
배하는 우리 자신, 소례는 예배받는 부처님입니다. 진성은 나의
참성품, 본래 마음자리입니다. 진성에 연기하는 줄을 깊이 관찰하
라는 것은 참으로 의미심장한 말입니다.

　법당에 계시는 부처님, 아니 삼천 년 전의 석가모니 부처님, 아
미타 부처님, 비로자나 부처님, 관세음보살, 지장보살, 문수보살,
보현보살 등 모두가 나의 참성품으로부터 인연해서 일어난다는
말입니다. 이 세상에 내가 없이 뭐가 있겠습니까. 그러니 그 이치
를 깊이 관찰하라는 것입니다. 「계초심학인문」 속 대부분의 내용
이 초심학인을 위한 사찰에서의 생활 규범에 대한 가르침을 담고
있지만, 이와 같은 구절은 불교의 본질을 드러냅니다.

　부처님과 내가 둘이면서 하나고, 하나이면서 둘이라는 이치입
니다. 물체가 있으면 반드시 그림자가 있고, 소리가 있으면 메아
리가 따르듯 부처님과 내가 서로 통합니다. 우리가 공을 들이면
공을 들인 만큼 그 효과가 있기 마련이고, 선행을 하면 선행을 하
는 만큼 결과가 따르기 마련입니다. 물론 악한 일도 마찬가지입
니다. 악한 일을 하면 악한 만큼 반드시 좋지 아니한 과보가 따르

는 거죠.

우리가 인因을 심고 연緣을 만들면 거기에 상응하는 결과가 따라오게 돼 있습니다. 오늘날 내가 이러한 인생을 사는 것 또한 과거 생에 내가 그러한 원인과 조건을 심었기 때문입니다.

居衆寮호대 須相讓不爭하며 須互相扶護하며

대중방에 거처할 때 서로 양보하여 다투지 말며, 모름지기 서로 돕고 보호하며,

대중 생활을 할 때의 주의 사항입니다. 절에서 요寮를 붙이는 전각의 경우 대부분 스님들이 거주하는 큰방을 의미합니다. 여기서는 함께 모여 사는 것을 대중 생활이라 말하고 있습니다만, 이러저러한 인연에 의해 참여하게 되는 각종 모임도 대중 생활에 해당된다고 할 수 있습니다. 이러한 대중 생활, 대중과의 관계에서 가장 중요한 덕목이 바로 상대를 배려하는 마음입니다.

시쳇말에 '단체 생활이 매우 엄한 곳 세 곳이 있는데, 이 세 곳을 거치는 사람은 세상살이를 능히 잘할 수 있다.'고 했습니다. 바로 군대 생활, 형무소 생활, 그리고 승려 생활입니다. 그 나름의 규칙과 질서가 엄하기 이를 데 없다 보니 성격의 모가 깎여 둥글어지고, 남을 생각하고 배려하는 훈련이 된다는 뜻입니다. 성이 다르고, 출신 지역이 다르고, 성향이 다른 사람들이 모인 곳이기

때문에 단체 생활을 유지하기 위해서는 더욱 엄격한 규율과 상호 간 협력이 필요한 것이죠.

대중 생활에서는 자기를 비우고 다른 사람을 배려하는 것, 그리고 화합이 무엇보다도 중요합니다. 가정생활도 마찬가지이고, 학교생활도 마찬가지이고, 수행을 위해 모여 사는 스님들의 생활에서도 마찬가지입니다. 누가 옳고 누가 그른지는 사실 중요하지 않습니다. 사람 사이의 관계에서는 화합이 무엇보다 중요합니다. 어느 한 사람이 아무리 옳다 하더라도 화합이 깨져 버리면 그 옳음이란 게 아무런 가치가 없고, 아무런 의미도 없습니다. 화합을 우선으로 삼는 것이 사찰 생활과 수행 생활의 철칙입니다.

신 쟁 론 승 부　　신 취 두 한 화
愼諍論勝負하며 **愼聚頭閑話**하며

신 오 착 타 혜　　신 좌 와 월 차
愼誤着他鞋하며 **愼坐臥越次**하며

말로써 다투어 승부를 가림을 삼가며, 머리를 맞대고 한가롭게 이야기하는 것을 삼가며, 다른 사람의 신을 신는 것을 삼가며, 앉고 누울 때 차례를 어기는 것을 삼가며,

지눌 스님께서는 대중방에서 삼가야 할 것으로 다음의 네 가지를 말씀하십니다.

첫째, 말로써 승과 부를 다투지 말라는 것입니다. 諍쟁 자와 爭

쟁 자는 모두 다툰다는 뜻인데, 爭은 행위로써 다투는 것이고 諍은 말로써 다투는 것입니다. 성질을 부려가며 한마디를 더한들 뭐가 그리 달라지겠습니까. 상대의 마음을 아프게 하고 상처를 주게되면 뭐가 그리 좋겠습니까. 그래서 옳고 그른 것은 아무런 의미가 없습니다. 살아가는 데 있어 진정 의미 있는 것은 화합입니다.

둘째, 머리를 맞대어 부질없는 이야기를 하지 말라는 것입니다. 사찰의 지대방에는 으레 '지대방 조실'이라고 하는 세상 이야기에 아주 밝고, 또 세상 이야기를 즐겨하는 사람이 있습니다. 그들은 세상 돌아가는 이야기, 삼류 잡지에나 오르내리는 연예인이나 정치인 이야기 등을 아주 좋아합니다. 신문이나 잡지같이 세속의 이야기를 담은 것은 보지 못하게 되어 있는데도 불구하고 어떻게 그 많은 정보를 얻는지 알 수 없는 노릇입니다. 대중방에는 보통 십여 명, 많게는 오십여 명도 삽니다. 그렇기 때문에 쓸데없는 말에 시간을 보내게 되면 마음의 어지러움만 더할 뿐 도를 닦는 데는 아무런 이익이 없습니다. 그러므로 수행자는 부질없는 이야기로 시간을 낭비하는 일은 절대로 없어야 합니다.

셋째, 다른 사람의 신발을 함부로 신지 말라는 것입니다. 신발이란 게 특별한 표시를 해 놓지 않으면 비슷비슷하지요. 특히 예전에는 거의 똑같은 고무신을 신었습니다. 크기도 비슷하고 색깔도 같아서 잘못 신기가 일쑤였어요. 지눌 스님이 이 글을 쓴 당시에는 모두 짚신을 신었을 것입니다. 그런데 짚신도 모양이 똑같잖아요. 마찬가지로 잘못 신는 경우가 많았을 것입니다. 그 신을 잘못 신는 일이 발단이 되어 언쟁이 일어나고 큰 싸움이 벌어질 수가 있습니다.

　신을 신는 곳에 특별히 '조고각하'라는 말을 써 놓는 이유가 여기 있습니다. 본래 조고각하는 자신의 주인공을 놓치지 말고 잘 살피라는 뜻인데, 좀 더 부연되고 확장돼서 '자기 임무를 완수하라.', '자기 소임을 충실히 살라.'는 뜻이 포함되지요. 회사 사원이면 회사에서 자기가 맡은 일을 충실히 하고, 주부라면 살림을 잘 꾸려야 되고, 경찰은 경찰대로, 선생은 선생대로 각자 자기 소임에 충실해야 한다는 의미에서 조고각하를 말하기도 합니다. 그런데 그 말을 신을 신는 댓돌 위에다가 써 붙여 놓습니다. 딱 맞는 말이지요. '다리 밑을 잘 살펴봐라.', 자기 신인지 남의 신인지를 잘 살펴보고 신으라는 의미로도 씁니다.

　넷째, 누울 때 차례를 어기지 말라는 것입니다. 앉는 데도 순서가 있고, 눕는 데도 순서가 있습니다. 겨울에 따뜻한 자리라고 해서 아무나 차지할 수 있는 것이 아니고, 여름에 시원한 자리라고 해서 먼저 눕는 사람이 임자인 일은 없습니다. 그 자리가 뜨겁든 춥든 정해진 자리에 앉기도 하고 눕기도 해야 한다는 거죠.

　대중 생활을 하다 보면 친소 관계가 만들어질 수 있습니다. 친소 관계에 따라 앉거나 눕는 자리가 바뀌게 되면 질서도 무너지고 공동체의 화합도 깨지기 쉽습니다. 가장 기본적인 생활부터 엄격한 규율을 정해야 공동체의 질서와 화합이 이루어질 수 있음을 강조한 가르침입니다.

대객 언 담   부 득 양 어 가 추   단 찬 원 문 불 사
對客言談에 不得揚於家醜하고 但讚院門佛事하며

부 득 예 고 방   견 문 잡 사   자 생 의 혹
不得詣庫房하야 見聞雜事하고 自生疑惑이어다

객을 대하여 말할 때 집안의 허물을 드러내지 말고, 오로지 산
문 안의 불사를 찬탄할지며, 부질없이 고방에 가서 잡된 일을
보거나 듣고 스스로 의심을 내지 말지어다.

　절에 살다 보면 도반이 오거나, 친구 혹은 속가의 인연 있는 사
람이 오거나, 아는 신도가 오는 경우가 많습니다. 그럴 경우 화제
로 삼는 내용에 대해서 분명한 선을 그어야 합니다. 집안의 허물
을 말하지 않는 것입니다. 주지 스님이 뭘 잘못하고, 소임 사는 스
님들이 어떻고, 강원이 어떻고, 선방이 어떻고 등등에 대해서 바
깥사람들에게 말하지 말라는 것입니다. 물론 집안사람들끼리야
서로 경책도 할 수 있고, 충고도 할 수 있습니다. 가정에서도 마
찬가지입니다. 하지만 바깥사람에게 말할 때에는 속 빈 사람 같아
보이더라도 집안의 좋은 점을 이야기해야지, 안 좋은 점을 자꾸
이야기하는 것은 좋지 않습니다.

　또 우리 절은 수행 분위기도 좋고, 기도도 열심히 하며, 교화
도 잘한다는 등 사찰의 불사를 다만 찬탄하라고 했습니다. 맡겨진
소임이 아니라면 종무소, 원주실, 후원 등을 기웃거리며 이것저
것 보고 듣는 가운데 '아니, 저렇게 좋은 음식이 있는데 우리한테
는 왜 안 돌아 오는가?', '원주실에는 돈도 많이 들어오는 것 같은

데 대중 생활은 왜 이런가?', '혹시 소임자들이 사취하는 것은 아
닌가?' 하는 의혹을 갖게 될 수 있습니다. 그래서 불필요한 곳에
는 아예 가지 말라는 것입니다.

비 요 사　　　부 득 유 주 엽 현
非要事어든 **不得遊州獵縣**하야

여 속 교 통　영 타 증 질　　실 자 도 정
與俗交通 令他憎嫉하고 **失自道情**이어다

당 유 요 사 출 행　　　고 주 지 인
儻有要事出行이어든 **告住持人**과

급 관 중 자　　영 지 거 처
及管眾者하야 **令知去處**하며

요긴한 일이 아니거든 이 마을 저 마을로 다니며 속인들을 사
귀어 다른 사람으로부터 미움을 받거나 스스로의 도정을 잃는
일이 없어야 한다. 만일 요긴한 일이 있어 외출을 하거든 반드
시 주지나 대중 관리자에게 가는 곳을 알려야 하며,

　대중 생활을 하는 데 있어서 초심학인이 지켜야 하는 출입과 관
련된 주의 사항입니다.
　초발심 수행자가 공부와 수행에 전념하기보다는 마을이나 시내
에 가서 사람을 사귀고 세상일에 관여해서는 안 된다는 것입니다.
자기 위치에 충실해야지요. 자기가 처해 있는 상황에 맞게 생활

할 줄 알아야 함께 생활하는 대중으로부터 미움을 사지 않습니다. 그리고 산문 출입이 잦다 보면 자신의 마음도 저절로 해이해질 겁니다. 세속 일에 마음을 쓰면 도 닦는 일, 출세간 일에 마음을 쓸 여유가 아무래도 없게 됩니다. 물론 수행이 무르익고 경계에 꺼들리지 않는다면 중생 교화를 위해 세상에 나가 사람을 만나야 합니다. 〈십우도〉의 마지막 장면이 '입전수수入廛垂手'인 것처럼 말입니다. 입전수수는 중생을 제도하기 위해 시전市廛의 세속에 들어가 자비의 손을 드리우는 것으로, 나와 남을 모두 이롭게 하는 보살행을 말합니다.

출가 수행자라도 산문 밖을 출입할 일이 있습니다. 그럴 경우 "제가 오늘 이러저러한 볼일로 몇 시에 나가서 일을 보고 몇 시까지 돌아오겠습니다." 하고 사중의 책임자에게 알려야 합니다. 그래야 누가 갑자기 찾더라도 "그 스님은 지금 이러저러한 일로 시내에 나갔다."고 말할 수가 있거든요.

그래서 주지에게도 알리고 대중을 관리하는 사람에게도 알리라고 했습니다. 일일이 주지에게 알리지 못하면 대중을 관리하는 사람에게 알리면 되지요. 입승立繩 혹은 찰중察衆에게 알리고 허가를 받아 나가게 됩니다.

옛날에는 가까운 시내에 가더라도 허가를 맡고 출입증을 교부받아야 나갈 수 있었습니다. 하룻밤을 자고 오게 되는 경우는 출행증을 받아 다녀오곤 했습니다. 다른 사찰에서는 출행증을 보고 어느 사찰 소속이며, 불명은 무엇이며, 은사는 누구인지를 확인하고 나서야 객실에 재워 주었습니다.

약 입 속 가　　　절 수 견 지 정 념　　　신 물 견 색 문 성
若入俗家어든 切須堅持正念하야 愼勿見色聞聲하고

유 탕 사 심　　　우 황 피 금 희 소　　　난 설 잡 사
流蕩邪心이어든 又況披襟戲笑하야 亂說雜事하며

비 시 주 식　　　망 작 무 애 지 행　　　심 괴 불 계
非時酒食으로 妄作無碍之行하야 深乖佛戒리오

우 처 현 선 인　　　혐 의 지 간　　　기 위 유 지 혜 인 야
又處賢善人의 嫌疑之間이면 豈爲有智慧人也리오

만약 속인의 집에 들어가거든 반드시 바른 생각을 굳게 지녀서
색을 보거나 소리를 듣는 것을 삼가고 방탕함과 삿된 마음이
일어나지 않도록 유의해야 할 것이거늘, 하물며 옷깃을 헤치고
희롱하는 웃음을 짓거나 잡된 일을 요란하게 말하며, 때 아닌
때에 술과 밥을 먹거나 망령되게 거침없는 행동을 하여서 부처
님의 계율을 어기리오. 그리하여 어질고 착한 사람들로부터 혐
의를 받게 된다면 어찌 지혜로운 사람이라 할 수 있으리오.

출가 수행자도 경우에 따라서는 신도의 집이나 속가에 갈 수 있
습니다. 이러할 때 생각을 바르고 굳게 지녀 수행자로서의 위의와
정신을 잃지 말아야 합니다. 요즘과 같이 유혹이 넘쳐나는 세상에
세속인도 그래야 할진대 수행자인 경우는 더욱 몸과 마음가짐을
굳게 단속해야 합니다.

　특히 세속의 가치와 문화에 물들어 있는 사람들과 어울려 수행
자로서의 신분을 망각하고 위의를 저버리는 행동은 절대 삼가야

합니다. 두루마기를 입지 않고 단정하지 않은 동방 차림에 옷깃까지 헤치고, 방탕하고 삿된 마음이 일어 희롱하거나, 입에 담지 못할 말들을 요란하게 늘어놓아서는 안 되겠죠.

수행자들끼리 잠깐 짬을 내서 웃고 떠드는 것도 삼가야 하거늘, 세속에서 속인들과 허심탄회하게 옷을 벗어 놓고 웃고 즐기는 것은 수행자로서 더더욱 옳은 행동이 아닙니다. 또 그렇게 지내다 보면 때 아닌 때에 음식을 먹거나 술을 마시는 경우도 있습니다. 혹은 무장무애無障無礙라는 이름으로 막행막식莫行莫食, 즉 거리낌 없이 행하고 먹는 것은 계를 파하는 일입니다.

그리되면 어떻게 되겠습니까. 사찰에 있는 어른 스님들이 걱정하고 염려하지요. 그리고 대중은 '출가한 지도 얼마 되지 않는 사람이 저렇게 속가에 왔다갔다하면서 속인들과 사귀고 참 이상하다.'고 여길 겁니다. 그것이 오래 지속되거나 심하면 미워하고, 의심하고, 비난하게 되겠지요. 대중 생활을 함에 있어 지혜롭지 못한 일입니다.

주 사 당　　　신 사 미 동 행　　　신 인 사 왕 환
住社堂호대 **愼沙彌同行**하며 **愼人事往還**하며

신 견 타 호 오　　　신 탐 구 문 자　　　신 수 면 과 도
愼見他好惡하며 **愼貪求文字**하며 **愼睡眠過度**하며

신 산 란 반 연
愼散亂攀緣이어다

사당에 있을 때 사미승과 함께 행동하는 것을 삼가며, 사람의 일로 왕래하는 것을 삼가며, 다른 사람의 좋고 궂은 일 보기를 삼가며, 문자를 탐하여 구하는 것을 삼가며, 잠을 지나치게 자는 것을 삼가며, 어지럽게 반연하는 것을 삼갈지어다.

사社 자는 모인다는 뜻입니다. 제사를 지내기 위해서, 좋은 일을 도모하기 위해서 모인다는 뜻의 글자입니다. '결사結社'라고 할 때의 '사'도 이 글자를 씁니다. 바로 당시 수선사를 뜻하는 말입니다. 수선사란 사찰의 명칭이라기보다는 참선 정진을 중심으로 한 신앙 결사체를 의미합니다. 당堂은 집을 말합니다. 즉 신앙 결사를 위해 모인 사람들이 거주하는 곳으로 지금의 선방과 같다고 하겠습니다.

예로부터 수행자가 삼갈 다섯 가지 장애가 있다고 했습니다. 이를 오개장五蓋障이라 합니다. 혼탁한 번뇌가 우리의 청정한 본성을 가려 버리는 것으로 오욕에 집착하는 탐욕개貪欲蓋, 성냄으로 마음을 가리는 진에개瞋恚蓋, 많이 잠으로써 정신이 흐려지는 수면개睡眠蓋, 마음이 흔들리고 근심하는 도희개掉戲蓋, 진리에 대한 확신을 갖지 못하고 의심하는 의개疑蓋가 그것입니다.

이 부분에서 지눌 스님은 수행 결사에 참여한 수행자가 삼갈 것을 나열하십니다.

우선 사미와 동행함을 삼가라 했습니다. 아마도 오개장 중 탐욕개에 해당하는 것 같습니다. 사람은 재·색·식·수·명의 오욕락에 빠지기 쉽습니다. 그중 식욕과 색욕이 가장 치성하다고 합니다. 특히 비구 중심의 수행 공동체에서 가장 문제가 되는 것은 색욕입니다. 이런 측면에서 볼 때 대중처소에서 우월한 지위에 있는 비구가 경계할 것으로 말씀하신 것 같습니다.

두 번째로 인사한다고 오가지 말라고 했습니다. 수행하는 사람이 이유 없이 여기저기 다니는 것은 진에개의 근원이 됩니다. 쓸데없이 왕래가 잦다 보면 이런저런 말이 오가고, 말이 많아지면 오해가 생기게 마련이고, 오해는 남의 감정을 건들기 마련입니다. 특히 공부가 안 될 때는 여러 가지 이유를 붙여 사람과 어울리게 되는데, 그럴 때일수록 더욱 경계해야 합니다.

세 번째로 다른 사람의 좋고 나쁜 일 보기를 삼가라고 했습니다. 이는 도희개에 해당합니다. 불교에서는 호오, 선악, 미추, 시비 등 모든 상대적인 분별을 떠나야 한다고 항상 가르칩니다. 그런데 이러한 분별 시비에 휘말리다 보면 마음이 흔들리고 근심과 걱정이 떠나지 않습니다.

'모두 잘못 살고 있는 것은 사실이다. 그러나 가르쳐서 그것을 고쳐 주려고 하는 사람은 더 잘못이다.'라는 말이 있습니다. 남의 말을 듣고 자기의 행동을 고치는 일이 얼마나 어려운지를 나타내는 말이지요. 그러니까 남의 일을 가지고 좋다, 나쁘다 시비하지 말라는 말입니다. 시비하는 그것도 자기의 기준일 뿐입니다. 자기 기준으로 '옳다, 그르다.', '좋다, 나쁘다.' 가리는 것입니다.

네 번째로 문자를 탐하여 구함을 삼가라 했어요. 이는 의개에 해당합니다. 이 부분은 두 가지 측면에서 생각해 볼 수 있겠습니다. 하나는 참선 수행자가 수행에 의심이 들어 언어와 문자에 의지하는 것을 경계하는 것이고, 다른 한편으로는 출가 수행자가 세속의 시와 문학에 심취하는 것을 경계하는 것입니다. 지눌 스님뿐만 아니라 조선 시대의 서산 스님도 이와 같은 경책을 남겼습니다. 서산 스님은 "도담이 아니면 말하지 않았고, 부처님의 행이 아니면 행하지 않았으며, 글을 보아도 경전이나 조사 어록뿐이었다. 그러나 요즈음 도 닦는다는 사람들이 입만 벌리면 세상 돌아가는 이야기뿐이니 한심하다."고 말씀하셨지요. 참선 수행에 전념해야 할 수행자가 경전이라면 모를까 세속의 시나 책에서 미려한 글귀를 보고, 그것을 베껴 비단 책갈피를 만들어 애지중지한 예들이 간혹 있었나 봅니다.

절에 사는 수행 대중은 '상사上士는 참선하고, 중사中士는 경과 어록을 공부하며, 하사下士는 사중 일을 하면서 복을 짓는다.'고 해야 할 일이 정해져 있습니다. 그 세 가지 일 외에는 하면 안 되는 겁니다.

다섯 번째로 지나치게 자는 것을 삼가라고 했습니다. 이는 수면개에 해당합니다. 잠을 지나치게 많이 자면 오히려 정신이 흐려집니다. 「자경문」에도 이를 경계하는 가르침이 있습니다.

광겁장도(曠劫障道)
수마막대(睡魔莫大)
끝없이 오랜 세월을 두고 수도에 방해되는 일은
수마보다 더한 것이 없다.

마지막으로 어지럽게 반연하는 것을 삼가라 했습니다. 산란하게 반연한다는 것은 앞의 오개장을 통칭한다고 하겠습니다. 세속적인 것에 관심을 쏟는다든지, 문자를 탐구한다든지, 참선 수행보다는 취미 생활에 몰두한다든지, 또 그와 관련된 사람이나 필요한 도구와 인연을 맺는 등 마음을 **빼앗기게** 되면 자꾸 산란해지고 거기에 꺼들리게 됩니다. 수행자라면 마땅히 삼가고 삼갈 일입니다.

이는 출가 수행자에 한정되는 이야기가 아니라 세속에 있는 사람에게도 마찬가지인 가르침입니다. 자기가 목표로 세운 일을 성취하려면 결코 다른 일에 눈을 돌려서는 안 됩니다.

3. 초심학인의 청법

약 우 종 사   승 좌 설 법
若遇宗師의 **陞座說法**이어든

만약 종사가 법상에 올라 설법함을 만나거든

지눌 스님은 또 청법에 관한 주의 사항을 말씀하십니다.

총림에서는 법을 설하는 일이 종종 있습니다. 그중 상당上堂 법
어는 하안거와 동안거의 결제날, 반결제날, 그리고 해제날 이렇게
각 세 번씩, 일 년에 총 여섯 번이 있었습니다. 이 자리는 교학이
나 교훈적인 말씀을 하는 자리가 아닙니다. 그야말로 알아듣든지
말든지 법거량 하는 자리입니다. 당신이 깨달으신 법을 그대로 적
나라하게 노출시켜 대중에게 화두 던지듯 법어를 내리는 것이 상
당 법어예요.

또 승방에서는 방장 스님, 조실 스님의 소참小參 법문이 있습
니다. 소참 법문이란 불교 역사, 부처님의 생애, 경전의 개요 등을

대중에게 소상히 가르치는 것입니다. 옛날 중국의 총림에서도 경전과 어록을 해박하게 아는 교수사라는 소임자가 대중을 위해 경전과 어록을 강의했습니다. 성철 스님도 방장을 맡으셨을 때 백일법문을 하신 적이 있습니다. 결제 후 백 일 동안 일종의 소참 법문을 하신 거죠. 성철 스님은 백일 법문 이외에도 매 철 소참 법문을 하셨습니다. 제가 승방에 있을 때만 해도 성철 스님이 「증도가」, 「신심명」, 『육조단경』 등에 대해 한 철 강의를 하셨습니다.

인천 용화사에 오랫동안 계셨던 전강 스님도 새벽 예불이 끝나면 수좌들에게 화두 참선법에 대해서 일러 주는 법문을 하셨습니다. 새벽에 일어나 예불을 마치고 선지식으로부터 간절한 법문을 듣는 것은 매우 값지고 소중한 일입니다.

지눌 스님께서도 송광사에서 결사를 할 때 초심납자가 알아야 할 총림에서의 수행 규칙을 말씀하시면서 법을 듣는 일이 꼭 필요하다고 강조하셨습니다.

명안종사明眼宗師가 방장과 조실을 맡았다면 반드시 소참 법문을 통해서 대중을 가르쳐야 합니다. 불교에는 경전이나 어록이 많기 때문에 무엇을 어떻게 공부해야 할지 잘 모르는 경우가 많습니다. 그렇기 때문에 눈 밝은 종사가 대중을 위해 헌신적으로 가르쳐야 합니다.

사람은 교육을 통해서 달라집니다. 특히 초심학인은 교육 효과가 매우 크기 때문에 많이 달라질 수 있습니다. 스스로 발심해서 출가한 사람이기 때문에 조실 스님이나 방장 스님의 가르침을 받아들일 준비가 잘 되어 있어요.

그런데 최근 들어 선원에서 소참 법문을 접하기 어렵게 된 점은 정말 아쉽습니다. 요즘은 결제 후 한 철 동안 아무런 지도나 가르침 없이 좌선만으로 시간을 보냅니다. 물론 화두일념으로 정진이 잘 된다면 더 말할 나위 없습니다만 꼭 그렇게만 되는 게 아니거든요. 화두를 드나, 경전을 읽으나, 기도 염불을 하나 정진하는 동안 잡념 없이 일념이 지속되는 것은 거의 불가능합니다.

옛날 사람들은 지식과 정보가 부족한 대신에 단순하고, 또 단순하기 때문에 상대적으로 일념이 잘되었습니다. 그런데 현대인들은 많은 정보와 지식을 가지고 있기 때문에 정신이 대단히 산란합니다. 보다 효과적인 정진을 위해서라도 하루에 일정한 시간을 정해 승방에서 경전과 어록을 통한 가르침을 받는 게 좋습니다. 그 가르침을 통해 화두 참선 등 정진을 이어나가는 것이죠.

절부득어법   작현애상   생퇴굴심
切不得於法에 作懸崖想하야 生退屈心하야

혹작관문상   생용이심
或作慣聞想하야 生容易心하고

법문을 듣고 절대로 천 길 낭떠러지를 어떻게 오를 수 있을까 하는 생각을 지어 퇴굴심을 일으키거나, 늘 들을 수 있는 것이라는 생각을 지어 용이심을 일으키지 말고,

법문을 들을 때 경계해야 할 것으로 현애상과 관문상을 말합

니다. 현애상은 들어도 모를 것이라고 지레짐작하는 것이고, 관문상은 늘 듣던 이야기려니 하고 소홀히 하는 것을 말합니다. 바로 퇴굴심과 용이심입니다.

먼저 현애상으로 인한 퇴굴심을 일으키지 말라고 합니다. 높은 산이나 험하고 가파른 언덕을 넘어가야 할 때, 오르려는 시도나 노력도 없이 지레 겁을 먹고 물러나 버리는 마음 상태를 경계하는 것이죠.

제가 「대승찬」이라든지 「신심명」, 「증도가」 등을 강의할 때 듣는 분들이 어려워하는 경우가 있습니다. 불교 교리와는 수준이 다르고 다른 선어록과 비교해도 차원이 다르기 때문입니다. 설령 열 마디 중 아홉 마디를 알아듣지 못하고 한 마디만 알아듣는다 하더라도 아예 듣지 않는 것보다는 수승합니다. 퇴굴심만 없다면 알아듣지 못하는 부분이 차츰차츰 줄어 온전히 자기 살림이 될 날이 올 것입니다.

또 관문상을 지어서 용이심을 내지 말라고 합니다. 법문을 들을 때 '아이고, 또 그 소리네. 지난번 설법 때 했던 이야기 또 하시네. 저 스님 법문은 항상 같은 레퍼토리네. 저 소리는 귀에 못이 박히도록 듣네. 저것은 나도 다 아는 내용인데.' 등등의 망상을 피우거나 용이심을 내서는 안 됩니다.

당 수 허 회 문 지　　　필 유 기 발 지 시
當須虛懷聞之하면 **必有機發之時**하리니

모름지기 생각을 텅 비우고 들으면 기연을 발할 때가 있으리니,

마음에 어떠한 선입견도 품지 말아야 합니다. 공부가 어렵다는 생각도, 쉽다는 생각도 다 비워 버려야 합니다. 그저 텅 빈 마음이 되어 유심히 듣다 보면 반드시 기機가 발할 때가 있습니다.

'기'를 우리말로 해석하기는 쉽지 않습니다. 예를 들어 보면, 기는 기계 장치의 스위치와 같습니다. 스위치를 켜면 집채만 한 기계도 한순간에 작동됩니다. 자동차도 마찬가지입니다. 키를 돌리면 시동이 걸리고 움직일 수 있게 됩니다. 우리 마음의 세계도 얼마나 거대하고 복잡합니까. 그런데 그 마음에도 자동차의 키와 같고 기계의 스위치와 같은 중심 되는 것이 있습니다. 그것을 기라고 합니다.

캄캄한 방이라도 전등 스위치만 켜면 바로 환해지듯 우리 마음에 스위치가 켜지면 지혜의 광명이 환하게 펼쳐집니다. 그 스위치는 어떻게 만들어질까요. 그것은 설법하는 종사의 가르침과 그것을 받아들이는 내 마음의 준비 상태가 딱 맞아떨어질 때 만들어집니다.

혼자 경전과 어록을 볼 때도 마찬가지입니다. 육조 혜능 스님은 출가 전 불교에 대해 아무것도 모르는 백지 상태에서 나무 팔러 갔다가 어떤 스님이 읽는 『금강경』을 한 구절 듣고 기가 발했거든요. 그리고 그게 인연이 되어 출가하였습니다. 우리도 경을 읽고, 법문을 듣고, 강의를 듣는 기회가 되어 마음을 비우고 정성을 다하다 보면 마음의 등불이 확 켜지는 때가 있을 겁니다.

부 득 수 학 어 자   단 취 구 판
不得隨學語者하야 **但取口辦**이어다

말만 배우는 자를 따라서 단지 입으로만 판단하는 것을 취하지
말지어다.

때때로 스승과 제자의 법문하는 음성, 염불하는 곡조 등이 매우
닮아서 구분하기 어려운 경우가 있습니다. 큰스님을 흉내내다 보
니 제자가 닮아 가는 거죠. 그런데 참선 수행납자가 흉내만 낸다
면 문제는 심각해집니다. 수행자는 지혜의 소견이 열리고 자기의
살림살이가 꽉 차 있어야 하는데 경전과 어록의 문구만 앵무새처
럼 읽고 외우거나 큰스님의 근사한 말씀만 그대로 따라 배워서는
안 됩니다.

소 위 사 음 수   성 독   우 음 수   성 유
所謂蛇飮水하면 **成毒**하고 **牛飮水**하면 **成乳**인달하야

지 학   성 보 리   우 학   성 생 사   시 야
智學은 **成菩提**하고 **愚學**은 **成生死**가 **是也**니라

이른바 "독사가 물을 마시면 독이 되고 소가 물을 마시면 젖이
된다. 지혜롭게 배우면 보리를 이루고 어리석게 배우면 생사를
이룬다."는 말씀이 이것이니라.

참 좋은 비유입니다. '소위所謂'는 '이른바'라는 뜻인데, 과거로

부터 이와 같은 말을 하신 분들이 많다는 의미입니다.

똑같은 물인데도 뱀이 마신 물은 독이 되어 사람을 죽이기도 하는 반면 소가 마신 물은 우유가 되어 사람에게 좋은 영양분을 공급합니다. 또 같은 토양이라도 아카시아 나무를 심으면 아카시아 꽃이 피고 감나무를 심으면 감이 열리기 마련입니다. 스스로가 어떤 자세로 법문을 듣고 불교 공부를 하느냐에 따라 그저 앵무새처럼 말만 잘 지껄이는 사람이 되기도 하고, 마음을 환하게 밝혀 만인의 사표가 되기도 합니다.

우 부 득 어 주 법 인　　생 경 박 상
又不得於主法人에 **生輕薄想**이니

인 지 어 도　　유 장　　불 능 진 수　　　절 수 신 지
因之於道에 **有障**하야 **不能進修**하리니 **切須愼之**어다

또 법을 주관하는 스님에 대하여 업신여기는 생각을 내지 말지니, 그로 말미암아 도에 장애가 되고 수행에 진전이 없으리니 모름지기 간절히 삼갈지어다.

법문하는 사람을 법주法主 또는 법사法師라고 합니다. 그런데 법문을 주관하는 스님의 겉모습을 보고 업신여기는 마음이 생기면 법문의 내용까지 형편없을 거라는 생각을 일으키게 됩니다.

하지만 법문을 들을 때는 법에 의지하되 사람을 의지해서는 안 됩니다. 지혜를 의지하되 분별 의식을 의지해서도 안 됩니다. 또

뜻을 의지하되 말을 의지해서도 안 됩니다. 법문하는 사람이 인생을 어떻게 살아가든 그건 그 사람 몫입니다. 그것을 어떻게 받아들이느냐는 듣는 사람 몫이지요. 저도 마찬가지입니다. 수많은 세월 동안 걸망을 매고 선지식을 찾아 여기저기 헤맸습니다. 그러다 보면 법문을 설하고 강의를 하신 분의 인간적인 면을 모를 리가 없죠. 들어서 알고, 보아서 알고, 느껴서 알게 됩니다. 그렇지만 법문은 또 다른 문제입니다. 법문하는 사람을 생각해서 그 법문을 들으려 하지 않는다면 큰 잘못이죠.

법문하는 사람의 겉모습이 좋지 못하더라도 법문의 내용 역시 그럴 것이라고 단정 지을 수는 없습니다. 법문의 내용과 무관하게 법을 주관하는 사람에 대해서 가벼운 생각을 낸다면 그 자리에 가서는 안 되죠. 법문하는 사람을 무시하는 사람은 대체로 교만심이 높아서 그렇습니다.

論에 云如人이 夜行에 罪人이 執炬當路어든

若以人惡故로 不受光明하면 墮坑落塹去矣라 하시니

논에 이르기를 "어떤 사람이 길을 가다가 횃불을 들고 가는 죄인을 만났는데 그 사람이 밉다고 불빛까지 받아들이지 않는다면 구렁텅이에 빠지고 말리라." 하시니,

그렇습니다. 우리가 취할 것은 빛이지, 사람이 아님을 알아야 합니다. 우리가 취할 것은 법을 설하는 사람이 아니라 그 사람의 입을 통해 나오는 법문입니다. 사람에게 문제가 있는 것이지 빛이나 법문에 무슨 문제가 있습니까.

이런 이야기를 해도 사람이 괜찮아야 법문 들을 마음이 나지, 그렇지 않는데 무슨 법문 들을 마음이 나겠냐고 생각할지도 모릅니다. 하지만 어린아이에게도 배울 것이 있고, 시장의 온갖 잡다한 소리 속에서도 배울 것이 있습니다. 하물며 법문 듣는 일은 말해 무엇 하겠습니까. 그 생각을 반드시 비워야 합니다.

문 법 지 차　　여 리 박 빙
聞法之次에 **如履薄氷**하야

필 수 측 이 목 이 청 현 음　　숙 정 진 이 상 유 치
必須側耳目而聽玄音하며 **肅情塵而賞幽致**라가

법문을 들을 때는 마치 얇은 얼음을 밟는 것과 같이 조심하여 모름지기 귀와 눈을 기울여 깊은 말씀을 들을 것이며, 마음에 일어난 티끌을 가다듬어 그 깊은 뜻을 음미하다가,

법문을 들을 때의 자세입니다. 법문을 들을 때는 얇은 얼음을 밟는 것과 같이 조심하라고 했습니다. 강을 건너야 하는데 얼음이 얇으면 어떻겠습니까. 온 마디마디 신경이 곤두서겠지요. 잘못하면 얼음이 깨져 차가운 강물에 빠질 테니 모든 감각을 모아 조심

스럽게 행동할 것입니다. 법문을 들을 때도 이와 같이 하라는 말입니다.

또 정진情塵을 엄숙히 하라고 했습니다. 정진이란 마음에 일어난 먼지와도 같습니다. 먼지가 일었다가도 잠시 가만히 두면 가라앉듯, 산란해진 감각기관을 하나로 모으고, 들떠 있는 마음을 가라앉혀야 합니다. 이를 입정入定이라 합니다. 그리고 법문의 깊은 뜻, 해탈 법문의 내용을 새겨서 깊이 생각해야 합니다.

하 당 후　묵 좌 관 지　여 유 소 의
下堂後에 黙坐觀之호대 如有所疑어든

박 문 선 각　석 척 조 순　불 람 사 발
博問先覺하야 夕惕朝詢하야 不濫絲髮이어다

법문이 끝나면 묵묵히 앉아 관해 보다가 의심이 생기거든 널리 아는 이에게 물어야 하며, 아침저녁으로 생각하고 물어서 실낱만큼이라도 흘려 버리지 말지어다.

보통 강의나 법문을 시작할 때 잠깐 입정에 드는데, 사실은 법문을 마치고 나서도 잠깐 입정할 필요가 있습니다. 법문을 하기전에는 입정을 해서 마음을 가라앉히는 게 필요하고, 법문을 듣고 나서는 그날 들은 법문을 마음속으로 가만히 정리해 보며, 되새겨 곱씹어보고, 취할 것은 취하고 메모할 것은 메모하는 시간이 꼭 필요하지 않을까 합니다. 법문이 끝나자마자 후다닥 일어나기 바쁘고, 사람들과 이야기하기 바쁘고, 신발 찾는다고 정신없고, 집에 빨리 가려고 정신없는데 뭐가 남겠습니까. 그나마 조금 들어 놓은 법문조차 일어나면서 다 흘려 버리는 상황이 됩니다. 그래서 법문 듣고 난 후 입정이 더 필요합니다.

『법화경』에 보면 부처님께서 처음에 『무량의경』을 설하시고 선정에 들었다가 깨어나신 후 『법화경』을 설하십니다.

또한 법문을 듣고 생각을 정리하다 혹 의심나는 부분이 있으면 반드시 선지식에게 물으라 했습니다. 그렇게 생각하고, 의심나는 부분은 물어서 큰스님으로부터 배운 것을 털끝만큼도 흘려 버리지 않도록 해야 합니다.

여 시　　내 가 능 생 정 신　　이 도 위 회 자 여
如是라야 **乃可能生正信**하야 **以道爲懷者歟**인저
이렇게 하여야 비로소 올바른 신심을 내어 도로써 자기 일을 삼는 자라고 할 것이니라.

부처님의 가르침을 들었다면 인생의 바른길을 갈 수 있는 지혜의 가르침으로 삼아야 우리가 불교에 귀의하여 믿는 보람이 있고 이익이 있는 것이지 않겠습니까. 이는 출가 수행자에게만 해당되는 일이 아닙니다. 출·재가를 막론하고 바른 믿음을 내어 경전을 읽고, 강의를 듣고, 수행을 하는 까닭은 부처님의 진실한 뜻을 이해하여 보람 있고, 가치 있는 삶을 살기 위해서입니다.

무 시 습 숙   애 욕 에 치   전 면 의 지
無始習熟한 **愛欲恚癡**가 **纏綿意地**하야

잠 복 환 기   여 격 일 학
暫伏還起호니 **如隔日瘧**하나니

비롯함이 없는 옛적부터 익혀 온 애욕과 성내는 마음과 어리석
은 생각이 마음에 얽히고설키어 잠깐 수그러졌다가는 다시 일
어나는 것이 마치 하루거리와 같나니,

출가 수행을 결심한 사람에게는 출가한 그 순간부터 죽는 순간
까지 오직 정진만이 있을 뿐입니다. 이렇게 자기 공부에 진력해야
하지만, 공부가 어느 정도 무르익게 되면 전법에도 소홀함이 없어
야 합니다. 어쩌면 전법이 자기 공부를 위한 정진보다 더 값지고
소중한 일이며, 더 필요한 일일 수 있습니다. 공부를 아무리 오래
하더라도 완전에 도달하기는 참으로 어렵습니다. 그렇기 때문에
자기가 공부한 것에 대해 납득하고 확신이 섰다면 한 마디 말이라
도 다른 사람에게 전하려고 해야 합니다. 참으로 소중하고 값진
부처님의 가르침을 나누다 보면 자기 공부가 줄어드는 게 아니라
오히려 불어납니다.

우리 삶이 자유롭지 못하고 고통스러운 것은 한량없는 세월 동
안 익혀 온 삼독심 때문입니다. 재·색·식·수·명의 오욕락을
탐하고, 분노하는 마음, 어리석은 생각을 끊지 못해서죠.

법문을 듣거나 법당에서 기도를 할 때는 탐·진·치 삼독도 사
라지고, 일체의 시기심과 질투심 등의 번뇌 망상이 사라진 것 같

습니다. 그러다가 또 어떤 상황을 접하게 되고, 어떤 일에 부딪치게 되고, 어떤 사물을 보게 되면 다시 삼독이 일어납니다. 바로 잠복환기입니다. 잠깐 엎드려 있다 다시 일어나는 거죠. 백화점 진열장 앞을 지나다 보면 자기도 모르게 발걸음을 멈추는 경우가 있습니다. 그리고 물건을 살 생각도 없으면서 저절로 그 안으로 들어가게 되는 경우도 있죠. 평소에는 초연한 것같이 살다가 보고, 듣고, 느끼고, 알게 되면 삼독심이 다시 일어납니다.

우리는 어떤 목표를 달성하기 위해서 계획도 세우고 굳은 결심도 합니다. 그 계획을 실천하기 위해서는 해야 할 일도 많고 하지 말아야 할 일도 많습니다. 그런데 시간이 흐를수록 해야 할 일에는 해태해지고, 하지 말아야 할 일에 쏟는 시간은 늘어 갑니다. 그리고 갈등하다 보면 결국 계획은 수포로 돌아가고 굳은 결심은 종이쪽지로만 남습니다. 이러한 모습이 마치 하루거리, 즉 하루씩 걸러 일어나는 학질과 같다는 겁니다. 하루는 심한 열과 몸살로 고생하다가도 다음날이 되면 멀쩡합니다.

일 체 시 중   직 수 용 가 행 방 편 지 혜 지 력
一切時中에 直須用加行方便智慧之力하야
일체 생활 시간 속에서 모름지기 가행 방편과 지혜의 힘을 써서

가행정진加行精進은 일반적으로 정한 시간보다 배로 늘려 정진하는 것을 말합니다. 기도면 기도, 사경이면 사경, 독경이면 독

경, 강의면 강의, 참선이면 참선 등 어떠한 수행 방편이든 시간을 배로 늘려 정진을 하는 것입니다. 예를 들어 선방에서는 보통 사분정진四分精進이라 하여 한 번에 두 시간씩 하루 여덟 시간 동안 정진을 합니다. 가행정진은 그 여덟 시간 정진에 네다섯 시간을 더 하는 거죠. 24시간 정진하는 것은 용맹정진勇猛精進이라 합니다.

초심학인은 탐·진·치 삼독의 훈습이 깊게 남아 있기 때문에 가행정진을 해야 합니다. 마치 처음 입대한 사람이 훈련소에서 고된 훈련을 받는 것과 같습니다. 훈련소 생활이 끝나고 자대에 배치되면 생활이 비교적 쉽잖아요. 그와 같이 행자 혹은 사미 시절에는 다른 사람보다 배가 되는 시간 동안 정진을 해야 올곧은 수행자로 성장할 수 있습니다.

초심학인 시절에 하는 일, 즉 부엌에서 밥 짓고, 채공菜供하고, 그릇 씻고, 스님들 심부름하고, 청소하고, 경전 외우고, 울력에 참여하는 것 등은 도가 아닙니다. 하지만 이러한 생활은 도를 깨닫는 좋은 방편이 됩니다. 신심을 내어 앞뒤 돌아보지 않고 자기 실력 향상을 위해서 열심히 노력할 줄 아는 게 지혜로운 삶입니다. 꾀부리면서 자기 몸 하나 건사하기 위해 사는 것은 정말 어리석은 삶입니다.

통 자 차 호   기 가 한 만   유 담 무 근
痛自遮護언정 豈可閑護으로 遊談無根하야

허 상 천 일   욕 기 심 종 이 구 출 로 재
虛喪天日하고 **欲冀心宗而求出路哉**리오

번뇌를 능히 막고 마음을 보호할지언정 한가로이 근거 없는 이
야기로 세월을 헛되이 보낸다면 어찌 마음자리를 깨달아 윤회
를 벗어나는 길을 구한다고 하리오.

정진에 장애가 되는 것들을 스스로 막아 마음을 잘 보호해야
한다는 말입니다. '대인춘풍待人春風 지기추상持己秋霜'이라는 말이
있습니다. 도업을 이루기 위해서는 자기 자신에게는 가을철 찬 서
리처럼 철저하고, 다른 사람에게는 봄바람처럼 너그러워야 한다
는 뜻입니다. 스스로에게 엄격하고 막을 것은 뼈에 사무치도록 막
아서 자신을 보호해야 마땅합니다. 한가로이 세상 돌아가는 이야
기, 정치 이야기, 연예인 이야기 등을 소재 삼아 시간만 축내는 일
은 있을 수 없습니다.

　사람 사는 일이란 곧 '시간 죽이기'입니다. 어떻게든 시간을 보
내는 것이죠. 이왕 가는 시간을 어떻게 의미 있고 보람되고 유익
하게 보낼 것인가를 잘 살피는 게 지혜로운 사람과 어리석은 사람
의 차이입니다.

　우리 불교계에서는 '인신난득人身難得 불법난봉佛法難逢', 즉 '사
람 몸 만나기 어렵고 불법 만나기는 더욱 어렵다.'고 누누이 강조
합니다. 함부로 세월을 보내고 시간을 죽인다면 불법 만난 보람이
어디에 있겠습니까.

　불교에서는 마음이 근본이라고 합니다. 바로 마음을 깨쳐야 하

지요. 지눌 스님 당시에는 선불교가 완전히 무르익어 있었습니다. '심종心宗'이라는 표현을 통해 선불교를 제창한 지눌 스님의 불교관을 엿볼 수 있습니다. 심종은 마음을 깨닫는 것, 도를 깨닫는 것을 뜻합니다. 출로出路는 생사에서부터 벗어나는 길, 온갖 번뇌로부터 벗어나는 길을 말합니다. 마음을 깨달아야 생사해탈이 가능합니다. 세월을 헛되게 보내서는 불가능한 일이죠. 서산 스님은 『선가귀감』에서 이렇게 말씀하셨습니다.

출가하여 중이 되는 것이 어찌 작은 일이랴. 몸의 안일을 구하는 일도 아니고, 따뜻이 입고 배불리 먹으려는 것도 아니며, 명예와 재물을 구하는 것도 아니다. 나고 죽음을 면하고 번뇌를 끊으려는 것이며, 부처님의 지혜를 이루려는 것이며, 삼계에 뛰어나서 중생을 건지려는 것이다.

단 견 지 절　　　책 궁 비 해
但堅志節하야 責躬匪懈하며

지 비 천 선　　　개 회 조 유
知非遷善하야 改悔調柔어다

근 수 이 관 력　　전 심　　　연 마 이 행 문　　익 정
勤修而觀力이 轉深하고 鍊磨而行門이 益淨하리라

다만 뜻과 절개를 굳건히 하여 자기의 몸을 꾸짖어 게을리하지 말며, 그릇됨을 알았거든 선한 데로 옮겨 고치고 뉘우치고

부드럽게 만들지어다. 이렇게 부지런히 닦다 보면 관하는 힘이 더욱 깊어지고 갈고 닦을수록 수행의 문이 점점 맑아지느니라.

'불문에 들어가서 부처님 가르침대로 수행하고 살겠다.'고 마음 먹었으면 날이 갈수록 그 뜻을 굳게 다짐해야 합니다. 그러다 게을러지면 자기를 꾸짖어 다짐하고 또 다짐해야 하죠. 사람은 활줄처럼 언제나 팽팽하게 날이 서 있는 게 아닙니다. 게을러지죠. 게을러지면 일으켜 세워 다짐하고 또 다짐하면서 살아야 합니다.

잘못된 걸 알고도 잘못하는 사람은 드뭅니다. 정말 몰라서 잘못하는 일은 대부분 소소한 것입니다. 그렇기 때문에 그른 줄을 알았다면 얼른 마음을 바꿔 뉘우치고 고쳐 조화롭고 유연하게 만들어야 합니다.

이렇게 부지런히 닦다 보면 관력이 점점 깊어진다고 했습니다. 수선사에서의 가르침이니 참선 수행자의 의단독로疑團獨露가 더욱 깊어짐을 말합니다. 화두의 힘이 깊어지는 것만을 말하는 것은 아닙니다. 경전을 공부하는 사람은 경전에 대한 지혜의 눈이 밝아지는 것이 관력이고, 염불 정진하는 사람은 삼매의 힘이 커지는 것이 관력입니다. 마치 운동을 하지 않던 사람이 지속적으로 운동을 하다 보면 근육이 생기는 것과 같습니다. 오히려 육체의 근육보다 정신의 근육이 더 잘 생깁니다. 눈에 보이지는 않지만 관력이 생기면 본인 스스로 느낄 수 있습니다. 이렇게 되면 수행의 문이 더욱 맑아질 것이라 했습니다.

장 기 난 조 지 상　도 업　항 신
長起難遭之想하면 **道業**이 **恒新**하고

상 회 경 행 지 심　종 불 퇴 전
常懷慶幸之心하면 **終不退轉**하리라

항상 불법을 만나기 어렵다는 생각을 일으키면 도 닦는 업이 늘 새로워질 것이고, 항상 경사스럽고 다행하다는 생각을 일으키면 마침내 물러나지 아니하리라.

제가 지눌 스님의 「계초심학인문」에서 제일 좋아하는 구절입니다.

사람 몸 받기는 정말 어렵습니다. 이는 부처님을 비롯한 여러 조사들이 수많은 생을 환히 꿰뚫어 보시고 하시는 말씀입니다. 설사 사람 몸 만났다 하더라도 불법 만나기는 더욱 어렵습니다. 또 불법은 만났다 하더라도 정법 만나기는 더욱 어려워요. 그래서 불자는 많은데 정법을 행하는 사람은 많지가 않은 것입니다. 스님들도 마찬가지입니다. 출가를 했다면 전문가답게 공부에 전념해야 합니다. 아무것도 돌아보지 않고 공부에만 이삼십 년을 전념하면 왜 정법을 모르겠습니까. 그렇게 안 하니까 모를 수밖에 없는 겁니다.

사람의 몸 만났고, 불법 만났고, 거기에 정법을 만났다면, 참으로 만나기 어려운 법을 만났다는 생각을 일으켜야 도 닦는 업이 귀한 줄 알고 매일매일이 새로운 겁니다. 경전을 읽어도, 화두 참선을 해도, 염불을 해도 새롭고, 신기하고, 경쾌한 시간이 됩니다.

그리고 긍정적인 자세가 중요합니다. '정말 다행스럽게도 내가 사람 몸을 받았구나.', '높은 벼슬을 하지 않는 만큼 시간이 있어 불법 공부를 할 수 있음이 참 다행이구나.', '돈이 많으면 그 돈 심부름 하느라 고생할 것인데 참 다행이구나.'와 같이 항상 경사스럽고 다행한 일이라고 생각하며 살아야 합니다.

저는 불법을 만나는 것이 백억 대의 복권이 일 년 365일 터지는 것과 똑같다고 생각합니다. 사실 복권과는 비교가 안 되지만, 말을 하자면 그렇습니다. 어찌 백억짜리 복권에 비교를 할 수 있겠습니까.

그렇게 불법을 만나기 어렵다는 생각을 하면 마침내 물러나지 않는다고 했습니다. 항상 '좋다.', '다행이다.', '복이다.'라고 생각하는 사람에게 퇴전할 일이 있겠습니까. 그저 앞으로 나아갈 뿐이죠. 이것을 청복淸福이라 합니다. 아주 맑은 복이라는 뜻입니다. 반면 벼슬이 높고 돈이 많은 것을 탁복濁福이라고 합니다. 불법을 좋아하는 사람은 돈이 많고 벼슬이 높은 것을 아주 혐오합니다. 언젠가는 다하는 유루복有漏福을 짓는 일이기 때문입니다. 복 짓느라고 한 생 허비하고, 복 받느라고 또 한 생 허비해 버립니다. 복진타락福盡墮落이라 하여 복이 다하면 더 안 좋은 데로 떨어져 버립니다.

여시구구   자연정혜원명   견자심성
如是久久하면 **自然定慧圓明**하야 **見自心性**하며

용 여 환 비 지　　　환 도 중 생　　　작 인 천 대 복 전
用如幻悲智하야 還度衆生하야 作人天大福田하리니

절 수 면 지
切須勉之어다

이와 같이 오래오래 하다 보면 자연히 선정과 지혜가 뚜렷이
밝아져 자신의 마음자리를 보며, 환과 같은 자비와 지혜를 써
서 모든 중생을 제도하여 인간과 천상의 큰 복밭이 되리니, 모
름지기 간절히 힘쓸지어다.

지눌 스님은 지금까지의 가르침대로 수행자가 살다 보면 자기
의 마음자리를 보고, 자기 마음을 깨닫는 때가 온다고 했습니다.
그리고 그때가 되면 환幻과 같은 자비를 베풀고 지혜를 써 중생을
제도하라고 합니다.

여기서 자비와 지혜를 '환과 같다.'고 했습니다. 자비와 지혜는
물건처럼 있는 게 아니죠. 우리가 마음 내서 쓰면 있는 것이고, 가
만히 있으면 나타나지 않습니다. 내가 쓸 때만 있는 것입니다. 우
리의 마음속에 자비와 지혜가 가득 차 있다 하더라도 그것을 활용
할 때만 작용이 나타납니다.

부처님의 가르침을 공부하여 지혜와 자비가 충만해지고, 인연
닿는 대로 어리석은 사람에게 부처님의 지혜를 전한다면 큰 복이
됩니다. 예를 들어, 필요로 하는 곳에 재물을 희사하는 것도 복이
될 수 있습니다. 또 급식에 참여하는 봉사 활동도 좋은 일입니다.
그렇지만 부처님 법을 널리 펴서 중생을 제도하고, 법공양 올리는

일과는 비교가 되지 않습니다. 따라서 우리 불자들은 봉사 활동을 하더라도 반드시 부처님 법을 함께 전해야 합니다. 이것이 불자가 하는 봉사 활동이고, 불자가 하는 복지 사업입니다. 그냥 봉사만 하고, 그냥 밥만 나눠 준다면 구청이나 보건복지부에서 하는 일과 같이 세속의 일과 다를 게 없습니다.

스님이 수하는 가사를 복전의福田衣라고 합니다. 복밭이 되는 옷이라는 뜻이죠. 수행한 지 얼마 안 되는 사람은 밭 한 뙈기의 마니 가사를 수하고, 몇 년 지나면 밭이 다섯 뙈기가 되는 5조 가사를 입습니다. 그 다음에는 7조 가사, 9조 가사, 11조 가사, 13조 가사, 25조 가사를 입습니다. 수행이 깊어지고 연륜이 쌓이면 가사의 조 수가 그만큼 늘어나는 겁니다. 복을 지을 수 있는 밭의 면적이 늘어난다는 의미입니다. 연륜이 깊어지면 정법을 알고 지혜가 출중해지기 때문에 사람들에게 진리의 가르침을 제대로 편다는 뜻입니다. 큰스님이라고 해서 돈이 많아 여러 사람에게 큰 복밭이 된다는 게 아닙니다. 그리고 큰스님이라고 해서 덮어놓고 절하고 돈 갖다 주면 복이 되는 것도 아닙니다. 그분으로부터 인생의 지혜가 되는 훌륭한 가르침을 전해 받을 수 있기 때문에 복밭이 되는 겁니다.

끝으로 의상 스님의 「법성게」에 나오는 구절을 소개하며 강의를 맺겠습니다.

초발심시변정각(初發心時便正覺)

생사열반상공화(生死涅槃常共和)

처음 발심할 때의 마음 그 자체가 깨달음이며
생사의 고통과 열반의 즐거움도 늘 함께하네.

발
심
수
행
장

강
설

강의를 시작하며

『초발심자경문』은 최초로 보리심을 발한 사람이 지켜야 할 덕목을 적은 기본 규율서로, 고려 중기 지눌 스님이 지은 「계초심학인문」과 신라 원효 스님이 쓴 「발심수행장」, 고려 후기 야운 스님이 지은 「자경문」을 합본한 책입니다. 그중 「발심수행장」은 보리심을 발한 사람의 수행에 관한 글입니다. 여기에는 두 가지의 뜻이 있습니다. '발심한다.'는 것과 '발심을 해서 수행을 한다.'는 것입니다. 이 글의 전체 내용은 발심과 수행에 관한 말씀으로 구성되어 있습니다.

「발심수행장」은 '해동海東 사문沙門 원효元曉 술述'이라고 시작합니다. 여기서 해동은 옛날 우리나라를 칭하던 말 중 하나입니다. 중국에서 볼 때 우리나라가 바다 동쪽에 있기 때문에 해동이라고 불렀지요. 사문은 도를 구하는 자, 모든 번뇌를 쉬어 버리고 부지런히 불법을 닦아 나가는 사람이라는 뜻입니다.

원효는 으뜸가는 새벽, 첫새벽이라는 의미입니다. 원효 스님에 대해서는 잘 알려진 분이라 길게 설명드릴 필요는 없겠습니다만, 그래도 조금은 짚고 넘어갈까 합니다. 원효 스님은 617년에 태어나셔서 686년에 열반하셨습니다. 신라를 대표하는 위대한 큰스님이라고 칭하지만, 한국불교사뿐만 아니라 세계사적으로도 뛰어난 사상가, 성자로 추앙해도 결코 손색이 없습니다.

불교 역사 전반을 보면 인도에는 부처님의 훌륭한 제자들이 많았고, 많은 저술과 훌륭한 업적을 남기신 스님들도 많습니다. 중국도 마찬가지입니다. 하지만 한 스님이 백 권 이상의 책을 저술한 경우는 많지 않습니다. 인도의 용수 보살龍樹菩薩, 중국의 천태 지자天台智者 대사, 그리고 우리나라에는 원효 대사가 있습니다.

원효 스님은 신라 진평왕 39년 압량군 불지촌, 지금의 경북 경산시 자인면에서 태어났습니다. 스님이 태어날 때 여러 가지 신기한 상서가 있었다고 전해지지요. 어릴 때의 이름은 서당이었습니다.

원효 스님은 열 살 즈음 출가를 했습니다. 옛날 큰스님들 중에는 늦게 출가해서 성도하신 분들도 계십니다만, 아주 어려서 출가를 해서 도를 이루신 분들이 많지요. 불교에서는 동진출가를 알아줍니다. 세속의 때가 묻기 전 아주 맑은 영혼, 총명한 시기에 불교 공부를 하게 되면 아무래도 효과가 크기 때문이겠지요.

원효 스님도 어린 나이에 출가를 해서 천재성을 발휘했습니다. 특별한 스승은 없었다고 전해집니다만, 그 당시 유명한 큰스님과

학자들을 찾아다니면서 공부를 많이 했다고 합니다. 그러다가 34
세에 의상 스님과 함께 당나라 유학길에 오르는데 압록강을 건너
서 요동까지 갔으나, 국경수비대에 붙들려서 되돌아왔다는 기록
이 있습니다.

그 후 십 년쯤 국내에서 공부하시다가 45세 때 다시 의상 스님
과 당나라 유학길에 나섰습니다. 이번에는 해로를 이용하기로 작
정하고 백제 땅이었던 당주계唐州界라는 항구에 당도했는데, 날은
어둡고 비바람은 치고 해서 어느 움막 같은 데 들어가 잠을 자게
됩니다. 잠결에 목이 말라 일어나 물 한 바가지를 아주 달게 마시
고는 다시 기분 좋게 단잠을 잤어요. 그런데 자고 일어나 어젯밤
에 마신 그 바가지 물을 보니 해골바가지 물이더라 이거지요. 그
해골바가지에는 피고름 찌꺼기의 흔적이 남아 있었는데, 거기에
빗물이 고인 것을 맑은 물로 생각하고 마셨단 말입니다. 그것을
보는 순간 비위가 상해 토하다가 크게 깨달았습니다. 어제 저녁에
는 물이라고 생각해서 참 달게 마셨는데, 오늘 아침에는 해골바가
지에 담긴 썩은 물이라고 생각하니 어찌하여 이렇게 구역질이 나
서 견딜 수 없는 상황이 되었는가? 이것이 도대체 무슨 도리인가?
그야말로 모든 것이 이 한 마음의 조작이다! 이렇게 모든 것이 마
음의 도리임을 깨달은 겁니다.

심생즉종종법생(心生則種種法生)
심멸즉촉루불이(心滅則髑髏不二)
삼계유심 만법유식(三界唯心, 萬法唯識)

심외무법 호용별구(心外無法 胡用別求)
한 마음 일으키니 갖가지 분별 생기고
한 마음 거두니 해골과 바가지가 둘이 아니네.
삼계가 오직 마음이고, 만법이 오직 마음의 작용일 뿐
마음 밖에 다른 법이 없으니, 어찌 따로 구할 것이 있으리오.

"마음 밖에 따로 법이 없다면 무엇 하러 이 고생을 하면서 당나
라까지 가서 법을 구한단 말인가."

이와 같은 이치를 통절하게 깨달은 스님은 그 길로 당나라 유학
길을 포기했지요. 유학길에서 일체유심조一切唯心造의 도리를 깨닫
게 된 것입니다.

의상 스님은 그런 경험을 못하셨기 때문에 그대로 당나라 가는
배를 얻어 타고는 유학을 갑니다. 한 사람은 유학을 가게 되고 한
사람은 유학의 길에서 다시 돌아온 것이죠. 두 분이 신라라는 같
은 곳, 같은 조건에서 그동안 같이 불교를 섭렵하고 공부하였는
데, 이제 원효 스님은 유학길에서 돌아오고 의상 스님은 중국으로
건너가게 된 것입니다.

중국으로 건너간 의상 스님은 화엄학의 대가인 지엄 스님 밑에
서 공부를 하고 돌아옵니다. 돌아오기 전 지엄 스님으로부터 『화
엄경』의 요지를 써 내라는 명을 받습니다. 요즘 말로는 리포트를
작성해 제출하라는 거죠. 그것이 바로 「법성게」입니다. 이를 본 지
엄 스님은 "네 법성게가 화엄대경보다 더 수승하다."고 크게 찬탄
했다고 합니다. 지엄 스님 밑에 현수라는 제자가 있었는데, 그분

이 의상 스님을 흠모하여 쓴 "큰스님께서 제 곁을 떠나신 이후 주야로 스님을 뵙고자 하는 마음 간절합니다. 언제나 스님을 만나서 스님의 큰 법을 얻어 들을 날이 있겠습니까?"라는 편지글이 남아 전합니다. 의상 스님은 귀국하여 우리나라의 대표적인 사찰인 범어사, 부석사 등을 짓고, 부석사에 자리 잡아 많은 제자를 가르쳤습니다.

신라로 돌아온 원효 스님은 경주에 머물면서 당신의 깨달음에 따라 가르침을 펴고 저술도 많이 하였습니다. 스님이 저술한 책은 240권이나 된다는 기록이 있을 정도로 많습니다. 원효 스님은 그렇게 사시다가 요석공주와 인연을 맺어 우리나라 유교의 시조로 추앙되며 성인으로 받들어지는 설총이라는 아들을 낳게 되지요. 이 시절에 원효 스님이 한 유명한 노래가 있습니다.

아유탱천주(我有撐天柱)
수허몰가부(誰許沒柯斧)
내게 하늘을 고이는 기둥이 있으니,
누가 자루 빠진 도끼가 없느냐?

파계한 승이 되어 머리를 기른 원효 스님은 스스로 '복성거사ㅏ性居士', '소성거사小性居士' 등 거사로 칭하면서 설법도 하고 저술도 남기셨습니다. 원효 스님의 저술 중 지금 전해지고 있는 것은 기록에 남아 있는 것 중 십 분의 일도 되지 않아요. 그중 『금강삼매

경론金剛三昧經論』과『대승기신론소大乘起信論疏』는 참으로 뛰어난 가르침을 담고 있습니다. 원효 스님의 저술 중 대표적인 것이죠. 또『화엄경소초華嚴經疏抄』,『법화경종요法華經宗要』를 썼던 기록 등등 팔만대장경을 섭렵하지 않은 것이 없을 정도이며, 당신의 의견을 길게, 혹은 짧게 해설한 업적을 남겼습니다.

원효 스님은 스스로를 아래 하下 자도 못 된다는 의미로 복卜 자를 써서 복성거사라고 칭하면서 지극히 낮은 사람으로서 평생을 만행으로 보냅니다. 상류 계급의 사람뿐만 아니라 하층 계급까지 종횡무진 다니면서 교화하셨죠. 교화의 내용은 발심 수행과 화합에 관한 것이 중심이었습니다. 그중 사복성자蛇腹聖者, 즉 땅꾼과 거지들의 왕과 있었던 일화가 유명합니다.

원효 스님이 사복성자의 어머니 시신 앞에서 다음과 같이 말합니다.

막생생야고(莫生生也苦)
막사사야고(莫死死也苦)
나지 말라. 나고 산다는 것은 괴로움이다.
죽지 말라. 죽는다는 것도 괴로움이다.

그러자 사복성자는 잔소리가 많다며 '생사개고生死皆苦', '생사가 모두 괴로움이다.'라고 말합니다. 원효 스님은 사복성자의 말에 한 방망이 얻어맞고 또 큰 깨달음을 얻습니다.

원효 스님의 사상을 정리하면 세 가지로 요약할 수 있습니다. 일심一心 사상, 화쟁和諍 사상, 무애無碍 사상이 바로 그것입니다.

일심이란 모든 진리는 결국 하나의 진리를 향해 있다는 것입니다. 원효 스님은 당나라 유학길 중의 경험을 통해 '삼계유심三界唯心 만법유식萬法唯識', '삼계가 오직 마음이요, 만법은 오직 인식일 뿐이다.', '심외무법心外無法 호용별구胡用別求', '마음 밖에 법이 없는데 어찌 따로 구할 것이 있으랴.'라는 일심의 깨달음을 얻었습니다.

화쟁이란 어떤 문제에 대해 두 가지 이상의 다른 견해가 있을 때 서로 다른 견해를 융섭의 이념에 의하여 화해시키고 회통시켜 큰 법의 바다로 귀납시키는 것입니다. 융섭이란 서로 받아들여 화합하는 것이죠. 원효 스님이 추구하였던 화쟁의 방법은 첫째 불교 경전에 대한 폭넓은 이해를 바탕으로 하고, 둘째 특정한 이론과 논리에 대한 집착을 버리게 하며, 셋째 상반되는 이론에 대해 동의하지 않고 이의를 제기함도 없이 긍정과 부정을 자유롭게 사용하여 깨달음의 경지로 이끌어 쟁론을 화해시키는 것이었습니다.

무애는 어디에도 걸림이 없는 철저한 자유인으로서의 삶을 뜻합니다. 원효 스님은 '일체무애인一切無碍人 일도출생사一道出生死', '일체에 걸림이 없는 사람은 단번에 생사를 벗어난다.'고 하셨습니다. 특히 스님은 부처와 중생을 둘로 보지 않고, '무릇 중생의 마음은 원융하여 걸림이 없는 것이니, 태연하기가 허공과 같고 잠잠하기가 오히려 바다와 같으므로 평등하여 차별상이 없다.'고 하였습니다. 스님은 철저한 자유가 중생심衆生心에 내재되어 있다고 보고, 스스로도 철저한 자유인이 되었던 거죠.

　우리가 공부하려는 「발심수행장」도 그분의 많은 저술 중 하나인데 참으로 짧습니다. 짧으면서도 천하의 명문名文으로 한국의 고전 중에서도 손꼽히는 글입니다.
　「발심수행장」은 출가한 사람과 출가하지 않고 사회에 있으면서도 수행을 해야겠다는 마음을 내어 불교적인 관점에서 인생을 의미 있고, 보람 있고, 가치 있게 살아야겠다는 사람들에게 반드시 필요한 글이라고 말씀드릴 수 있습니다.

1. 부처님의 삶, 중생의 삶
:

부제불제불　　장엄적멸궁
夫諸佛諸佛이 **莊嚴寂滅宮**은

어 다 겁 해　　사 욕 고 행
於多劫海에 **捨欲苦行**이요

모든 부처님과 부처님이 적멸궁을 장엄하는 것은 오랜 세월 욕
심을 버리고 고행을 하셨기 때문이요,

적멸은 열반涅槃을 의미합니다. 내 마음이 조용해져[寂] 모든 번
뇌 망상을 없앴다[滅]는 뜻입니다. 부처님께서는 범부 중생이 살
생업을 일삼으며 오역죄를 짓다가도 선지식의 지도를 받들어 불
도를 잘 수행한다면 죄멸복생罪滅福生이 된다고 했습니다. 『명심보
감』에서도 '복지심령福至心靈', '복이 오면 마음이 신령스러워진다.'
라고 했습니다. 이것이 바로 적멸입니다.

불佛은 각覺이라는 뜻입니다. '자각각타自覺覺他', 스스로 깨달음

과 동시에 다른 사람도 깨우치는 것, 즉 각행원만覺行圓滿하여 깨달음과 그 깨달음의 행이 원만함을 '불'이라 합니다. 이 불에 대한 해석이 많지만 대표적으로 열 가지가 있습니다. 여래如來, 응공應供, 정변지正遍知, 명행족明行足, 선서善逝, 세간해世間解, 무상사無上士, 조어장부調御丈夫, 천인사天人師, 불세존佛世尊의 여래십호如來十號가 그것입니다.

여래란 진여眞如의 세계에서 오셨다, 진리의 세계에서 오셨다는 뜻입니다. 번뇌 망상에서 온 것이 아니고, 진여의 세계에서 오셨다는 것이죠.

응공이란 공양을 잡수실 만하다, 공양에 응할 만하다는 의미입니다. '밥 먹을 자격이 있다.'는 말입니다.

정변지란 올바른 깨달음을 얻은 자라는 뜻입니다. 정正은 복판이고, 변遍은 가장자리죠. 복판도 잘 알지만 가장자리도 잘 아신다는 말입니다. 깨달음과 방편을 두루 갖추었다는 의미입니다.

명행족이란 지知와 행行이 완전한 자를 말합니다. 삼명三明과 육통六通이 구족具足하다는 뜻입니다. 삼명은 천안통天眼通으로 현재를 알고, 숙명통宿命通으로 과거를 알며, 누진통漏盡通으로 미래를 아신다는 뜻이지요. 삼명에 천이통, 신족통, 타심통 세 가지를 더해서 육통이라고 합니다.

선서란 잘 가신다는 말입니다. 위에서 여래는 진여의 세계에서 오신다고 했습니다. 왔으니 또 잘 가야 될 것이 아닙니까. 선서는 '이 세상을 잘 가실 줄 안다.'는 뜻입니다. 열반의 세계에 잘 들어갈 수 있는 것이며, 생사의 경지를 해탈한 사람이 떠나는 것을 선서라고 합니다.

세간해란 세간을 잘 아신다는 뜻입니다. 출가한 사람의 경우 산속에서만 살기 때문에 세상 물정을 잘 모르는 수가 많은데, 부처님은 세간도 잘 아신다는 뜻입니다. 모든 중생의 근기를 잘 알고 이해하고 있다는 의미입니다.

무상사란 부처님 이상은 더 없다는 뜻입니다. 사람이 오욕락에 빠져 사는 것을 속俗이라고 하는 반면 진리의 세계로 떠나는 것을 승勝이라 합니다. 더이상 높은 도는 없는 무상대도를 깨달은 사람을 '무상사'라고 합니다.

조어장부란 중생들을 잘 다스리는 장부라는 뜻입니다. 자기 마음자리를 알고 생사대사生死大事를 깨닫고 진리의 세계로 향하는 사람이라면 장부라 할 수 있습니다.

천인사란 '천상과 인간의 스승'이라는 뜻입니다.

불세존이란 깨달은 사람이고, 깨달은 사람이기 때문에 인간 세상에서는 가장 존귀한 사람이라는 뜻입니다.

제불제불은 과거 장엄겁 천불, 현재 현겁 천불, 미래 성숙겁 천불 등 모든 부처님을 말합니다. 그 많고 많은 부처님께서 적멸궁을 다 장엄하신다는 거죠. 부처님, 즉 깨달은 모든 분들은 적멸의 세계를 장엄한 분입니다. 적멸궁은 우리 마음의 근본자리이지요. 근본자리는 누구 할 것 없이 텅 비었습니다. 중생은 망상을 일으키고 탐·진·치 삼독과 온갖 시기·질투·음해를 일로 삼지만, 깨달음을 이루신 성인들은 지혜와 자비, 그리고 원력으로써 자기의 삶을 장엄합니다. 그러나 그 근본은 중생이나 부처나 텅 비어서 없는 자리입니다. 백지와 같죠. 백지와 같은 것이기에 중생은 탐·진·치 삼독과 팔만 사천의 번뇌를 그려 가고, 깨달으신 분들은 온갖 지혜와 자비, 중생 교화의 원력과 같은 아름다운 꽃으로 장엄해 가는 겁니다. 이것이 부처와 중생의 다른 점이라고 말씀드릴 수 있습니다. 본질은 같다고 할 수 있지만 표현은 다른 거지요. 적멸궁을 장엄한다는 것은 그런 뜻입니다. 이게 말은 쉽지만 뜻은 아주 깊어요. 우리는 제불제불이 텅 빈 마음에서 지혜와 자비와 원력과 교화와 선행으로써 각자 인생을 장엄함을 배워야 합니다.

그런데 모든 부처님께서 지혜와 자비로 인생을 장엄할 수 있었던 것은 알 수 없는 오랜 세월 동안 욕欲을 버리고 고행을 하셨기 때문이라고 합니다. 고행이라고 했지만 사실 좋아서 하는 일은 그렇게 어려운 일이 아니지요. 그러나 세속적인 관점에서 볼 때는 탐·진·치 삼독과 팔만 사천의 번뇌를 여의고 지혜와 자비의 선행을 일구는 것이 고행입니다.

적멸에는 상常·항恒·안安·청정淸淨·불로不老·불사不死·무구無垢·쾌락快樂 등 여덟 종의 법미法味가 있다고 합니다.

중 생 중 생　　윤 회 화 택 문
衆生衆生이 **輪廻火宅門**은

어 무 량 세　　탐 욕 불 사
於無量世에 **貪慾不捨**니라

중생마다 불난 집의 문을 윤회하는 것은 한량없는 세상을 살아오면서 탐욕을 버리지 않기 때문이니라.

『법화경』「비유품」에 나오는 말이지요. '화택비유火宅比喩'라고 하는 유명한 비유입니다. 『법화경』에서는 우리가 사는 세상을 불타는 집과 같다고 합니다. 큰 저택에 불이 났는데도 철없는 아이들은 언제 타 죽을 지도 모르고 그곳에서 불장난을 하며 뛰어논다는 거죠. 건물은 불에 타 넘어지고, 온갖 험한 짐승들이 날뛰며, 독한 벌레들이 들끓고 있는 모습을 매우 사실적으로 그리고 있습니다. 이런 것들은 우리가 사는 이 세계의 어렵고 험하고 추하고 모진 면들을 보여 줍니다.

중생이란 매일매일 속을 태우잖아요. 나중에는 죽어서 화장火葬하는 것도 화택에 들어가는 것이지요. 그런데도 대부분의 사람들이 이 세계를 고통의 세계인 줄 모르고 순간의 오욕락에 팔려 사는 것이 중생의 세계입니다. 특히 많고 많은 중생이 재물과 색욕을 버리지 못하고 삽니다. 영가 스님도 '생사유유무정지生死悠悠無定止', '태어나고 죽고 또 태어나는 일이 멈추지 않네.'라고 하였습니다. 이렇듯 부처님은 자기 욕심 버리고 고행을 해서 부처가 된 것이고, 중생은 탐욕을 부리면서도 그 탐욕을 버리지 않고 살기 때문에 중생인 것입니다. 즉 제불제불의 세계를 선택할 것인가, 중생중생의 세계를 선택할 것인가를 말합니다.

무 방 천 당　　소 왕 지 자　　삼 독 번 뇌　　위 자 가 재
無防天堂에 **少往至者**는 **三毒煩惱**로 **爲自家財**요

막지 않는 천당에 이르는 사람이 적은 것은 탐·진·치 삼독의
번뇌로 자기의 재물을 삼기 때문이요,

누가 천당에 오지 못하게 막아 놓지 않았지요. 울타리가 있는
것도 아니고, 시험을 쳐서 들어가는 것도 아닙니다. 그런데도 가
는 사람이 적은 것은 탐욕과 성냄과 어리석음이라는 세 가지 독
한 번뇌로써 자기 집의 재물을 삼았기 때문입니다. 삼독 번뇌로써
재물을 삼았지, 선행과 자선을 했다든지, 지혜와 자비로 남을 교
화하겠다는 원력을 가졌다든지 등으로 자기 집의 재산을 삼지 않
았다는 것입니다. 그래서 천당에 가는 사람이 적다는 것이지요.

탐·진·치는 독약과 같아서 삼독의 독약에 물들면 그만 지
옥·아귀·축생에 떨어지게 됩니다. 나의 청정한 자성이 그만 독
약으로 물들게 된다는 뜻입니다. 탐·진·치 삼독이 바로 독약과
같다는 의미입니다.

불교에서는 천당, 즉 하늘을 이야기할 때 욕계, 색계, 무색계의
삼계로 구분하기도 합니다. 이는 중생의 마음 상태를 세 단계로
나누어 표현한 것이기도 하죠. 욕계는 탐욕이 들끓는 세계로 지
옥·아귀·축생·수라·인간 세상과 천의 세계인 육욕천이 있습
니다. 색계는 탐욕에서는 벗어났으나 형상에 얽매여 있는 세계로
십팔천이 있습니다. 무색계는 형상의 속박에서 완전히 벗어났으
나 정신적인 속박의 상태에 놓여 있는 세계로 사천이 있습니다.

무 유 악 도　　　다 왕 입 자　　　사 사 오 욕　　　위 망 심 보
無誘惡道에 多往入者는 四蛇五欲으로 爲妄心寶니라
유혹하지 않는 악한 길에 이르는 사람이 많은 것은 네 가지 요
소와 다섯 가지 욕망으로 망심의 보배를 삼았기 때문이니라.

　불교에서 오욕五欲·五慾은 재·색·식·명·수라고도 하지만
안眼·이耳·비鼻·설舌·신身, 즉 전前 오근五根을 말합니다. 육
신을 중심으로 일어나는 안·이·비·설·신은 눈은 눈대로 귀는
귀대로 전부 자기 몸에 달콤하고 좋다고 여겨지는 것만을 위해 욕
심을 낸다는 거지요.
　사사四蛇는 이 몸뚱이를 이루는 지地·수水·화火·풍風을 말합
니다. 사대색신四大色身이라고도 하지요. 사대를 '사사'라고 표현한
것은 몸뚱이가 업業의 근본이기 때문입니다. 또한 모든 루漏, 즉
흘러 새어 버리는 연緣이 되기 때문에 아주 고약하고, 미운 것이
며, 보기 싫은 것이기에 뱀에 비유한 것입니다.
　『법화경』에 '일협사사一篋四蛇', 즉 한 광주리 안에 뱀 네 마리가
있다는 비유가 있습니다. 열반의 경지에 이르려면 어떻게 해야 하
는가를 비유하여 설명하는 이야기입니다. 그런데 이 비유담에서
네 마리 독사 이야기를 가장 앞에 둔 까닭이 있습니다. 바로 열반
의 경지에 이르고자 하는 이는 무엇보다 먼저 네 마리 독사로 비
유된 사대, 곧 이 몸에 대한 애착부터 놓아 버려야 한다는 것을 강
조하기 위해서입니다.
　당나라 때의 한산 스님은 다음과 같은 시를 남겼습니다.

가소오음굴(可笑五陰窟)

사사공동거(四蛇共同居)

흑암무명촉(黑暗無明燭)

삼독체상구(三毒遞相驅)

반당육개적(伴黨六箇賊)

겁략법재주(劫掠法財珠)

참각마군배(斬卻魔軍輩)

안태담여소(安泰湛如蘇)

우습구나, 오음의 동굴에서

네 마리 뱀과 함께 같이 사는구나

캄캄한 방에 밝은 촛불 하나 없는데

세 마리의 독사가 번갈아 가면서 날뛰네.

여섯 도둑들이 무리를 이루어

나의 보배 구슬을 겁탈하네.

내 마음속 마군의 무리를 베고 물리치면

마음이 편안하고 맑아 다시 살아난 기쁨과 같네.

인 수 불 욕 귀 산 수 도
人誰不欲歸山修道리요마는

이 위 부 진   애 욕 소 전
而爲不進은 愛欲所纏이니라

사람으로서 누군들 산에 돌아가서 도 닦고 싶어 하지 않으랴마는 애욕에 얽히어서 하지 못할 따름이니라.

생각이 복잡하면 누구 할 것 없이 '산속에 들어가 조용히 수도 했으면……' 하는 생각을 하게 됩니다. 세상에 사는 사람들에게 는 복잡다단한 일들이 많기 때문에, 그럴 때마다 그와 같은 생각 을 하게 된다는 말입니다.

당나라 때의 영철 스님이 홍주자사 위단에게 지어 준 시에 다음 과 같은 말이 있습니다.

상봉진도휴관거(相逢盡道休官去)
임하하증견일인(林下何曾見一人)
도 닦겠다고 벼슬 그만두겠다는 사람은 여럿 만났지만,
숲속에서는 어찌 벼슬 그만둔 사람을 하나도 보지 못하는고.

우리의 삶도 이와 같습니다. 누구나 출가를 꿈꾸지만 세속적 욕 심 때문에 단행하지 못합니다. 출가를 출세간出世間이라고 하는 이 유도 번뇌에 얽매인 세속의 인연을 버리고 수행자의 삶에 들어가 기 때문입니다. 세속에는 달콤한 욕심들이 많거든요. 아내 또는 남편이 있고, 재산과 명예가 있으며, 알아주는 사람이 있고, 친구 가 있습니다. 이런 것들이 전부 애욕입니다. 또 자기가 살던 습관 도 역시 욕심입니다. 그런 욕심에 얽혀 있기 때문에 절에 와 보면 좋다는 생각이 들어도 출가 입산을 못한다고 했습니다.

황벽 스님은 『전심법요』에서 '범부취경凡夫取境 도인취심道人取

心', '범부는 경계를 취하고 도 닦는 사람은 마음을 취한다.'고 하였습니다.

연 이 불 귀 산 수 수 심
然而不歸山藪修心이나

수 자 신 력　　불 사 선 행
隨自身力하야 **不捨善行**이어다

산에 돌아가서 마음을 닦지 못한다 하더라도 자신의 능력에 따라 선행을 버리지 말아야 한다.

꼭 산에 들어가야만 도를 닦는 것도 아니고, 수행하는 것도 아니지요. 이 구절은 출가한 사람만을 염두에 두고 하는 이야기가 아닙니다. 산에 들어가서 도를 닦지는 않는다 하더라도 자기의 힘과 인연을 따라서 선행을 쌓으면 그것 또한 좋은 일이라는 것입니다. 대표적인 선행 열 가지가 있습니다. 바로 우리가 다 알고 있는 십선법입니다.

그 첫째는 생명을 죽이지[殺生(살생)] 않음이요. 둘째는 도둑질하지[偸盜(투도)] 아니함이며, 셋째는 삿된 음행을 하지[邪婬(사음)] 않는 것입니다. 넷째는 거짓말[妄語(망어)]과, 다섯째는 꾸며대는 말[綺語(기어)]과, 여섯째는 한 입으로 두 말[兩舌(양설)]을 하지 않고, 일곱째는 험담[惡口(악구)]하지 않는 것입니다. 여덟째는 탐내지[貪欲(탐욕)] 아니하고, 아홉째는 화내지[瞋恚(진에)] 아니하며, 열째는 잘못된 소견을 내지[邪見(사견)] 않는 것입니다. 이에 대한 참회가 『천수경』에 잘 나와 있기도 합니다.

살생중죄금일참회(殺生重罪今日懺悔)
투도중죄금일참회(偸盜重罪今日懺悔)
사음중죄금일참회(邪淫重罪今日懺悔)
망어중죄금일참회(妄語重罪今日懺悔)
기어중죄금일참회(綺語重罪今日懺悔)
양설중죄금일참회(兩舌重罪今日懺悔)
악구중죄금일참회(惡口重罪今日懺悔)
탐애중죄금일참회(貪愛重罪今日懺悔)
진에중죄금일참회(瞋恚重罪今日懺悔)
치암중죄금일참회(癡暗重罪今日懺悔)

출가하는 것이 좋지만, 세상 사람들이 다 출가할 수 있나요. 그러니까 출가하면 비구比丘, 비구니比丘尼이고, 재가면 우바새優婆塞, 우바이優婆夷잖아요. 출가했다고 다 되는 것이 아니라 세상에 살면서도 불사선행을 해야 합니다. 몸과 마음이 함께 출가를 해서 도를 닦아야 된다는 말입니다.

구화산인九華山人으로 불렸던 당나라 말기의 두순학은 다음과 같이 말하였습니다.

안선불필수산수(安禪不必須山水)

멸각심두화자량(滅却心頭火自凉)

참선을 하기 위해 굳이 산속을 찾을 일이 아니다.

망상하는 마음만 소멸해 버리면 번뇌의 불길은 저절로 사라지리라.

자락   능사   신경 여 성
自樂을 能捨하면 信敬如聖이오

난 행   능 행   존 중 여 불
難行을 能行하면 尊重如佛이니라

세속에서 즐겨야 할 낙을 능히 버린다면 성인처럼 신뢰와 공경
받을 것이요, 행하기 어려운 일을 능히 행하면 부처님처럼 존
경받을 것이니라.

세속적 즐거움을 버리고, 행하기 어려운 일을 한다는 것은 쉬운
일이 아닙니다.

송나라 때의 스님인 야부 도천 선사가 쓴 시 중에 다음과 같은
구절이 있습니다.

득수반지미족기(得樹攀枝未足奇)

현애살수장부아(懸崖撒手丈夫兒)

가지를 잡고 나무에 오르는 일은 어려운 일이 아니네.

벼랑에서 손을 놓아야 비로소 장부일세.

절벽에 매달려서 손을 턱 놓을 줄 아는 사람이 자락을 능사하는

사람이고, 난행을 능행하는 사람입니다. 정진 수행력으로 말미암아 자제自制의 능력을 키우기 때문입니다. 자기가 자기를 자제할 수 있는 힘 말입니다. 자기가 자기를 이길 수 있는 힘을 가지면 모든 것을 다 이길 수가 있습니다.

자기의 이익을 챙기는 것은 어려운 일이 아닙니다. 부처님의 출가를 '위대한 포기'라고 말하는 이유도 여기에 있습니다. 자기 가족을 위하고, 가까운 사람을 위하는 것은 인간의 본능이기 때문에 어려운 일이라고 하지 않습니다. 그런 것보다는 마음을 넓게 써서 자기를 욕하는 사람을 받아 주고 이해하고, 차별하거나 분별하지 않고 평등심으로써 대하는 것이 바로 난행이죠. 정말로 실행하기 어려운 일입니다. 사리사욕을 버리고 공공을 위해서 많은 사람에게 이익이 돌아가도록 하는 것이야말로 종교인이 해야 할 일이고, 의미 있고 보람되게 사는 사람들의 일이죠. 그와 같은 사람이 있다면 부처님처럼 존경받을 수밖에 없습니다.

특히 한 나라의 지도자라면 더욱 그렇습니다. 제가 정계 최고 지도자를 만났을 때 당부한 말이 있습니다. 바로 "모든 공장의 가동을 중단하는 한이 있더라도 위에서부터 정직하게 사는 운동을 펼치는 것이 가장 중요하다. 그러면 지금까지 우리가 이루어 놓은 부유함만 가지고도 충분히 잘살 수가 있지 않겠느냐."는 주문이었습니다. 모두 정직하게 살지 않기 때문에 어려움과 고난이 많다는 취지의 이야기였죠. 다른 사람에게 영향력을 미칠 수 있는 자리에 있는 사람에게 꼭 필요한 덕목이지만 어려운 일이기도 합니다.

벽송 지엄 스님도 다음과 같은 게송을 남기셨습니다.

일의우일발(一衣又一鉢)

출입조주문(出入趙州門)

답진천산설(踏盡千山雪)

귀래와백운(歸來臥白雲)

한 벌의 옷과 한 벌의 발우로

조주의 문을 드나들었네.

온 산에 쌓인 눈을 다 밟은 뒤에

이제는 돌아와 흰 구름 위에 누워 있다네.

　세속을 등지고 오로지 화두에만 매달리며 살아온 수행자의 삶을 엿볼 수 있는 글입니다. 참으로 단순하고 소박하죠. 출가하여 수행하는 것을 지상의 목표로 살아가는 사람의 모습은 모름지기 이와 같아야 합니다. '답진천산설'은 난행고행難行苦行의 용맹정진을 뜻합니다. 용맹정진을 통해 무수겁 동안 쌓고 쌓은 온갖 번뇌를 다 날려 버린 것이 '귀래와백운'입니다. 다른 말로 표현하면 '대사일번大死一番 절후재소絶後再蘇', '크게 한 번 죽어 앞뒤의 생각이 끊어지고, 다시 살아나야 세상은 완전히 달라진다.'와 같습니다.

간 탐 어 물　시 마 권 속　　자 비 보 시　시 법 왕 자
慳貪於物은 是魔眷屬이요 慈悲布施는 是法王子니라

재물을 아끼고 탐하는 사람은 마구니의 권속에 불과하고, 자비로운 마음으로 베푸는 사람은 부처님의 제자이니라.

재물을 탐하는 사람은 불자라고 할 수 없고, 출가 수행하는 사람이라고는 더더욱 말할 수 없습니다. 마구니는 무엇이냐. 세속적인 가치관에 떨어져 있는 사람, 즉 권력·명예·재물 등에만 집착하는 사람을 말합니다. 물질과 현상에 마음을 빼앗겨 오직 그것만을 최고의 가치로 여기는 삿된 생각을 가진 사람이 마구니의 권속입니다.

부처님의 진정한 제자인지 아닌지는 자비의 마음으로 보시할 줄 아느냐를 그 기준으로 삼습니다. 보시 중에서도 법 보시가 가장 가치 있는 보시입니다. 물론 물질을 보시하는 것도 좋죠. 그것도 참 어려운 일입니다. 그런데 불법을 전하여 깨달음으로 이끄는 법 보시가 더 필요하고 더 값진 보시입니다. 원효 스님도 결국은 법 보시를 하셨지, 밥 보시하고 떡 보시한 적이 없습니다. 그러니까 오늘날에도 원효 스님을 최고라고 하는 것이죠.

오늘날과 같이 물질이 풍요로운 시대에는 법 보시가 더욱 필요합니다. 우리는 그저 돈, 돈 하고 물질이 가치 있는 것으로 믿고 있습니다만, 사실 물질의 가치는 크지가 않습니다. 물건에 대한 사심邪心이 없는 사람이야말로 다른 사람에게 감동을 줄 수 있죠. 물욕이 있을 때, 욕심이 조금이라도 움직였을 때는 손해를 많이 보게 됩니다. 하지만 욕심만 떠나 버리면 손해를 보지 않습니다. 욕심 때문에 손해를 보는 것이지요.

'위기해인자爲己害人者', 즉 자기를 위해서 남을 해롭게 하는 사람이 마구니입니다. 그 반대로 자비심으로 보시하는 사람은 법왕의 아들입니다. 부처님은 '천중천天中天 성중성聖中聖', 하늘 가운데 하늘이요 성인 가운데 성인입니다. 그것은 바로 과거 무량겁을 내려오면서 '두목신체흔락보시頭目身體欣樂布施', 몸뚱이를 비롯하여 자신이 가진 모든 것을 즐거운 마음으로 보시했기 때문입니다. '만덕장엄萬德莊嚴', 만 가지 덕과 복으로 세상을 장엄하셨습니다.

보시에는 세 가지가 있습니다. 재시財施, 법시法施, 무외시無畏施입니다. 무외시는 두려움이 없음을 보시한다는 뜻입니다.

앞에서 잠깐 말했듯이 재시보다 더 훌륭한 것이 법시입니다. 법시는 사람들에게 재물을 보시할 수 있는 정신을 심어 주기 때문입니다. 부처님이 언제 물건을 보시했습니까. 부처님은 법 보시를 했어요. 역대 불보살과 조사들이 돈과 재물을 보시했다는 기록은 없습니다. 기록할 가치가 있는 것도 아니지요. 불보살들과 조사들이 역사에서 빛나는 것은 진리를 깨달으셔서 그 진리를 보시했기 때문입니다. 재물을 보시한다는 것은 물질적인 보시에 그치지만, 법을 보시한다는 것은 정신적으로 사람을 구원해 준다는 의미를 담고 있습니다.

그런데 모든 보시바라밀을 성취하기 위해서는 세 가지 조건을 충족해야 합니다. 삼륜청정三輪淸淨이라 하여 보시를 하는 자, 보시를 받는 자, 보시물 세 가지가 깨끗해야 한다는 뜻입니다. 보시는 사심이 없는 마음으로 할 때 다른 사람에게 감동을 줄 수 있고 세상을 움직일 수 있습니다. 이를 『금강경』에서는 '응무소주應無所住 이생기심而生其心', '응당 머무는 바 없이 그 마음을 내어라.'라고 하였습니다.

2. 수행자의 삶
:

고 악 아 암 지 인 소 거 벽 송 심 곡 행 자 소 서
高嶽峨巖은 **智人所居**요 **碧松深谷**은 **行者所捿**니라

높은 산은 지혜로운 사람이 머물 곳이요, 깊은 골짜기는 수행
자가 깃들 곳이니라.

산이 높으면 골이 깊게 마련입니다. 지혜로운 사람과 수행하는
사람도 결국 이와 같다는 말입니다.

그런데 왜 이와 같이 산속에서 살아야 되느냐. 세속에 살다 보
면 온갖 번뇌 망상에 시달리게 되기 때문입니다. 그래서 수도하는
사람은 세속을 버리고 산으로 들어가야 됩니다. 오욕락을 즐기면
서 수행을 잘하는 사람은 없습니다.

『초발심자경문』 중 「계초심학인문」의 첫 구절도 바로 이와 같은
뜻입니다. '부초심지인夫初心之人 수원리악우須遠離惡友 친근현선親
近賢善', '처음 마음을 낸 사람은 반드시 악한 벗을 멀리하고, 어질

고 선량한 사람을 가까이하라.', '단의금구성언但依金口聖言 막순용
유망설莫順庸流妄設', '다만, 부처님과의 말씀에 의지할지언정 용렬
한 무리를 따르지 마라.'라는 말이죠. 수행하는 데 도움이 안 되는
사람을 떠나 보내라는 뜻입니다.

「자경문」에도 다음과 같은 구절이 있습니다.

조지장식(鳥之將息)
필택기림(必擇其林)
인지구학(人之求學)
내선사우(乃選師友)
새가 날다가 쉬려고 할 때는
반드시 그 쉴 만한 숲을 잘 선택해야 하고,
사람이 배우기를 구할 때는
역시 스승과 도반을 잘 선택해야 한다.

새가 앉을 자리를 잘 선택하지 못하면 그물에 걸리게 되고, 뱀
이나 사람에게 잡아먹히게 됩니다. 배우는 일도 그와 같아서 스
승과 친구를 잘못 만나면 악의 길로 들어서고 인생을 망치는 일이
생기게 된다는 말입니다.

현대 사회는 옛날과 달라서 일생 동안 수많은 주의주장과 사상,
정보들을 접하면서 살 수밖에 없습니다. 모든 분야에서 너무나 많
은 정보가 쏟아지기 때문에 혼란스럽습니다. 더구나 현대사회는
물질의 발달과 함께 감각적 쾌락, 부의 축적 일변도로 치달으며

정신을 잃고 있기 때문에 사람들의 마음은 그 어느 때보다도 어리석고 어두워져 있습니다. 그러므로 배움을 구하는 일에 있어서는 상식과 지혜를 십분 활용하여 잘 살피고 잘 선택해야 합니다.

영가 스님은 「증도가」에서 다음과 같이 말씀하셨습니다.

입심산주란야(入深山住蘭若)
잠음유수장송하(岑岾幽邃長松下)
우유정좌야승가(優遊靜坐野僧家)
격적한거실소쇄(闃寂閑居實蕭灑)
깊은 산에 들어가 적정한 곳에서 살고 있으니,
산은 높고 골짜기는 깊어 낙락장송 숲속이로다.
한가롭고 편안하게 야승의 움막에 조용히 앉아,
호젓하고 쓸쓸하게 한가로이 사니 맑고 깨끗하기 이를 데 없다.

기 찬 목 과　　위 기 기 장
飢餐木果하야 慰其飢腸하고

갈 음 유 수　　식 기 갈 정
渴飮流水하야 息其渴情이어다

배고프면 나무 열매 따 먹어 주린 창자를 달래고, 목마르면 흐르는 물을 마시며 갈증을 풀지어다.

이 글은 지금으로부터 1,300여 년 전에 쓰여진 것입니다. 원효 스님이 살았던 시절의 이야기죠. 산에 깃들어 살면 밭 일궈서 콩도 심고 감자도 심고 얼마든지 먹고 살 수가 있습니다. 먹고 살기 힘들면 짐승들처럼 과일을 주워 모았다가 먹고 살아도 생명을 유지하는 데 크게 지장은 없거든요. 이상적인 생활이 아니라 얼마든지 가능합니다.

출가 초기 선방에 있을 때 이 말을 듣고 이런 삶을 동경하게 되었습니다. 나도 언젠가는 산에 들어가 주리면 나무 열매로 창자를 위로하고, 목마르면 흐르는 물을 손으로 움켜 마셔 갈증을 쉬어야겠다고 생각했어요. 이런 날을 고대하며 훈련한다고 선방에 있으면서 솔잎과 잣잎을 먹기도 했습니다.

「증도가」에 '모췌골강인불고貌悴骨剛人不顧', '얼굴은 초췌하고 뼈가 앙상해 사람들은 돌아보지 않네.'라는 구절이 있습니다. 영가 스님 스스로는 고아한 풍모에 자신감이 넘쳤지만, 세상 사람들은 스님에 대해 행색이 초라하고 뼈만 앙상한 볼품없는 승려라고 한다는 것이죠. 세상 사람들은 열반과 깨달음, 진실과 실상에는 관심이 없고 무상한 빛깔과 소리에만 눈과 귀가 팔려 쫓아다니기 때문입니다. '실시신빈도불빈實是身貧道不貧', 실은 이 몸이 가난한 것이지 도가 가난한 것은 아닙니다.

황벽 스님도 다음과 같은 게송을 통해 가르침을 주고 있습니다.

진로형탈사비상(塵勞逈脫事非常)
긴파승두주일장(緊把繩頭做一場)
불시일번한철골(不是一番寒徹骨)

쟁득매화박비향(爭得梅花撲鼻香)

번뇌를 벗어나는 일이 예삿일이 아니니

화두를 단단히 잡고 한바탕 공부할지어다.

추위가 한 번 뼈에 사무치지 않을 것 같으면

어찌 코를 찌르는 매화 향기를 얻을 수 있으리오.

끽 감 애 양   차 신   정 괴
喫甘愛養하여도 此身은 定壞요

착 유 수 호   명 필 유 종
着柔守護하여도 命必有終이니라

좋은 음식 먹고 몸을 잘 돌봐도 끝내 죽고 마는 몸이요, 부드러
운 옷으로 감싸 줘도 이 목숨 길이 살지 못하니라.

요즘 사람은 건강을 위해서 얼마나 많은 노력을 합니까. 그런데
아무리 잘 거두고, 잘 먹어도 그 일생이 백 년을 넘기는 사람은 거
의 없습니다. 저는 항상 말합니다. 어떤 사람이 죽을 때 앉아서 어
떻고, 서서 어떻고 하는데, 죽지 않아야 이야기가 되지 죽을 때 서
서 죽었든, 앉아서 죽었든, 누워서 죽었든, 어떤 스님처럼 거꾸로
서서 죽었든 그게 무슨 의미가 있느냐는 것이죠. 지금까지 살면서
안 죽었다면 한번 봐 줄 수가 있지만, 죽는 모습이 어떻다 저렇다
하는 것은 이야깃거리가 안 된다는 말입니다.

예전에 어떤 스님이 거꾸로 서서 입적하자, 역시 스님이었던

누나가 와서는 "이 자식은 속가에서도 말썽이고, 살아서도 말썽이고, 죽어서도 말썽을 일으킨다."고 하면서 그 쓸데없는 일 그만하라고 소리를 치니 송장이 스르르 넘어가더라는 웃지 못할 이야기가 있지 않습니까.

누워서 죽든, 앉아서 죽든, 서서 죽든 무슨 차이가 있겠습니까. 그걸 가지고 신기해 할 필요가 없습니다. 차원을 좀 달리 생각해야죠. 죽음을 초연하게 생각할 줄 아는 자세가 되어 있느냐 안 되어 있느냐가 문제지, 어떻게 죽었느냐는 중요하지 않습니다. 최상승 불교를 공부하는 이들이 갖추어야 할 안목과 소견은 어떠해야 하는지를 위해 드리는 말씀입니다.

수행하는 사람, 좀 다른 차원의 인생을 살고자 하는 사람은 어떻게 사는 것이 가치 있고, 의미 있는 삶인지를 늘 생각해야 합니다. 솔잎 먹는 훈련을 하고, 잣나무 먹는 훈련을 하고, 나무껍질 먹는 훈련을 하는 것은 철없는 객기로 하는 일이지, 한평생을 꼭 그렇게 살라는 것은 아닙니다. 그러한 정신으로 매사에 임하는 사람이 수행자이고, 인생을 공부하고, 의미 있고, 가치 있게 사는 사람이라고 할 수가 있겠습니다.

조 향 암 혈   위 염 불 당   애 명 압 조   위 환 심 우
助響巖穴로 **爲念佛堂**하고 **哀鳴鴨鳥**로 **爲歡心友**니라
메아리 울리는 바위 동굴로 염불당을 삼고, 슬피 우는 새소리로 마음을 기쁘게 하는 벗을 삼을 것이니라.

근사하게 지은 절에서 호의호식하며 살라는 게 아닙니다. 수행자에게는 오직 수행에 몰두할 수 있는 최소한의 환경만 갖춰지면 그것으로 족할 뿐입니다.

원효 스님 당시만 해도 참선 수행이 보편적이지 않았습니다. 당시 일반적인 수행법인 염불을 예로 들었지만 꼭 염불만 하라는 뜻은 아니죠. 각자 전공으로 하고 있는 공부를 열심히 하라는 뜻입니다.

『전심법요』에 '팔만사천법문八萬四千法門 대팔만사천번뇌對八萬四千煩惱', '팔만 사천 법문은 팔만 사천 번뇌를 치료하는 것이다.'라는 구절이 있습니다. 수행에는 팔만 사천 가지의 방편문이 있습니다. '응병여약應病如藥', 모든 수행법은 환자의 상태에 따라 달라지는 처방전과도 같습니다. 가장 일반적인 수행법으로 참선, 염불, 간경, 주력, 절을 이야기할 뿐, 불교의 모든 수행은 번뇌 망상을 여의고 깨달음을 성취하는 것을 그 목표로 삼습니다.

배 슬　　여 빙　　　무 연 화 심
拜膝이　如氷이라도　無戀火心하며

아 장　　여 절　　　무 구 식 념
餓腸이　如切이라도　無求食念이니라

절하는 무릎이 얼음처럼 차더라도 따뜻한 불 생각 말고, 주린 창자가 끊어질 것 같더라도 밥 생각을 말 것이니라.

이 부분은 지금으로부터 1,300년 전에 쓰여진 것임을 전제하고 이해할 필요가 있습니다. 우리들이 살아가고 있는 오늘날과는 다소 동떨어진 느낌이 드는 것도 사실입니다만 수행자의 정신을 느낄 수 있습니다.

백 년 전만 하더라도 이와 비슷한 삶을 살았지 않았겠는가 하는 생각을 합니다. 제가 어렸을 때만 해도 그 옛날의 생활과 똑같았죠. 근래에 와서야 기름이 들어오고, 전기가 생기고, 길이 닦이고, 자동차가 생기는 등 생활 여건이 편리해졌습니다. 이 구절을 통해 1,300년 전의 사찰 풍경을 엿볼 수 있습니다.

『출요경出曜經』에서는 '게으른 사람들은 너무 이르다 하여 해야 할 일을 하지 않고, 너무 늦다 하여 일을 하지 않으며, 너무 배부르다 하여 일을 하지 않고, 너무 배고프다 하여 일을 하지 않으며, 너무 덥다 하여 할 일을 하지 않고, 너무 춥다 하여 할 일을 하지 않는다.'라고 했습니다. '게으름'이라는 말은 상당히 굼뜬 모습을 말하는 것 같지만 우리 마음의 빈틈을 알아내는 데는 빠르기가 이루 말할 수 없습니다. 그러므로 '바로 지금, 여기'에서부터 시작하지 않으면 안 됩니다.

절집에는 예전부터 '기한발도심飢寒發道心', 춥고 배고플 때 진리를 추구하는 마음을 일으킨다는 말이 있었습니다. 또 '위법망구爲法忘軀', 깨달음을 위해 몸을 아끼지 않는다는 말도 있습니다. 수행자는 깨달음을 위해 마땅히 자기 생명을 걸 수 있어야 합니다. 목숨을 걸어야 무엇인가를 얻을 수 있습니다. 법을 위해 몸이 망가지거나 목숨이 위태로워지는 상황이 와도 피하지 않는 정신이 필요합니다.

홀 지 백 년 　　　운 하 불 학
忽至百年이어늘 **云何不學**이며

일 생 　　기 하 　　불 수 방 일
一生이 **幾何**관대 **不修放逸**고

홀연히 백 년에 이르거늘 어찌 배우지 아니하며, 한평생이 얼마기에 수행하지 않고 방일하는가.

요즘을 '백 세 시대'라고 합니다. 의학이 발달하고 의약품이 좋아져서 오래 산다고 하지만 꼭 그런 것도 아닙니다. 의학이 발달하였다지만, 상대적으로 교통사고, 각종 질병이 늘어나 더 많은 사람이 죽습니다. '홀지백년'은 꼭 백 세까지 산다는 것이 아니라 금방 죽을 때가 다가온다는 뜻입니다. '운하불학', 죽을 때가 다 되어 가는데 공부를 왜 안 하느냐는 거죠. 배운다는 말은 꼭 선생한테 배우는 것만을 뜻하지 않습니다. 내 마음을 닦는 것, 내 공부를 하는 것이 배우는 것입니다. 거미한테는 거미줄 치는 법을 배워야 되고, 개미한테는 부지런함을 배워야 되고, 벌한테는 질서를 배우는 등 이 세상에 배우지 않아도 될 것이 하나도 없어요.

『전심법요』에 다음과 같은 구절이 있습니다.

불견도(不見道)

제행무상(諸行無常)

시생멸법(是生滅法)

세력진전환추(勢力盡箭還墜)

초득래생불여의(招得來生不如意)

그대는 보지 못했는가?

모든 것은 항상 하지 않으니,

이것은 나고 없어지는 법이다.

힘이 다한 화살은 다시 떨어지니

내생에 여의치 못함을 초래할 것이다.

이 심 중 애   시 명 사 문   불 연 세 속   시 명 출 가
離心中愛를 **是名沙門**이요 **不戀世俗**을 **是名出家**니라

마음속에 모든 애착 떠난 이를 사문이라 이름하고, 세속을 그
리워하지 않는 것을 출가라 이름하느니라.

사문을 다른 말로 근식勤息이라고 합니다. 이 근식에는 다음과
같은 뜻이 있습니다.

근수정혜(勤修定慧)

식제번뇌(息諸煩惱)

부지런히 정혜를 닦고,

모든 번뇌를 쉬어 버린다.

부처님은 수행자 집단인 사문을 넷으로 구분하여 설하신 바 있습니다. 도를 닦는 것이 아주 뛰어난 사문, 도를 알고 잘 설명하는 사문, 도에 의지하여 살아가는 사문, 그리고 도를 위한다면서 악행을 하는 사문입니다. 앞의 세 가지는 선정 수행에 집중하는 선사禪師, 교학을 발전시키는 강사講師, 그리고 계율을 잘 지키는 율사律師를 의미하죠. 그러나 마지막 네 번째 '도를 위한다면서 악행을 하는 사문'은 적주 비구賊住比丘를 말합니다.

출가한 사람도 마찬가지입니다. 집을 떠나 머리를 깎고 승복을 걸쳤다고 해서 출가했다고 말할 수는 없습니다. 부지런히 선정과 지혜를 닦아 영원한 진리와 계합해서 삼계를 벗어나야 비로소 진정 출가한 사람이라고 할 수 있는 겁니다. 부처님께서 말씀하신 '도를 위한다면서 악행을 하는 사문'은 진정 출가한 사람이라 할 수 없겠죠.

『전심법요』에 다음과 같은 가르침이 있습니다.

신심자연달도(身心自然達道)
식심달본원고(識心達本源故)
호위사문(號爲沙門)
사문과자(沙門果者)
식려이성(息慮而成)
부종학득(不從學得)
몸과 마음이 저절로 도에 통달하고
마음을 알아 본래 근원에 통달한 이를

사문이라 하니,
사문이라는 자리는
생각을 쉬어서 이루는 것이요,
배움을 따라 얻어지는 것이 아니다.

행 자 라 망　구 피 상 피　도 인 연 회　위 입 서 궁
行者羅網은 **狗被象皮**요 **道人戀懷**는 **蝟入鼠宮**이니라
수행자가 번뇌의 그물에 걸리는 것은 개가 코끼리 가죽을 뒤집
어쓴 것이요, 도를 닦는 사람이 이성을 그리워하는 것은 고슴
도치가 쥐 집에 들어가는 격이니라.

번뇌는 이치에 어둡고 현상의 세계에 대해 미혹하여 알지 못하
는 것이라는 의미에서 혹惑이라고 하기도 하고, 얻을 수 없는 것
을 얻을 수 있다고 집착하여 구하기 때문에 취取라고도 합니다.
또한 사람을 채찍질하여 미혹한 세계에 들게 만드는 까닭에 사使
라고도 하며, 중생을 미혹된 생사의 고통의 상태에 매듭지어 단단
히 동여매 묶는다는 의미에서 결結이라고도 합니다. 그리고 착한
마음을 덮어 가로막기 때문에 개蓋라고도 합니다.

분별심을 연회라고 합니다. 편안한 것만을 생각하고, 재물을
탐하고, 권세와 명예를 좇는 등의 모두가 연회입니다. 노름에 빠
져들기 시작하면 거기서 벗어나기가 어렵고, 술과 담배에 인이
박히면 거기에서 벗어나기가 힘들죠. 스님들도 마찬가지입니다.

소임을 맡게 되면 마치 그 소임이 영원히 지속될 것처럼 착각하며 삽니다. 때로는 자기가 맡은 소임을 가장 중요하고 가치 있는 것으로 여겨 사중 전체의 입장을 고려하지 않는 경우가 있습니다. 근본을 닦아 마음에서 모든 번뇌 망상을 떠나 보내야 되는데, 그것은 하지 아니하고 결국에는 명예와 이익만을 추구하는 것이요. 계속 잘 먹고, 잘 입고, 호강하기를 바라고, 훌륭하다는 소리에 빠집니다. 고슴도치가 쥐구멍에 들어갈 때는 잘 들어가지만, 뒤로 나오려고 하면 가시에 걸려서 나오지를 못하는 것과 같습니다.

『초발심자경문』「계초심학인문」에 다음과 같은 구절이 있습니다.

재색지화(財色之禍)
심어독사(甚於毒蛇)
성기지비(省己知非)
상수원리(常須遠離)
재물과 여색의 화는
독사보다 심하니,
그릇됨을 밝혀
모름지기 이를 멀리 여의도록 할 일이다.

수 유 재 지   거 읍 가 자
雖有才智나 居邑家者는

제 불　시 인　　생 비 우 심
諸佛이 **是人**에 **生悲憂心**하시고

설 무 도 행　　　주 산 실 자
設無道行이라도 **住山室者**는

중 성　　시 인　　생 환 희 심
衆聖이 **是人**에 **生歡喜心**하나니라

비록 재주와 지혜가 있다 하나 도시에 사는 사람은 모든 부처
님이 이 사람에 대해 슬퍼하는 마음을 내시고, 설사 도를 닦는
수행이 없더라도 산에 머무는 자에게는 모든 성인이 이 사람에
게 기쁜 마음을 내느니라.

설사 도행이 없다 하더라도, 곧 망상만 피우고, 공부가 안 되
고, 때려치우고 갈까 말까 싶은 생각만 매일 일어난다 하더라도,
산실에서 나가지 않고 꾸준히 오래 머물면 얻는 것이 있습니다.

『논어』에 '군자우도불우빈君子憂道不憂貧', '군자는 도에 어긋날까
걱정할 뿐 가난한 것은 근심하지 않는다.'라는 말이 있습니다. 또
『서장書狀』에도 '단지작불但知作佛 막수불불해어莫愁佛不解語', '다만
부처가 될 것을 알지언정, 부처가 말을 하지 못할까 걱정하지 마
라.'라는 대혜 종고 스님의 말씀이 있습니다.

근본을 먼저 취하지 않고 지엽부터 준비하는 사람들이 많습
니다. 옛날 일본의 어떤 스님은 훌륭한 법사가 되면 말을 타고 법
문하러 다녀야 한다고 말을 타는 법을 먼저 배웠습니다. 또 연회
에 초대를 받아 가면 노래도 한 곡조 뽑을 줄 알아야 한다고 노래

도 먼저 배웠습니다. 그러다가 정작 공부는 하지 못했답니다. 그래서 그 모든 것이 쓸데없이 되어 버렸다는 이야기가 전합니다. 대혜 스님의 말씀은 지엽적인 일에 마음 쓰지 말고 근본이 되는 공부를 하라는 뜻입니다. 그리고 모든 일에는 앞뒤가 있으니 그 앞뒤를 잘 선별해서 하라는 뜻도 됩니다. 일의 앞뒤를 잘 알아서 할 줄 알면 곧 도에 가까워진다는 말이죠. 부처가 되는 일에만 해당되는 말이 아닙니다. 공부나 농사나 장사나 다른 온갖 일 모두에 해당합니다.

　　수 유 재 학　　　무 계 행 자　　　여 보 소 도 이 불 기 행
　　雖有才學이나 無戒行者는 如寶所導而不起行이요

　　수 유 근 행　　　무 지 혜 자　　　욕 왕 동 방 이 향 서 행
　　雖有勤行이나 無智慧者는 欲往東方而向西行이니라

비록 재주와 학식이 있으나 계행이 없는 사람은 보배 있는 곳으로 인도하되 일어나 가지 않는 것과 같은 것이요, 비록 부지런히 행하더라도 지혜가 없는 사람은 동쪽으로 가고자 하나 서쪽으로 가는 격이니라.

불교를 지혜와 자비의 종교라고 합니다. 그중에서도 특히 지혜를 강조하죠. 자비도 지혜가 있어야 행할 수 있습니다. 자비를 행하지 않는 사람은 지혜가 없는 사람이라고 해도 과언이 아닙니다.

부지런히 노력은 해요. 세속에 있는 사람이나 수행 단체에 속

한 사람 모두 똑같습니다. 장사도 열심히 하고, 농사도 열심히 짓고 해요. 그런데 자기 머리가 거기까지뿐이고, 생각이 너무 좁고, 그릇에 한계가 있으면 아무리 노력을 해도 별 소득이 없어요. 중요한 것은 현명하고, 제대로 볼 줄 아는 안목이 있어야 한다는 겁니다. 노력만으로 되는 일이 아닙니다. 지혜 없이 노력만 하는 사람은 문제가 생깁니다. 동쪽으로 가야 할 사람이 동쪽으로 향해야지 동쪽으로 서서는 서쪽으로 가는 것과 같습니다. 이런 경우는 노력을 안 하는 것만 못합니다. 노력하지 않으면 차라리 제자리걸음이나 하는데, 잘못 실천하면 목표에서 더욱 멀어진다는 겁니다.

지혜는 이치를 빨리 깨우치고 사물을 정확하게 처리하는 능력입니다. 공공에 이익과 평화를 가져올 수 있어야 진정한 지혜라고 할 수 있습니다.

위산 스님의 『치문』에 다음과 같은 경책의 말씀이 있습니다.

도인자도인야(道人者導人也)
행필가리(行必可履)
언필가법(言必可法)
도인이란 사람들을 인도하는 사람이다.
그 행동이 반드시 따를 만하고
그 말이 반드시 표본으로 삼을 만해야 한다.

유 지 인　　소 행　　증 미 작 반
有智人의 所行은 蒸米作飯이요

무 지 인　　소 행　　증 사 작 반
無智人의 所行은 蒸沙作飯이니라

지혜 있는 사람이 행하는 바는 쌀을 쪄서 밥 짓는 것과 같은 것
이고, 지혜 없는 사람이 행하는 바는 모래를 쪄서 밥 짓는 것과
같다.

　모래를 백 년 쪄 봐야 밥이 될 까닭이 없죠. 노력만 들고, 나무
만 다 때고 마는 겁니다. 얻으려는 성과에서 오히려 거리가 멀어
지는 거죠. 지혜를 이렇게 강조하고 있습니다.

　반야를 지혜라고 하는데, 이는 인간이 진실한 생명을 깨달았
을 때 나타나는 근원적인 지혜를 말합니다. 반야의 지혜는 분별지
分別智와 구별되는 무분별지無分別智입니다. 이는 스스로의 체험과
실천을 통하여 주체적으로 법의 있는 그대로를 체득하는 자각을
말합니다. 자각을 통하여 인생의 근본 의혹이 해소되는 것이고,
인간과 만물의 진실을 꿰뚫어 볼 수 있는 거죠. 반야의 지혜를 얻
기 위해서는 집착과 분별 망상의 어리석음을 타파해야 합니다. 또
현실에서는 자비로서 작용해야만 합니다.

　원효 스님은 반야에 대해 문자반야文字般若, 관조반야觀照般若,
실상반야實相般若를 들어 설명합니다.

　문자반야는 방편반야方便般若라고도 합니다. 이는 부처님이 설
하여 문자화된 경·율·론을 전부 통칭한 것으로, 문자로 말미암

아 반야의 뜻을 전할 수 있으므로 문자반야라고 합니다.

관조반야는 경·율·론의 글자나 말에 의하여 진리를 알아내고 이 진리에 따라 수행하고 실천하는 것을 말합니다. 관조반야의 진실한 지혜는 반드시 무념무분별無念無分別입니다.

실상반야는 부처님의 말씀 가운데 감추어져 있는 진리이며, 관조반야를 통하여 체득되는 궁극을 말합니다. 원효 스님은 실상반야가 곧 여래장如來藏이라고 하였습니다.

공 지 끽 식 이 위 기 장　　부 지 학 법 이 개 치 심
共知喫食而慰飢腸하되 **不知學法而改癡心**이로다
누구나 배고프면 밥을 먹어 주린 창자를 채울 줄은 알지만, 법을 배워 어리석은 마음을 고칠 줄은 모른다.

역시 지혜를 강조하는 이야기입니다. 앞에서 계행에 대해서는 한 구절로 이야기했지만 지혜에 대해서는 길게 설명하고 있습니다. 수행자에게 무엇이 더 우선하고 중요한지를 엿볼 수 있어요. 지혜가 있는 사람은 계행을 지키게 되어 있습니다. 지혜가 없는 사람들이 질서를 무너뜨리고 윤리를 파괴합니다. 계행을 지키지 않으면 결국 자기만 손해이니 어리석은 사람이고, 지혜가 없는 사람이라고 할 수 있죠.

배고프면 밥을 먹듯 법을 배워서, 이치를 배워서, 존재의 실상을 배워서, 성인의 가르침을 배워서 어리석은 마음을 고칠 줄 알

아야 하는데 그렇지 못하다는 겁니다. 농사도 마찬가지요, 장사도 마찬가지요, 사업도 마찬가지요, 인간관계도 마찬가지입니다. 모든 것은 이치가 있기 마련이죠. 법法이란 뭡니까. 물 수水에 갈 거去, 물이 흘러가듯 자연스러운 것, 그렇게 될 수밖에 없는 이치가 바로 법입니다.

순리대로 살아야 한다고 하지만 그렇게 살려면 이치를 알아야 합니다. 그런데 욕심과 어리석음과 좁은 소견 때문에 대부분 그 이치를 모릅니다. 그럼 어떻게 해야 되느냐. 이치를 꿰뚫어 보신 성인의 가르침, 즉 법을 배워야 하는 겁니다. 성인의 법을 배워서 어리석은 마음을 고쳐야지요.

행 지 구 비　　여 거 이 륜　　자 리 이 타　　여 조 양 익
行智具備는 **如車二輪**이요 **自利利他**는 **如鳥兩翼**이니라
행과 지혜를 갖추는 것은 수레의 두 바퀴와 같고, 자리이타는 새의 두 날개와 같은 것이니라.

한쪽 날개만 있어서는 새가 날 수 없습니다. 자기 이익만 추구하거나, 자기에게는 이롭지도 않으면서 다른 사람만 이롭게 하겠다는 것은 모두 어리석음의 결과입니다. 자기에게 이롭지 않은데 남을 이롭게 한다는 것은 더욱이 남을 제대로 이롭게 할 수 있는 게 못 됩니다. 남을 이롭게 하면 저절로 자기에게도 이로워야 하고, 나에게 이로운 것 역시 자연스럽게 다른 사람에게도 이로운

일이 되어야 합니다. 정상적인 자리自利, 정상적인 이타利他는 모두 자리이타를 갖추게 되어 있습니다. 어느 한쪽으로 치우쳤다면 그것은 제대로 된 자리가 아니고, 제대로 된 이타가 아닙니다. 제대로 된 자리는 이타를 겸하게 되어 있고, 제대로 된 이타는 자리를 포함하고 있습니다. 만공 스님은 수행을 통하여 차별이나 분별의 관념에서 벗어나면 편벽됨이 없이 두루 자유롭게 지혜와 자비를 활용할 수 있게 되며, 이때의 그가 바로 부처라고 하였습니다.

> 得粥祝願호대 不解其意하면 亦不檀越에 應羞恥乎며
> 得食唱唄호대 不達其趣하면 亦不賢聖에 應慚愧乎아

죽을 얻고 축원을 하면서도 그 뜻을 알지 못하면 또한 시주에게 부끄러운 일이 아닐 수 없으며, 밥을 얻고 염불하되 그 취지를 통달하지 못하면 또한 성현에게 참회하고 부끄럽게 여겨야 하지 않겠는가.

원효 스님의 「발심수행장」이 출가와 재가를 막론한 가르침임에는 분명하지만, 이번 문장의 경우는 출가 사문을 위한 내용입니다.

사찰에서는 조죽오재朝粥午齋, 곧 아침에는 죽을 먹고, 낮에는 밥 먹는 것이 원칙입니다. 아침에 죽을 먹으면 열 가지 이익이 있는데, 이를 죽유십리粥有十利라 합니다. 첫째는 얼굴빛이 좋아지고, 둘째는 혈액이 잘 돌아서 힘이 좋아지며, 셋째는 수명이 더해지고, 넷째는 속이 편안해지며, 다섯째는 말이 술술 잘 나오고, 여섯째는 모든 풍기가 없어지며, 일곱째는 어제 먹었던 음식의 소화가 잘 되고, 여덟째는 갈증이 없어지며, 아홉째는 배고픔이 없어지고, 열째는 주림이 없어집니다.

이러한 열 가지 이익 때문에 사찰에서는 아침에 죽을 먹도록 되어 있었지만, 옛날에는 가난하여 의례히 죽을 먹었어요. 제가 어릴 때도 죽을 먹었습니다. 출가해 그 어릴 때 범어사에서도 죽을 먹었고, 차돌도 삭히는 20대 초반 해인사 시절에도 죽을 먹었습니다. 해인사에 있을 때 멀건 죽 한 그릇으로 끼니를 때우니 견딜 수가 있었겠습니까. 먹으면서부터 벌써 허기지기 시작하는 게 죽이에요. 사중寺中에 쌀이 많으면 죽을 쑬 까닭이 없겠지요. 살림이 가난하다 보니 죽을 먹을 수밖에 없는데 철없는 학인들은 죽을 먹지 말자고 항의를 하곤 했어요. 어리석게도 그런 시절이 있었습니다.

그 옛날 신라 시대에는 더 말할 나위가 없었겠죠. 수행자가 어떤 생업도 없이 밥이나 죽을 먹는 것은 순전히 신도님들, 단월檀越들의 시주에 의한 것입니다. 수행 잘하고 빨리 도통해서 좋은 법문으로 마음을 열어 달라는 뜻에서 스님들에게, 또는 수행자들에게 시주하는 것이지요. 신도나 단월이 시주하는 의미를 알아야지, 그 의미도 모르고 먹기만 한다면 준 사람에게 부끄러운 일입니다.

스님을 다른 말로 비구bhikkhu라 합니다. 이 말에는 '걸식하는 자'라는 뜻이 담겨 있습니다. 스님은 일체의 소유물을 버리고 탁발에 의지하여 생활하는 사람인 것이죠. 탁발을 하면서 수행자는 시주에게 축원을 해 줍니다. 그런데 단지 한 끼의 밥을 먹기 위해 그 뜻도 모른 채 앵무새처럼 창을 해서야 되겠냐는 말입니다. 수행자는 얻어먹고 열심히 정진하여 마음이 밝아지고, 그것을 시주한 사람에게 되돌려 주어야 합니다. 그렇지 못하면 시주해 준 사람뿐만 아니라 수행자로서의 본분사를 다하지 못한 것이기에 성인에게도 참으로 부끄러운 일이 됩니다.

인 오 미 충　　　불 변 정 예
人惡尾蟲이 **不辨淨穢**인달하여

성 증 사 문　　　불 변 정 예
聖憎沙門이 **不辨淨穢**니라

사람은 미충이 깨끗하고 더러움을 가리지 않음을 싫어하듯이 성인은 사문이 깨끗하고 더러움을 가리지 못함을 싫어하느니라.

미충은 꼬리 달린 구더기를 말합니다. 『서장』에서 말하는 '태말충太末蟲'과 같은 말이죠. 이 미충이 자라서 파리가 되는데, 파리는 곳곳에 다 붙습니다. 오물에도 붙고, 임금의 밥상에도 붙죠. 깨끗하고 더러움을 가리지 않기 때문입니다. 그래서 사람들이 미충을 싫어합니다.

출가 사문도 마찬가지입니다. 무엇이 청정한 행이고, 무엇이 더러운 행인지를 가리지 못하여 함부로 행동하면 성인들은 이를 미충과 같이 여긴다는 겁니다. 싫어하고, 미워하고, 경계한다는 뜻이죠. 뼈아픈 교훈이며 깊이 새겨야 할 말씀입니다.

기세간 훤　　승공천상　계 위 선 제
棄世間喧하고 乘空天上은 戒爲善梯니

시 고　　파 계　　위 타 복 전
是故로 破戒하고 爲他福田은

여 절 익 조　부 귀 상 공
如折翼鳥가 負龜翔空이라

세간의 시끄러운 것을 버리고 천상에 오르는 것은 계가 좋은 사다리가 되니, 그렇기 때문에 계를 파하고 남의 복전이 되려는 것은 날개 꺾인 새가 거북이를 업고 하늘을 날려는 것과 같다.

　세상의 시시비비是是非非와 우비고뇌憂悲苦惱, 즉 복잡다단한 일, 근심 걱정과 슬프고 괴로운 일 등을 모두 초월한 삶을 기세간훤이라 합니다. 공천은 텅 빈 하늘이란 말로 천당을 뜻하는 것이 아니라 걸림이 없는 삶을 의미합니다.

　승공천상을 '공문空門'이라고도 하는데, 이는 불법의 일주문이라는 뜻입니다. 텅 빈 문이라 하여 '공해탈문'이라고도 합니다. 어느 사찰이든 일주문에는 대문이 없잖아요. 누구든지 자유롭게 들어

오고 나갈 수 있는 문입니다.

절집 안에 들어서면 천상에 온 것 같다는 말입니다. 그런데 그 공천상空天上에 올라서는 것은 '계위선제', 곧 계가 근본 바탕입니다. 계를 사다리로 삼아서 한 발짝 한 발짝 부처님 경지까지 갈 수 있다는 말입니다. 계가 없으면 기초가 설 수 없습니다. 그렇기 때문에 파계, 곧 부러진 사다리를 타고서는 올라갈 수가 없습니다.

세간은 일체가 시끄러운 것뿐입니다. 부귀와 명예, 권력을 쟁취하기 위해 권모술수가 난무하고 탐·진·치가 기승을 부립니다. 이 얼마나 시끄럽습니까. 온갖 시시비비, 좋고 나쁜 것, 옳고 그른 것들 때문에 시끄럽습니다. 출가는 바로 이와 같은 세상의 시끄러움을 버리고 정말 고고하게, 자연스럽게, 소박하고 간결하게 살자는 것이죠. 그렇게 사는 삶이 승공천상이라고 했습니다. 저 하늘에 오르면 만나는 하늘은 얼마나 청정합니까. 그와 같은 청정한 삶을 상징합니다. 사다리로써 하늘에 올라가는 방법을 삼는다고 할 때, 다시 말해 초탈한 삶, 세속과 다른 청정한 삶을 살려고 한다면 바로 계행, 사찰 또는 수행 단체에서 지켜야 할 모든 계율, 윤리, 규칙 등을 잘 지키고 간직함으로써 가능하다는 것입니다.

수행자가 수하는 가사를 복전의라고 하는 것도 다른 사람의 복밭이 되어야 한다는 의미가 있습니다. 수행이 깊어지고 연륜이 쌓일수록 가사의 조수가 늘어나게 되는 것인데 그럼에도 불구하고 수행자가 계를 지키지 않으면 복밭이 될 수 없습니다. 그것은 마치 날개 부러진 새가 거북이를 등에 업고 하늘을 날려고 하는 것과 같습니다. 자기도 날지 못하면서 그 무거운 거북을 등에 업고 어떻게 날겠습니까. 파계한 수행자가 어찌 다른 사람의 복전이 되고, 신도들의 복이 되고, 세속인들의 선도자가 된다고 하겠습니까.

자 죄　　미 탈　　타 죄　　불 속
自罪를 **未脫**하면 **他罪**를 **不贖**이니라

연　　　기 무 계 행　　수 타 공 급
然하니 **豈無戒行**하고 **受他供給**이리오

자기 허물을 벗어 버리지 못하면 남의 허물을 구해 낼 수 없는 것이니라. 그러니 어찌 계를 지켜 수행하지 않고 남의 공양을 받으리오.

　무엇보다 스스로에게 청정한 수행자가 되어야 합니다. 무명과 탐욕에 얽매여 자기 허물이 수미산과 같은데 어찌 남의 죄를 구할 수 있겠습니까.

　다른 사람이 "참회합니다."라고 말할 때 나의 계행이 청정해야 속죄하는 사람의 죄도 어느 정도 참회가 되지요. 그렇지 않고서는 같이 지옥에 떨어지는 것과 마찬가지입니다. 그렇기 때문에 수행한다고 출가해서 사문이 된 사람은 반드시 계행을 철저히 지키고 수행자의 정신을 굳게 다지고 살아가야 합니다.

　특히 수행자는 수행에 필요한 모든 것을 다른 사람에게 받아서

살아갑니다. 다른 사람이 공양 올리고, 옷 갖다 주고, 약 갖다 주는 등 필요한 물품을 제공해 줍니다. 부처님 당시부터 사사공양四事供養이라 하여 의복, 음식, 탕약, 와구 네 가지에 한하여 신도들로부터 받도록 하였습니다. 신도들은 이 네 가지를 공양함으로써 청정한 수행자를 받듭니다. 그런데 계행이 청정하지 않으면 다른 사람의 공양을 받아 봐야 서로에게 도움이 안 됩니다. 받는 사람은 오히려 빚만 늘어나고, 주는 사람도 깨끗하게 공양함으로써 주는 사람의 의무는 다했지만 크게 복이 될 까닭이 없습니다.

무 행 공 신　　양 무 이 익　　무 상 부 명　　애 석 불 보
無行空身은 養無利益이요 無常浮命은 愛惜不保니라
수행 없는 헛된 몸뚱이는 길러 봐야 아무런 이익이 없음이요,
덧없는 뜬 목숨은 애착해 아껴도 보존할 수 없느니라.

일제강점기 독립운동가였던 박상진이 지은 절명시에 다음과 같은 부분이 있습니다.

난부생차세상(難復生此世上)
행득위장부신(幸得爲丈夫身)
무일사성공거(無一事成功去)
청산소녹수빈(靑山笑綠樹嚬)
다시 이 세상에 태어나기 어려운지라

다행히도 장부의 몸을 얻었건만

한 가지의 일도 성공하지 못하고 가려니

청산이 비웃고 녹수가 안타까워하는구나.

　무상부명인 줄을 알아야 무상발심을 할 수가 있고, 무상발심을
하면 무상도심, 무상보리심을 발할 수가 있습니다. 무상보리심은
무상無相입니다. 모양이 없다는 말입니다. 어떤 상이 있어서는 안
되거든요. '나다, 너다.', '좋다, 나쁘다.', '길다, 짧다.' 등의 상이
없어야 합니다. 뜬구름과 같은 무상無常한 목숨이기 때문에 집착
한들 영원하지 않다는 도리를 깨닫는 것이 우선입니다. '제관생멸
무상심諦觀生滅無常心 즉시무상보리심即是無上菩提心', 생멸무상을 아
는 그 마음이 곧 그대로 무상보리심입니다.

　공신은 자기 수행이 없는 것은 아무 의미 없는 몸뚱이라는 뜻입
니다. 공신은 키워 봐야, 먹여 봐야, 목숨을 살려 봤자 본인에게도
이익이 안 되고 다른 사람에게도 이익이 안 됩니다. 세상에 쓸모
있고 보탬이 되어야겠죠. 돈을 많이 벌면 그 돈으로 많은 사람에
게 베푸는 일을 해야 되고, 공부를 많이 한 사람은 자기 소신을 확
신할 때 모든 것을 희생하더라도 많은 사람에게 이익이 되도록 해
야 합니다. 그래야 본인에게도 유익하고 다른 사람에게도 유익합
니다. 절을 짓는 사람은 절을 잘 지어서 많은 사람이 기도하고, 예
배드리고, 참선하도록 하는 것도 베푸는 일입니다.

　『화엄경』에서 '인생난득人生難得 불법난봉佛法難逢', '사람의 몸
받아 태어나기 어렵고 또한 부처님 법 만나기 어렵다.'라고 했습

니다. 그리고『열반경』에서는 '맹구우목盲龜遇木', '불법 만나기가 눈먼 거북이가 바다에서 떠도는 나무를 만나는 것과 같다.'라고 합니다. 또『법구경』에서는 '세간유불난世間有佛難 불법난득문佛法難得聞', '부처님이 세상에 나시기 어렵고, 그 부처님 법을 얻어 듣기 어렵다.'라고 했습니다. 인간의 몸과 불법을 모두 얻었으니 더 이상 다행인 일은 없습니다. 불법 만났으면 인생의 진정한 의미와 모든 존재의 실다운 이치를 부처님의 가르침을 통해서, 깨달은 분의 가르침을 통해서 습득하고, 깨쳐서 거기에 맞는 삶을 영위할 줄 알아야 하는 거죠. 그것이 바로 불법을 만난 보람입니다.

우리의 생명은 한限이 있습니다. 좋은 약을 쓰고, 건강 관리를 잘한다 하여도 얼마 가지 못합니다. 사실 의미 있고 많은 사람에게 이익이 되는 삶이라면 한 달을 더 살아도 세상에 큰 이익이 되고 보탬이 되겠지만 그렇지 않다면 생명 연장이 꼭 의미 있는 일일까 하는 생각도 해 봅니다. 죽음은 어차피 오기 마련인데 그때까지 어떻게 사느냐가 문제일 뿐, 크게 연연해 할 일은 아닙니다. 생명은 아무리 잘 연장해 봐야 한두 달, 혹은 한두 해 더 사는 것인데, 아등바등할 필요가 있겠습니까. '무상한 생명은 아무리 아끼고 아껴 봤자 오래 보전하지 못한다.'는 사실을 환히 꿰뚫어 알아 가치 있고, 의미 있고, 보람된 삶을 살라는 뜻이 담겨 있습니다.

망 용 상 덕　　능 인 장 고
望龍象德하야 **能忍長苦**하고

기 사 자 좌　　영 배 욕 락
期獅子座하야 **永背欲樂**이니라

용상의 덕을 바라면서 능히 긴 세월의 괴로움을 참고, 사자의
자리를 기약하여 길이 욕락을 등지고 살아야 하느니라.

　제가 「발심수행장」 중에서 특히 좋아하는 구절입니다. 제가 어
릴 때 출가해서, 그때 가졌던 지식과 상식으로 끝없이 높은 성불
의 경지를 나름대로 상상하고, 그 상상에 이르기 위해 부단히 정
진할 때 항상 마음속으로 다짐하던 구절들입니다.

　수행의 길이란 물론 즐거워서, 재미가 있어서, 자기가 좋아서
가는 것이지만 한편으론 고행의 연속입니다. 이 길은 하루이틀에
끝날 것도 아니고, 한두 달에 끝날 것도 아니고, 한두 해에 끝날
것도 아니며, 한두 생에 끝날 것도 아닙니다. 이 길에 한 번 들어
서면 세세생생 이 길만을 가리라는 마음가짐으로 해야 합니다.

　피곤하면 쉬고 졸리면 자면서, 해도 좋고 안 해도 좋다는 식으
로 해서는 안 됩니다. 부처님을 보십시오. 부처님은 고행을 통해
성도를 이룬 뒤에도 얼마나 많은 정진을 하셨고, 얼마나 많은 중
생을 위해 노력하셨습니까. 그야말로 길에서 태어나서 길에서 사
시다가 결국 길에서 열반에 드신 분이 바로 부처님이십니다. 부처
님의 제자, 즉 사문이란 바로 그와 같은 부처님의 삶을 본받고, 그
와 같은 삶이 인생의 가장 큰 보람이고 의미 있는 길이라고 생각

하는 사람들의 모임이라 할 수 있습니다. 그렇기 때문에 세세생생
할 일이고 영원히 할 일입니다.

용과 코끼리와 사자를 흔히 동물 중에서도 왕이라고 하죠. 이
세 동물은 덕과 지혜와 자비를 상징하기도 합니다. 그래서 결제
들어갈 때 각자 맡아서 해야 할 소임을 짜는 일을 '용상방龍象榜을
짠다.'고 합니다. 모두 용상대덕을 희망하기 때문이죠. 비록 지금
은 수행자의 길에 입문한 지 얼마 되지 않았지만, 용맹정진을 통
해 용과 코끼리, 사자와 같은 덕을 지닌 부처님과 같이 되기 위한
마음으로 결제에 임하리라는 뜻이 담겨 있습니다.

사자와 같이 왕 중의 왕, 즉 부처님이 되기 위해서는 세속적인
즐거움과 욕망 등을 다 포기해야 합니다. 어쩌면 한 인간으로서
의 삶을 포기하는 일일 수도 있습니다. 오직 수행자로서의 삶, 부
처로서의 삶을 살 뿐 더 이상 세속적 욕락에 헤매는 인간으로서의
삶은 살지 않겠다는 각오를 되새기고 또 되새기는 거죠. 풀어지면
다짐하고 풀어지면 또 다짐하는 일을 수백, 수천, 수만 번 거듭하
면서 자기 자신을 채찍질하고 마음을 조아 가는 것이 바로 수행하
는 길입니다.

신라 말 고운 최치원 선생은 당나라에 유학 가서 장원 급제하
고 벼슬을 살다가 우리나라로 돌아왔습니다. 선생은 열여섯 살에
당나라로 유학을 갔는데, 유학길에 오른 아들에게 아버지는 십 년
안에 급제를 하지 못하면 그때는 내 아들이 아니라고 말합니다.
선생은 아버지의 말씀을 듣고 육 년 만에 급제를 하게 되지요. 당
나라에서도 아주 높은 벼슬을 하다가 신라에 돌아와서는 한림학

사라는 벼슬을 합니다. 그리고 한림학사 벼슬을 하다가 뜻한 바가 있어 영원히 수도하며 세상에 나오지 않겠다는 각오로 벼슬을 다 내려놓고 가야산으로 들어갑니다. 그때가 마침 해제철이었는지 스님들은 걸망을 지고 가야산에서 내려오고, 선생은 가야산에 들어가다가 홍류동 계곡에서 서로 맞닥뜨리게 됩니다. 세상을 등지고 산에 들어가서 수행하겠다는 서릿발 같은 다짐을 하고 들어가던 선생의 입장에서 보면 걸망 지고 내려오는 스님들이 실망스럽거나 한심했을지도 모릅니다. 산이 좋아 산에서 수행하겠다는 마음으로 산에 들어가서는 해제가 무슨 상관입니까. 한 번 들어갔으면 다시는 나오지 말아야죠. 이러한 마음을 갖고 산으로 들어가던 최고운 선생은 산에서 내려오는 스님들을 보고 시를 하나 짓습니다.

승호막도청산호(僧乎莫道靑山好)
산호여하부출산(山好如何復出山)
시간타일오종적(試看他日吾踪迹)
일입청산갱불환(一入靑山更不還)
스님들이여 청산이 좋다고 말하지 마라.
청산이 좋다면 왜 다시 산에서 나오는가.
시험 삼아 뒷날 나를 잘 지켜보시오.
나는 한 번 청산에 들어가서는 다시는 나오지 않으리라.

어린 시절 걸망 지고 다닐 때 『반야심경』보다 더 많이 외우고 다닌 시입니다. 그중에서도 마지막 구절은 정말 많이 외웠습니다. 마음이 흐트러질 때면 '일입청산갱불환, 한 번 청산에 들어가서 다시는 돌아오지 않을 것이다, 한 번 청산에 들어가서 다시는 돌아오지 않을 것이다.'라고 끊임없이 되뇌면서 다짐하고 또 다짐했죠. 원효 스님께서 말씀하신 용상의 덕을 희망하며 길이 오랜 고통을 참고, 사자의 자리를 기약해서 영원히 세속적인 욕망과 즐거움을 다 등질 것이라는 말과 '일입청산갱불환'이라는 말은 그 뜻이 같습니다. 청산에 들어간다는 것은 단순히 산에 들어간다는 뜻은 아닙니다. 산에야 나무하러 들어갈 수도 있고, 약초 캐러 들어갈 수도 있고, 산삼 캐러 들어갈 수도 있습니다. 그렇기 때문에 꼭 산에서 사는 게 중요한 것은 아닙니다. '산에 들어간다.'는 말의 진정한 뜻은 원효 스님께서 말씀하신 것과 같은 의미를 담고 있습니다.

행자 심 정   제 천   공 찬
行者心淨하면 諸天이 共讚하고

도 인   연 색   선 신   사 리
道人이 戀色하면 善神이 捨離하나니라

수행자의 마음이 깨끗하면 하늘이 함께 칭찬하고, 도인이 색을 그리워하면 선신들이 버리고 떠나느니라.

『능엄경』에서는 '십습인十習因 육교보六交報'라고 하여, 열 가지

버릇이 인을 지어서 여섯 가지의 교보를 받아 18대 지옥을 만든다고 하였습니다. 열 가지 버릇[囚]이란 첫째는 음란한 버릇, 둘째는 탐착하는 버릇, 셋째는 교만한 버릇, 넷째는 성내는 버릇, 다섯째는 속이는 버릇, 여섯째는 거짓된 버릇, 일곱째는 원망하는 버릇, 여덟째는 나쁜 소견으로 변명하는 버릇, 아홉째는 모함하는 버릇, 열째는 들추어내는 버릇입니다.

여섯 가지의 교보란 첫째는 보는 업보가 나쁜 결과를 불러오는 것, 둘째는 듣는 업보가 나쁜 결과를 불러오는 것, 셋째는 냄새 맡는 업보가 나쁜 결과를 불러오는 것, 넷째는 맛을 탐하는 업보가 나쁜 결과를 불러오는 것, 다섯째는 접촉의 업보가 나쁜 결과를 불러오는 것, 여섯째는 생각의 업보가 나쁜 결과를 불러오는 것입니다.

모든 지옥은 중생 스스로가 지은 업습業習으로 말미암아서 만들어진다고 합니다. 염라대왕이 만드는 것도 아니고, 조물주가 있어서 만드는 것도 아니고, 모든 중생의 미망에 의한 업습으로 말미암아서 만들어진다는 것입니다. 그런데 마음이 청정하면 제천이 칭찬을 한다는 거죠. 제천이 칭찬하게 되면 어떻게 되느냐. 아무리 곤란한 일에 처하더라도 어려움이 없게 됩니다.

사 대 홀 산　　불 보 구 주　　금 일 석 의　　파 행 조 재
四大忽散이라 不保久住니 今日夕矣라 頗行朝哉인저
사대가 홀연히 흩어져 버리는 것이라 오래도록 머뭄이 보장되

지 않으니, 오늘이 벌써 저녁인가 했더니 어느새 아침이 오는
구나.

아침에 건강하게 출근했던 사람이 송장이 되어 돌아오기도 하
고, 어제까지 괜찮던 사람이 오늘 병들었다는 소식이 들리고, 며
칠 전 헤어졌던 사람이 그새 죽었다는 소식이 들립니다. 생명을
기약할 수 없는 것이 인생입니다. 지·수·화·풍 사대로 된 인간
의 생명은 문득 흩어져 버려서 오랫동안 머문다고 보장할 수 없습
니다. 그 아무도 영원한 생명을 보장할 수 없지요. 부처님과 보살
님도, 돈과 명예도, 부모와 자식, 형제자매라 하여도 인간의 수명
을 단 일 분 일 초도 연장할 수 없습니다.
　『주자』에 다음과 같은 구절이 있습니다.

　인무백세인(人無百歲人)
　왕작천년계(枉作千年計)
　일월서의(日月逝矣)
　세불아연(歲不我延)
　백 살을 사는 사람이 없건만
　천 년 살 계획을 세우는구나.
　날과 달은 가고
　세월은 나를 기다리지 않는다.

　수행자는 이 길이 참으로 좋은 길이고, 가치 있는 일이라고 생

각하면 촌음을 다투어야 합니다. 시간은 기약할 수 없기 때문입니다.

세 락   후 고   하 탐 착 재
世樂이 後苦어늘 何貪着哉며

일 인   장 락   하 불 수 재
一忍이 長樂이어늘 何不修哉리오

세상의 욕락이 죽은 뒤의 고통이거늘 어찌 탐착하며, 한 번 참는 것이 긴 즐거움이거늘 어찌 닦지 아니하리오.

세상의 즐거움은 설탕물과도 같습니다. 설탕물은 단맛이 끝나면 쓴맛이 돌아오죠. 그러나 담담한 냉수는 처음부터 끝까지 모두 맑은 맛입니다.

세상에는 온갖 유혹이 있습니다. 오욕락이라 하잖아요. 재욕·성욕·음식욕·명예욕·수면욕이 끊임없이 유혹합니다. 그래서 내 몸이 하자고 하는 대로 하게 되면 끝이 없습니다. 그런데 한 번 참고 견디어 내면 점점 견디는 데 힘이 붙어 득력을 하게 됩니다. 고통을 참는 것도 재미가 있어요. 그 나름대로 맛이 있거든요.

고봉 화상은 다음과 같은 말씀을 남기셨습니다.

분금강지 일념만년(奮金剛志 一念萬年)
회광반조 찰이부관(廻光返照 察而復觀)

혼침산란 진력가편(昏沈散亂 盡力加鞭)

천마만련 전전신선(千磨萬鍊 轉轉新鮮)

일구월심 밀밀면면(日久月深 密密綿綿)

금강 같은 굳은 뜻을 세워 한 생각이 만 년 가게 하라.

빛을 돌이켜 반조하여 살피고 다시 관찰하다가

혼침 산란이 생기거든 힘을 다해 채찍질을 할지어다.

천 번 만 번 단련하면 더욱더욱 새로워질 것이요

날이 오래고 달이 깊어지면 정밀하게 이어져서 계속되리라.

도 인 탐　　시 행 자 수 치
道人貪은 **是行者羞恥**요

출 가 부　　시 군 자 소 소
出家富는 **是君子所笑**니라

도 닦는 이가 탐심을 가지는 것은 수행자로서 수치요, 출가한
사람이 부를 누리는 것은 군자의 비웃음거리니라.

탐심은 탐·진·치 삼독심과 같은 의미입니다. 수행자가 가장
경계해야 할 것이 바로 삼독심이죠. 수행한다는 것은 삼독심을 여
의는 과정이라고도 할 수 있습니다.

탐욕은 탐애貪愛라고도 합니다. 자기가 원하는 것에 욕심을 내
어 집착하는 것, 자기의 뜻에 맞는 일에 집착하는 것, 정도를 넘
어서서 욕심을 부리는 것, 명성과 이익을 지나치게 좋아하는 것 등

이 모두 이에 해당합니다. 일반적으로 식욕·색욕·재욕·명예욕·수면욕 등을 들어 오욕이라 합니다. 특히 여자의 경우는 색욕을 비롯하여 얼굴의 아름다움에 대한 욕망·옷치장에 관한 욕망·아름다운 몸매에 관한 욕망·아름다운 음성에 대한 욕망·피부의 윤기에 대한 욕망 등 육욕六欲을 더 가지고 있다고 하죠.

진에는 분노하는 것으로서, 미워하고 성내는 것을 말합니다. 따라서 진에는 분노뿐만 아니라 시기와 질투까지 모두 포함하고 있는 것입니다. 이 진에는 수행을 하는 데 가장 큰 허물이 되는 것이며, 다스리기도 어렵습니다.

우치는 현상이나 사물의 도리를 이해할 수 없는 어두운 마음으로서, 있는 그대로의 모습을 판단할 수 없게 합니다. 따라서 우치는 모든 번뇌가 일어나는 원인이기도 합니다.

이와 같이 삼독은 중생을 생사의 윤회 속으로 빠뜨리는 근원이 됩니다. 따라서 삼독을 여의면 곧 고苦를 떠나서 열반의 경지에 도달할 수 있죠.

『팔대인각경八大人覺經』에는 수행자는 다음과 같이 살아야 한다는 가르침이 전해 오고 있습니다.

인욕제일장(忍辱第一壯)
지족제일부(知足第一富)
무병제일리(無病第一利)
선우제일친(善友第一親)
열반제일락(涅槃第一樂)

참고 견디는 것이 제일 장사요
족함을 아는 것이 제일 부자이고
병 없음이 제일의 이익이며
좋은 벗이 제일 친한 이요
열반이야말로 제일의 즐거움이니라.

3. 지금, 여기의 삶
:

차언　부진　　탐착불이
遮言이 不盡이어늘 貪着不已하며

제이무진　　부단애착
第二無盡이어늘 不斷愛着하며

차사무한　　세사불사
此事無限이어늘 世事不捨하며

피모무제　　절심불기
彼謀無際어늘 絕心不起로다

하지 말라는 말이 다하지 않거늘 탐착하기를 그만두지 않으
며, 다음에 하겠다고 미루는 것이 다할 때가 없거늘 애착을 끊
지 아니하며, 이 일은 끝이 없거늘 세상일을 버리지 않으며, 저
도모하는 일이 끝이 없거늘 끊으려는 마음을 일으키지 아니하
도다.

'遮言'은 '자언'과 '차언' 두 가지로 읽습니다. 이것, 저것 할 때
는 '자언'으로 읽고, 막는다고 할 때는 '차언'으로 읽습니다. '자언
이 부진'으로 쓰면 '이러한 말이 다하지 않는다.'로 풀이하고, '차
언이 부진'으로 쓰면 '막는 말이 다하지 않는다.'로 풀이합니다.

제이무진은 제이가 다함이 없다는 뜻입니다. 여기서 제이는 두
번째라는 뜻이죠. 제일第一, 가장 먼저 하는 것, 가장 중요하게 생
각하는 것이 아니라 중요하지 않다고 생각하여 다음으로 미루는
것입니다. 수행을 계속 미루는 거죠. 탐착하는 마음을 끊어야 하
는데 이 핑계, 저 변명으로 끊지를 못해요.

세상의 모든 사람이 똑같습니다. '이것만', '이번에만', '이 일만'
하고 그만두겠다고 하는 것이 한이 없다는 겁니다. 특히 세상사를
버리지 않고 출가하려는 마음을 먹는 사람들이 있어요. 언젠가는
출가해야겠다고 마음만 먹는 거죠. 그런데 이런 인연, 저런 인연
에 이끌리고, '이 일만 해결하고', '저 일만 마무리해 놓고' 하면서
세월만 보내는 거죠. 시간이 지나면 출가할 수 있는 조건이 갖추
어질 거라고 믿습니다.

석가모니 부처님께서도 일찍부터 출가하려고 했었습니다. 그런
데 부왕이 아들 하나 낳아서 대라도 잇도록 해 달라고 간청을 해
서 출가가 늦어졌어요. 그래서 어느 날 아무도 모르게 출가를 단
행합니다. 성을 벗어나 멀리 도망을 간 거죠. 집안 식구 몰래 도망
가지 않고서는 출가하는 경우가 드물어요.

도망을 간다는 것은 세상일을 더 이상 도모하지 않겠다는 의지
이기도 합니다. 도모하는 일을 끝내지 않으면 출가할 수 없기 때

문입니다. 정치가 어떻게 돌아가든, 후계자를 누구로 삼든, 부인이 애석해 하든지 말든지 따질 일이 아닙니다.

금 일 부 진　　　　조 악 일 다
今日不盡이어늘 造惡日多하고

명 일 무 진　　　　작 선 일 소
明日無盡이어늘 作善日少하며

금 년 부 진　　　　무 한 번 뇌
今年不盡이어늘 無限煩惱하고

내 년 무 진　　　　부 진 보 리
來年無盡이어늘 不進菩提로다

오늘, 오늘 하는 것이 다함이 없거늘 악을 짓는 것이 날로 많아지고, 내일, 내일 하는 것이 다함이 없거늘 선을 행하는 것은 날로 적어지며, 올해만, 올해만 하는 것이 다함이 없거늘 한없는 번뇌에 시달리고, 내년에, 내년에 하는 것이 다함이 없거늘 보리에 나아가지 아니하도다.

중국 명나라 때 문인 문가가 쓴 시에 다음과 같은 내용이 있어요.

명일부명일(明日復明日)

명일하기다(明日何其多)

아생대명일(我生待明日)

만사성차타(萬事成蹉跎)

세인개피명일루(世人皆被明日累)

춘거추래로장지(春去秋來老將至)

조간수거류(朝看水去流)

모간일서추(暮看日西墜)

백년명일능기하(百年明日能幾何)

청군청아명일가(請君聽我明日歌)

내일 또 내일 하니

내일이 어찌 그리 많은가.

일생 동안 내일을 기다리면서 살았노라.

넘어지고 헛디디었을 뿐이다.

사람들이 모두 내일에 속아 살고 있으니

봄이 가고 가을이 오고 그러면 늙어 간다.

아침에 본 물은 이미 흘러가 버렸고

저녁에 본 해는 서산에 떨어졌다.

백 년 동안 내일, 내일 했지만 내일이 얼마이던가?

그대에게 이르노니, 나의 내일의 노래 들어라.

또 당나라 때의 문인 장구령의 시에는 다음과 같은 내용이 있습니다.

숙석청운지(宿昔靑雲志)

차타백발년(蹉跎白髮年)

수지명경리(誰知明鏡裏)

형영자상련(形影自相憐)

옛날 청운의 꿈을 품고 벼슬길에 나갔는데

미끄러져 넘어지니 백발노인이 되었네.

누가 알리요. 밝은 거울 속의 그림자와

거울을 보고 있는 내가 서로 측은히 여기는 것을.

'오늘부터, 금년부터 잘해야지.' 하지만 한없이 번뇌만 만들게 되고, '내일부터, 내년부터는 특별히 잘해야지.' 하지만 그 또한 한없이 번뇌만 만듭니다. 수행은 하지 않고 매일매일을 탐심과 애착으로 살다 보니 악업은 많아지고 선업은 적어지며, 번뇌는 쌓이고 깨달음과는 멀어집니다. 시간과 세월은 사람을 기다리지 않는다고 했습니다. 게으름을 피우다가 후회해 봐야 아무런 소용이 없습니다.

『백유경百喻經』에 다음과 같은 말씀이 있습니다.

금일영차사(今日營此事)

명일조피사(明日造彼事)

낙착불각고(樂着不覺苦)

불각사적지(不覺死賊至)

오늘은 이 일을 경영하고

내일은 저 일을 만든다.

그 일에 즐거워 괴로움을 모르다가

자기도 모르는 사이에 죽음에 이르도다.

하루하루를 진실하게 최선을 다하는 삶 자체가 수행이며 깨달음의 길입니다. 죽고 사는 문제는 초월한 것이죠. 고통 없이 편안히 죽어야겠다는 생각도 필요 없습니다. 생각 그 자체가 또 다른 번뇌를 만들 뿐입니다.

시 시 이 이　　속 경 일 야
時時移移하야 **速經日夜**하고

일 일 이 이　　속 경 월 회
日日移移하야 **速經月晦**하며

월 월 이 이　　홀 래 년 지
月月移移하야 **忽來年至**하고

년 년 이 이　　잠 도 사 문
年年移移하야 **暫到死門**하나니

시간 시간이 옮기고 옮겨서 낮과 밤이 빨리 지나가고, 하루하루가 옮기고 옮겨서 보름과 그믐이 빨리 지나가며, 한 달 한 달이 옮기고 옮겨서 홀연히 해가 가고 해가 오고, 한 해 한 해 옮기고 옮겨서 잠깐 사이에 죽음의 문턱에 이르니

여러분 모두가 경험해 봐서 잘 알 겁니다. 어릴 때는 시간이 천천히 흘러가는 것 같았는데, 40대가 되면 시속 40킬로미터로 달

리는 자동차에 탄 것 같고, 50대가 되면 시속 50킬로미터로 달리는 자동차에 탄 것 같고, 60대가 되면 시속 60킬로미터로 달리는 자동차를 탄 것같이 달리는 시간이 눈에 훤히 보여요. 어릴 때는 보이지도 않던 시간이 나이를 먹다 보니 다 보이고, 세상에서 제일 빠른 것은 세월이라는 생각이 듭니다. 그러면서도 좋은 일은 더 많이 하지 못하고, 지혜를 갈고 닦아 현명하게 살려는 노력을 크게 기울이지도 않습니다. 큰 병이죠.

음력 7, 8월 무렵에는 신년이 까마득하게 남은 것 같죠. 그런데 어느새 설이 지나고 봄을 맞이하게 됩니다. 세월이 참으로 빠르고 무상함을 실감하게 됩니다. 그러다 보면 잠깐 사이에 죽음의 문턱에 다다르게 되죠. 위산 영우 스님은 『치문』에서 다음과 같이 경책하고 있습니다.

무상노병(無常老病)
불여인기(不與人期)
조존석망(朝存夕亡)
찰나이세(刹那異世)
무상한 인생, 늙고 병드는 일이
사람을 기약하지 않네.
아침에 살아 있다가 저녁에 죽고 마니
찰나 사이에 다른 세상이 되어 버렸네.

『전심법요』에서 황벽 스님 역시 다음과 같이 경책하고 있습니다.

진금생거(盡今生去) 출식(出息) 불보입식(不保入息)
금생이 다할 때 숨 내쉬는 것이 숨 들이쉬는 것을 보장하지 못한다.

파 거 불 행　　노 인 불 수
破車不行이요 老人不修라

와 생 해 태　　좌 기 난 식
臥生懈怠하고 坐起亂識이니라

부서진 수레는 가지 못하고 늙으면 수행하기 어려운지라. 누워서 게으름을 피우고 앉아서 어지러운 생각만 일으키고 있구나.

나이 먹어 늙으면 자기 한 몸 건사하는 일도 다할 수가 없습니다. 자기 몸 관리도 제대로 못하는데 수행을 어떻게 하겠습니까. 책을 보려니 눈이 침침하여 신경질 나지, 머리에 들어오지 않아 온갖 망상으로 꽉 차 있습니다. 그야말로 고장 난 수레처럼 힘이 들고, 그래서 게으름만 피우고 자꾸 눕고 싶어집니다.

여러 번 말했습니다만, 사람 몸 만나기 어렵고 불법 만나기는 더 어렵습니다. 그런데 우리는 다행히 불법을 만나는 인연을 갖추었습니다. 나이가 들어도 염불을 하든지, 화두를 들든지, 경을 읽든지 간단하고 단순한 수행법을 정해 한 가지에 집중하면 좋습니다. 『반야심경』을 외우거나 사경을 해도 좋겠지요. 수행 방편은 매우 많고, 그 방편에는 우열이 없기 때문에 자기의 성격이나 체

질에 맞는 수행법을 정하여 지속적으로 하면 됩니다. 불법이라는 보물창고를 발견했으니 주머니에 한껏 주워 담아야죠. 그것으로 내 생을 삼고 걸어가야 합니다.

「자경문」에 '만반장불거萬般將不去 유유업수신唯有業隨身', '만 가지를 다 가져가지 못함이요, 오직 업만 몸을 따라갈 뿐이다.'라는 구절이 있습니다. 다음 생에 가져가지 못하는 것은 결코 진정한 재산이 아닙니다. 다음 생에 가져갈 수 있는 공덕, 또 진리에 대한 깊은 이해, 선행을 많이 해서 닦은 공덕 등만 다음 생에 가져가는 거죠. 이게 진짜 재산입니다. 공부하는 업, 마음 닦는 업, 복 짓는 업, 현명하고 지혜롭게 사는 업을 지음으로 해서 생기는 인연이 결국은 다음 생을 좌지우지하는 겁니다.

욕지전생사(欲知前生事)
금생수자시(今生受者是)
욕지래생사(欲知來生事)
금생작자시(今生作者是)
만약 전생의 일을 알고자 한다면
금생에 받는 것을 보면 알 수 있을 것이요,
만약 다음 생의 일을 알고자 한다면
금생에 행한 일을 보면 알 수 있을 것이다.

불자라면 금생에 부처님 법을 만나 죽는 순간까지 정진하고 정진하여야 합니다. 그렇게 하다 보면 정신이 맑아지고 머리가 총명

해져 열반에 들어도 그대로 지속됩니다. 다음 생에 지혜롭고 총명한 머리로 태어나자마자 '일문천오一聞千悟' 하는 거죠. 한 가지를 들으면 천 가지를 깨닫는 혜택이 있게 됩니다. 이 얼마나 좋은 일입니까. 우리는 그러한 가르침을 만난 겁니다.

기 생 불 수   허 과 일 야
幾生不修어늘 **虛過日夜**하며

기 활 공 신   일 생 불 수
幾活空身이어늘 **一生不修**오

얼마나 살 것이기에 닦지 아니하고 헛되이 밤낮을 보내며, 헛된 몸이 얼마나 살아 있을 것이라고 일생을 닦지 않는가.

제가 출가를 하겠다고 결심하게 한 글귀가 『초발심자경문』「자경문」에 있는 '삼일수심천재보三日修心千載寶 백년탐물일조진百年貪物一朝塵'입니다. '삼 일 동안 닦은 마음 천 년의 보배요, 백 년 동안 탐한 재물이 하루아침의 티끌이로다.'라는 뜻입니다.

평소에 어떻게 하면 출가 입산하는 기회를 만들까 궁리하던 차에 이웃 사찰에 있던 제 또래 스님이 이 구절과 『명심보감』의 한 구절을 소개하는 것을 듣고 출가를 결심하게 되었지요.

불법을 만나지 못했다면 굳이 수행에 대해 언급할 필요가 없었겠죠. 불법 만난 소중한 인연을 지었기에 열심히 정진하자는 겁니다.

진정 극문眞淨克文 스님은 다음과 같은 게송으로 우리를 경책합니다.

체발인경설만도(剃髮因驚雪滿刀)
방지세월불상요(方知歲月不相饒)
도생탈사근성불(逃生脫死勤成佛)
막대명조여후조(莫待明朝與後朝)
삭발하다가 칼날 위 수북한 흰 털을 보고 새삼 놀라는 것은
남은 세월이 이제 얼마 되지 않음을 비로소 알았기 때문이다.
생사를 벗어나기 위해 부지런히 정진하여 성불해야 하나니,
내일이 있고 또 내일이 있다고 기다리지 마라.

신 필 유 종   후 신   하 호
身必有終하리니 後身은 何乎아

막 속 급 호   막 속 급 호
莫速急乎며 莫速急乎아

몸은 반드시 죽고 마는 것이니 죽은 다음에 받는 몸은 어찌할 것인가. 급하지 아니한가, 생각할수록 급하지 아니한가.

「법성게」에 다음과 같은 구절이 있습니다.

무량원겁즉일념(無量遠劫卽一念)

일념즉시무량겁(一念卽是無量劫)

한량없는 긴 세월이 바로 한 생각이요,

한 생각이 바로 또한 한량없는 세월이다.

세상에는 죽지 않는 사람이 없습니다. 석가모니 부처님, 달마, 공자, 맹자도 그러하며, 황벽과 임제도 모두 죽었습니다. 중요한 것은 '다음 몸을 어떻게 기약하겠느냐.'입니다. 다음 생에 동물로 태어날지, 사람으로 태어날지는 알 수 없습니다. 사람으로 태어나도 좋은 사람으로 태어날지 나쁜 사람으로 태어날지, 또 존귀하고 학식이 높은 사람으로 태어날지 천박하고 무식한 사람으로 태어날지를 알 수 없습니다.

우리가 지금 불법을 만났을 때 열심히 수행해야 다음 생이 보장이 된다는 겁니다. 그렇기 때문에 낮잠 자고, 밤잠 잘 시간이 없죠. 급하고도 급한 일입니다.

이것을 발심發心이라고 합니다. 발심은 인생의 소중함을 알고 불법 만난 인연을 감사히 여겨 참으로 의미 있고 보람되고 큰 가치를 누리면서 살 수 있기를 바라는 마음입니다. 깨달음을 구하려는 마음, 깨달음의 경지에 이르려는 마음, 깨달음의 지혜를 갖추려는 마음을 내는 것이죠. 다음 생도 떳떳하고 당당하게 맞이할 수 있는 길을 모색하는 것입니다. 이것이 바로 발심 수행發心修行입니다. 발심 수행은 일체중생에게 이익이 되고자 수행하는 것입니다. 염불을 하든지 진언을 하든지 화두를 들든지 기질과 인연에 따라 하는 것이며, 다만 나[我]를 버리고 일체중생의 이익이 되고자 하는 마음입니다. 발심을 바탕에 두고 정진해 나가면 나날이 지혜와 자비심은 증장하고, 마음과 몸이 안락함을 이룰 수 있습니다. 따라서 불교를 공부하는 데 발심이 가장 중요합니다.

『전심법요』에서 황벽 스님은 다음과 같이 경책하고 있습니다.

고운(故云) 착력금생(著力今生) 수료각(須了卻)
수능루겁수여앙(誰能累劫受餘殃)
그러므로 힘을 붙여서 금생에 모름지기 마쳐 버릴지니
누가 감히 세세생생토록 남은 재앙을 받겠는가.

원효 스님은 발심하기를 바라고, 발심해서 수행하기를 바라는 마음으로 천하의 명문을 우리에게 남기셨습니다. 「발심수행장」을 열심히 읽고 수행 정진하여 원효가 내가 되고, 내가 원효가 되어 원효 스님과 내가 둘이 아닌 경지를 이루기를 희망해 봅니다.

끝으로 임제 스님이 남기신 게송을 소개합니다.

수처작주(隨處作主)
입처개진(立處皆眞)
어느 곳에서든지 주인이 되라.
지금 있는 그곳이 참된 행복이다.

자
경
문

강
설

강의를 시작하며

『초발심수행장』의 마지막 글인 「자경문」은 '스스로를 경책하는 글'이라는 뜻입니다. 야운野雲 스님은 자기 자신을 경책하는 형식으로 이 글을 쓰셨지만 그 내용은 자신을 경책하는 데에 그치지 않습니다. 수행에 뜻이 있는 사람, 인생을 좀 더 의미 있고 보람 있고 값지게 살고자 하는 사람에게 공히 적용되는 가르침을 담고 있습니다.

이 글을 쓰신 야운 스님에 대해서는 역사적인 사실이 크게 드러나 있지 않습니다. 또한 야운 스님에 대해서도 여러 설이 있습니다. 그중 고려 말 「토굴가」로 유명한 나옹 혜근 선사의 제자인 야운 각우 스님이 이 글을 썼다는 설이 지배적입니다. 나옹 혜근 스님은 지금부터 약 700년 전에 사셨던 스님입니다. 야운 스님 역시 지금으로부터 약 700년 전, 고려 시대의 스님이라고 이해하면 되겠죠.

『초발심자경문』 중 원효 스님의 「발심수행장」은 1,300년 전, 보조 지눌 스님의 「계초심학인문」은 800년 전, 야운 스님의 「자경문」은 700년 전에 쓰여진 글입니다. 본문에 다음과 같은 글이 있습니다.

인유고금(人有古今)
법무하이(法無遐邇)
인유우지(人有愚智)
도무성쇠(道無盛衰)
사람에게는 예와 이제가 있을지언정
진리에 있어서는 멀고 가까운 게 없으며,
사람에게는 어리석고 지혜로운 사람이 있을지언정
도에는 흥하고 쇠함이 없다.

「자경문」은 역사가 매우 오래된 고전입니다. 이 고전의 가르침에 비추어 당시와 비교해 보면 지금 우리들의 수행하는 자세, 마음가짐, 불도를 향한 진심 등은 참으로 많이 뒤져 있습니다. 그러나 「자경문」에서는 지금부터라도 마음을 잘 다스려 진리를 향한 굳은 신심만 갖춘다면 얼마든지 부처님과 조사들이 깨달으신 경지에 도달할 수 있다고 가르칩니다.

우리가 아주 오래전 스님들의 가르침을 공부할 때, 그분들이 신선 같고, 부처님 같고, 보살 같고, 조사 같다는 느낌을 받습니다. 그리고 지금 우리의 현실과 비교해 보고, 그 경지에 쉽게 도달할

수 없다는 사실에 괴리감을 느끼기도 하고, 퇴굴심을 일으키기도
합니다. 그러나 우리가 이런 공부를 한 번씩 함으로써 그리워하
고, 감동하고, 열정과 용기를 얻어 마음을 내는 것은 대단히 중요
한 일입니다.

또 백 마디 가운데 한 마디만이라도 내 살림살이로 삼을 수 있
다면 다행한 일입니다. 저는 항상 이렇게 생각합니다. '우리가 경
전을 다 알 수는 없다. 다만 한 장을 읽어서 한 줄, 한 구절만이라
도 이해하고 감동을 받아도 그 얼마나 값진 것이냐.'고요.

「계초심학인문」에서도 공부인의 자세를 이렇게 말하고 있습니다.

절부득어법(切不得於法)
작현애상(作懸崖想)
생퇴굴심(生退屈心)
혹작관문상(或作慣聞想)
생용이심(生容易心)
법문을 듣고 절대로
천 길 낭떠러지를 어떻게 오를 수 있을까 하는 생각을 지어
퇴굴심을 일으키거나,
늘 들을 수 있는 것이라는 생각을 지어
용이심을 일으키지 마라.

「자경문」의 가르침에 대해서도 우리 삶과 거리가 있고, 우리가
도달할 수 없는 경지라고 생각할 게 아닙니다. 백 마디 말씀 가운

데 한 마디만이라도 마음에 아로새겨서 감동을 받고, 생각을 바꾼다면 이보다 더 큰 소득은 없습니다.

1. 생사해탈

주인공   청아언
主人公아 **聽我言**하라

주인공아, 나의 말을 들으라.

   여기서 말하는 주인공은 매우 중요한 말입니다. 무엇이 진정 주인공이겠습니까? 우리는 제2, 제3의 나를 수없이 만들어 갑니다. 본래의 나를 두고 나도 모르게 수많은 나를 첩첩이 만들어 살고 있습니다. 이러한 나를 해체해 버리고, 던져 버리고, 없애 버려도 종국에 가면 본래의 나, 그리고 나를 나라고 하는 나가 또 있습니다. 철학에서는 이를 즉자卽自와 대자對自로 나누어 말하기도 합니다. '곧 나'와 '나를 대한 나'입니다. '무위진인無位眞人'이나 '수처작주隨處作主'라는 말은 가짜의 나, 제2 내지 제3의 나가 아닌, 진정한, 유일무이한 나를 의미합니다. 여기에서 말하는 주인공도 이와 같은 뜻입니다.

「자경문」은 스스로를 경책하는 글이라고 했습니다. 따라서 여기서 말하는 주인공은 어떠한 것에도 물들지 않은 본래의 나라는 뜻도 있고, 스스로를 일깨우는 뜻도 있습니다. 자신을 척 불러 놓고, 스스로가 경책하고, 타이르고, 규칙을 내리고, 교훈을 주고, 경각심을 일깨우는 것이죠.

『무문관』에서는 '암환주인巖喚主人', 즉 '서암이 주인공을 부르다.'라는 공안을 소개합니다. 공안의 주인공은 중국 송나라 시기의 서암 스님입니다. 스님은 날마다 이렇게 자문자답했답니다.

"주인공아!"

"예."

"깨어 있어라!"

"예."

"훗날 남들에게 속지 마라!"

"예, 예."

기 인   득 도 공 문 리   여 하 장 륜 고 취 중
幾人이 得道空門裏어늘 **汝何長輪苦趣中**고
많은 사람이 공문 속에서 도를 얻었거늘 어찌 그대는 괴로움의 갈래에서 길이 윤회하고 있는가.

'공문 속에서 도를 얻었다.'는 말이 중요합니다. 우리는 인생의

목표를 태산처럼 많은 것을 갖는 것이라고 생각합니다. 거기에 최고의 성공이 있고, 최고의 가치가 있고, 깨달음과 도가 있는 것으로 착각하죠. 그래서 온갖 것을 쌓으려고, 가지려고 탐·진·치 삼독과 오욕락의 잡된 생각에 빠지게 됩니다.

그런데 제불보살님과 조사들을 비롯한 수많은 사람이 도를 이루는 것은 이와 같지 않다고 합니다. 바로 공문, 곧 비우고 또 비워서 비울 것마저도 없을 때 도를 이루었다는 말입니다.

향엄 지한 선사는 이렇게 텅 빈 마음자리를 '작년에는 송곳 꽂을 만한 땅이 없더니[去年無卓錐地] 금년에는 그 송곳마저 없구나[今年錐也無].'라고 표현하였습니다. 또 승찬 선사는 「신심명」에서 '몽환공화夢幻空華 하로파착何勞把捉', 즉 '이 세상 모든 일이 꿈이요 환영이요 헛꽃이라 그것을 어찌 수고롭게 붙들려고 하는가.'라고 했습니다. 우리가 돈이 되었든, 명예가 되었든, 벼슬이 되었든, 사람이 되었든, 뭐가 되었든 간에 목숨보다 더 소중하고 가치 있다고 여기는 것은 한 생각 돌이켜 보면 꿈이요, 환이요, 헛것입니다. 그런데 어찌하여 그것을 애써 붙잡으려 하느냐는 가슴 찌르는 가르침입니다.

그렇습니다. '텅 빈 충만'이라는 말이 있듯이 모든 것이 공空이라는 사실을 깨달았을 때, 정말 넉넉하고, 풍요로운 '충만'을 누릴 수 있습니다.

여자무시이래   지우금생
汝自無始以來로 至于今生히

배각합진   타락우치
背覺合塵하고 墮落愚癡하야

그대는 시작함이 없는 옛적부터 지금에 이르기까지 깨달음의
세계를 등지고 객진번뇌에 몸을 맡기고 어리석음에 빠져

불교에서는 '아주 오랜 옛적부터'라는 뜻으로 '무시無始'라는 말
을 씁니다. 그러므로 이 구절은 오랜 옛적부터 금생에 이르기까지
깨달음의 세계를 등지고 진세塵世에 합했다는 뜻입니다. 각覺과 진
塵은 각각 깨달음의 세계와 세속의 길을 나타내는 말로 서로 반대
되는 뜻입니다.

우리들 마음속의 잡다하고 복잡한 생각을 통칭하여 먼지라고
합니다. 먼지의 세계는 중생의 길이며 번뇌의 길입니다. 거울에
먼지가 끼면 사물을 제대로 비출 수가 없습니다. 무얼 비추려고
해도 드러나지 않죠. 사리분별이 안 됩니다. 맑은 물에 먼지가 잔
뜩 일어나 흙탕물이 되면 물속의 고기나 그림자가 보이지 않는 것
도 마찬가지입니다. 먼지와 같은 온갖 잡다한 분별 망상은 우리의
맑은 영혼을 어둡게 하고 흐리게 합니다.

배각합진과 반대되는 배진합각背塵合覺이라는 말도 있습니다.
'진을 등지고 각에 합했다.'는 뜻이죠. 사찰에는 스님들이 모여서
공부도 하고 공양도 하고 회의도 하고 참선도 하는 큰방이 있습
니다. 그 큰방에는 의례히 어간문이라고 하는 중심이 되는 문이

있고 그 맞은편에 부처님을 모셔 놓습니다. 그리고 법랍이 가장 높은 분이 문 앞에서 부처님을 향해 앉습니다. 바로 배진합각, 세상 번뇌는 등지고 부처님, 즉 깨달음과 합해 있는 형태입니다. 그런데 이제 막 출가한 사람은 배각합진의 자리에 앉습니다. 부처님 바로 앞에서 부처님을 등지고 밖을 향해 앉는 것입니다. 부처님을 등지고, 즉 각을 등지고 세상과 마주합니다. 초심학인이 앉는 배각합진의 자리도 연륜이 쌓일수록 후배들이 대신합니다. 차츰차츰 법랍이 높아지고 도가 깊어질수록 어간문 가까이로 자리를 옮겨 갑니다. 종국에는 부처님을 마주보는 자리에 앉게 되겠죠. 자연스럽게 그렇게 됩니다. 여기에는 법랍이 높아질수록 법력과 도도 높고 깊어져서 부처님과 마주할 수 있는 경지에 이르게 된다는 상징적인 의미가 담겨 있습니다.

항 조 중 악 이 입 삼 도 지 고 륜
恒造衆惡而入三道之苦輪하며

불 수 제 선 이 침 사 생 지 업 해
不修諸善而沈四生之業海로다

온갖 악업을 항상 지었기 때문에 삼악도의 괴로운 윤회에 시달렸으며, 갖가지 선행을 닦지 않았기 때문에 사생의 업의 바다에 잠겨 있음이로다.

어리석은 중생의 일이란 하는 것마다 참마음에 위배되고 도에

서 동떨어집니다. 그래서 삼도의 고륜苦輪, 즉 지옥·아귀·축생
과 같은 고통스러운 삶에서 헤어나지 못한다고 했습니다.

사람이 성인의 가르침을 염두에 두고도 그것을 기준삼아 살지
않고 자기의 욕심대로, 자기가 유리한 대로, 자기의 계산대로, 자
기의 상식대로만 살면 그 삶은 보나마나 한 겁니다. 어리석은 중
생이 생각해 내는 것, 지어 내는 것, 꾸며 내는 것이란 전부 자기
에게 독이 되는 일뿐이기 때문입니다.

태胎에서 태어나는 것, 알[卵]에서 태어나는 것, 습기[濕]에서 태
어나는 것, 변화[化]하여 태어나는 것을 사생四生이라고 합니다. 우
리 세계에 존재하는 모든 생명이 업으로 태어난다는 거죠. 중생은
업력으로 삼계고해를 윤회하고, 보살은 원력으로 세세생생 화현
하고, 부처는 법력으로 시방삼세에 상주한다고 했습니다.

선과 악을 진부한 명제로 취급하는 경향이 있습니다만, 불교에
서는 선을 추구하고 악을 멀리하는 것을 가장 기본으로 봅니다.
중국 당나라 때 백낙천과 조과 도림 선사 사이의 일화가 그 예입
니다. 조과 도림 선사를 찾아온 백낙천이 "불법佛法의 큰 뜻이 무
엇입니까?" 하고 묻자 선사는 "제악막작諸惡莫作 중선봉행衆善奉行
자정기의自淨其意 시제불교是諸佛敎", 즉 "모든 악을 짓지 말고 온갖
선을 받들어 행하고 그 마음을 텅 비우는 것, 이것이 모든 부처님
의 가르침이다."라고 대답합니다. 그 대답을 들은 백낙천이 세 살
먹은 아이도 알겠다고 하자 선사는 "세 살 먹은 아이도 아는 이야
기이나 팔십 먹은 노인도 행하기는 어려운 일이다."라고 합니다.

신 수 육 적 고   혹 타 악 취 즉 극 신 극 고
身隨六賊故로 **或墮惡趣則極辛極苦**하고

심 배 일 승 고   혹 생 인 도 즉 불 전 불 후
心背一乘故로 **或生人道則佛前佛後**로다

몸은 여섯 도둑을 따르는 까닭으로 나쁜 곳에 떨어지면 지독한
신고를 받게 되고, 마음은 일승을 등진 까닭에 사람으로 태어
나더라도 부처님 나시기 전이나 부처님 가신 후가 됨이로다.

육적六賊은 육경六境과 같은 말입니다. 육경은 안·이·비·
설·신·의 육근이 감지하는 색·성·향·미·촉·법의 여섯 가
지 대상을 뜻하지요.

나에게 맞는 모양·소리·냄새·맛·감촉·지각 등에 꺼들리
게 되면 참마음을 밝히는 데 방해가 됩니다. 공덕을 훔쳐 가는 거
예요. 밖에 있는 도둑이 훔쳐 가는 것이 아니라 나의 육근이 자기
좋을 대로만 하려는 까닭에 본래 갖추어져 있는 나의 훌륭한 공덕
을 드러내지 못하는 겁니다. 공덕을 드러내지 못하니 도둑맞는다
고 표현하는 것입니다. 그런 까닭에 결국 지극히 고통스러운 경우
를 당하게 된다는 거죠.

몸은 육적을 따르고 마음은 일승一乘을 등졌다고 했습니다. 우
리 삶의 형태와 방식은 매우 다종다양해요. 그래서 부처님의 가르
침도 중생의 근기에 따라서 아주 다양하게 존재합니다. 일승이란
중생의 삶이 각기 다르더라도 깨달은 눈으로 보면 결국 부처의 삶
으로 귀결된다는 말입니다. 다시 말해 수행의 단계를 나눠서 성

문·연각·보살의 삶을 나열하지만 그것은 편의상 방편일 뿐 사실은 모두가 부처의 삶이라는 사실을 깨달아야 한다는 뜻입니다.

『법화경』은 시종일관 모든 사람이 부처라고 결론을 짓습니다. 비록 수기授記를 통해 부처가 된다는 형식으로 표현하고 있지만 그 뜻은 어떤 삶을 사는 사람이든 그대로 부처라는 것입니다. 심지어 부처님을 죽이려고 했던 제바달다에게도 부처님은 "그대도 부처님이다."라고 수기를 합니다. 이것이 바로 일승의 도리입니다.

그런데 우리 마음에서 이와 같은 궁극의 이치를 등져 버리면 설사 사람으로 태어난다 하더라도 부처님이 오시기 전이거나 부처님 오신 이후가 된다고 했습니다. 불교가 이 땅에 생기기 전이거나 불교가 이 땅에 있지 않을 때 사람으로 태어난다는 거죠. 불교와 인연을 맺을 수 없다는 뜻입니다. 우리는 다행히 불법이 면면 부절綿綿不絕한 시절 인연에 살고 있습니다. 부처님과 조사의 가르침까지 함께 공부할 수 있음은 더욱 복된 일입니다. 하지만 정법을 등지면 불법이 쇠퇴하여 없어져 버린 뒤에 태어나게 됩니다. 참된 불도를 닦을 수 없다는 의미입니다.

금 역 행 득 인 신　　　정 시 불 후 말 세　　　오 호 통 재
今亦幸得人身이나　正是佛後末世니　嗚呼痛哉라

시 수 과 여
是誰過歟아

이제 또한 다행히 사람 몸을 얻었으나 바로 부처님 열반하신 이후 말법 세상이니 슬프고 애통한지라. 이것이 누구의 허물이 겠는가.

야운 스님께서는 부처님이 계셨던 시기를 기준으로 부처님이 열반하신 뒤를 말법 세상이라 말씀하시는 것 같습니다. 그래서 다행히 사람 몸으로 태어났으나 부처님이 열반하신 이후이기 때문에 슬프고 애통하다고 합니다. 복을 잘 지었으면 부처님 살아계실 때에 태어나 직접 가르침을 받아서 성불할 수 있었을 텐데, 그렇지 못한 것은 모두 자신의 허물 때문이라는 겁니다.

하지만 말세에 태어났기 때문에 좋은 점도 있습니다. 이를테면 야운 스님 이후에 우리가 태어났으니까 스님의 가르침을 받을 수가 있잖습니까. 야운 스님 이전에 살았던 사람들은 「자경문」이라는 좋은 글을 만날 수가 없었습니다. 이렇게 생각해 보면 말세 사람들은 더 많은 가르침을 접할 수 있는 복이 있는 겁니다.

수연   여능반성   할애출가
雖然이나 **汝能反省**하야 **割愛出家**하야

수지응기   착대법복   이출진지경로
受持應器하고 **着大法服**하고 **履出塵之徑路**하고

학무루지묘법
學無漏之妙法하면

비록 그러하나 그대가 능히 반성하여 세상의 모든 애정을 끊고 출가하여 바리때를 받아 지니고, 큰 법복을 착용하고, 티끌 세상을 벗어나는 지름길을 밟아 가고, 무루의 묘법을 배우면,

'비록 그러하나[雖然]'라는 말은 '부처님 재세 시에 태어나지 못하였으나'라는 뜻입니다. '비록 말세에 태어났으나 생사의 고통에서 벗어나 대도를 이룰 수 있다.'는 뜻을 내포하고 있습니다. 그 방법이 바로 애착을 끊고 출가하여 묘법을 배우는 것입니다.

할애출가割愛出家라고 했습니다. 출가란 칼로 칡넝쿨을 잘라 버리듯 애착의 고리를 끊어 내는 것입니다. 부모나 형제자매에 대한 애착, 세속적 가치인 명예와 재산 등 온갖 것들을 칼로 잘라 버리듯 끊어 내는 것이죠.

그렇게 출가를 하면 응기를 받고, 큰 법복을 입습니다. 응기는 스님들이 사용하는 밥그릇, 즉 바리때를 말합니다. 바리때는 응량기應量器라고도 하는데, 적당한 양을 담는 그릇이란 뜻입니다. 바리때는 아주 큰데, 그 큰 그릇에 자기에게 알맞은 양의 음식을 담습니다.

큰 법복이란 스님이 되면 입게 되는 가사 장삼을 말합니다. 출가자를 지칭하여 '삭발염의削髮染衣했다.'고 하는데, 여기서 염의, 곧 물들인 옷이 바로 출가 수행자가 입는 법복을 뜻합니다.

물론 세속에서도 출가한 사람 이상으로 수행을 잘할 수 있습니다. 하지만 야운 스님은 출가하는 길이 도를 성취하는 지름길이라고 합니다. 세속에는 온갖 오욕락으로 인한 수행의 장애 요인이

많아 도를 성취하기가 어렵습니다. 반면 출가자의 삶은 청정 대중의 삶입니다. 청정 대중이란 진리를 깨쳐 중생 구제에 이바지하겠다는 원력을 세운 사람들의 모임을 말합니다. 청정 대중은 원력을 실현하기 위해 부단히 정진하는 사람들만 모여 있는 집단이기 때문에 공부하기에는 최적의 환경을 갖추었다고 할 수 있습니다.

세속의 공부는 전부 돈벌이, 취업과 같은 경쟁에 필요한 것뿐입니다. 지식을 쌓고, 기술을 익히는 것은 오직 이를 위한 것이죠. 그렇지 않으면 아무런 효용 가치가 없습니다. 하지만 이러한 공부는 불교적으로 말하면 전부 유루有漏입니다. 빠져 나가는 게 있고, 다함이 있고, 새는 게 있는 겁니다. 하지만 진리의 가르침, 불교의 가르침은 무루無漏의 묘법입니다. 새어 나가서 없어지지 않는 가르침이죠. 새어 나감이 없는 미묘한 법을 배운다는 말입니다.

여 용 득 수　　사 호 고 산
如龍得水요 **似虎靠山**이라

기 수 묘 지 리　　불 가 승 언
其殊妙之理를 **不可勝言**이니라

마치 용이 물을 얻은 것과 같고 호랑이가 산을 의지하는 것과 같음이라. 그 수승하고 묘한 도리를 가히 말로 다할 수 없느니라.

용이 뭍에 나오면 별 볼 일 없고 맥을 못 쓸 겁니다. 물이 있어야 자유자재로 조화를 부릴 수 있죠. 마찬가지로 호랑이가 들판에 나오면 표적이 되어 도망가기 바쁠 겁니다. 산에 있어야 왕 노릇을 하고 힘을 제대로 쓸 수 있죠. 우리가 출가하여 청정도량 선불장選佛場에서 청정 대중과 함께 공부하여 묘법을 배우는 것도 이와 같습니다.

그리고 묘법을 닦으면 말로 표현할 수 없는 미묘한 법과 수승한 이치를 이루게 됩니다. 불법 세계에 심취하게 되고, 법희선열法喜禪悅을 누리게 됩니다. 이러한 느낌은 말로 표현할 수 없습니다.

인 유 고 금　　　법 무 하 이
人有古今이언정 **法無遐邇**하며

인 유 우 지　　도 무 성 쇠
人有愚智언정 **道無盛衰**니

수 재 불 시　　불 순 불 교 즉 하 익
雖在佛時나 **不順佛敎則何益**이며

종 치 말 세　　봉 행 불 교 즉 하 상
縱値末世나 **奉行佛敎則何傷**이리오

사람에게는 옛날과 이제가 있을지언정 진리에 있어서는 멀고 가까움이 없으며, 사람에게는 어리석고 지혜로움이 있을지언정 도에는 흥하고 쇠함이 없나니, 비록 부처님 당시에 태어났으나 부처님의 가르침을 따르지 않으면 무슨 이익이 있을 것이며, 비록 말세를 만났으나 부처님의 가르침을 잘 봉행한다면 무슨 해로움이 있으리오.

근본적으로는 옛날 사람, 지금 사람을 구분할 수 없습니다. 다만 그 환경과 생활 습관 등에 차이가 있을 뿐이죠. 그러나 형상이 없는 법에는 멀고 가까움이 있을 수 없습니다. 또 어리석은 사람, 지혜로운 사람으로 나뉠 뿐, 도에는 성하거나 쇠하는 법이 없습니다. 참 기가 막힌 말입니다. 공부하는 사람에게 이보다 더 좋은 가르침이 있겠나 싶습니다.

야운 스님은 지금으로부터 700년 전에 사셨던 스님인데도 이런 말을 했습니다. 700년 후인 지금은 야운 스님이 사셨던 때보다 더 각박합니다. 가히 말세라고 할 만하죠. 말세라 하여도 부처님의 가르침을 받들어 행한다면 상할 게 무엇이 있겠냐는 말입니다. 마음이든, 공부하는 일이든, 수행하는 일이든 조금도 부족할 것이 없다는 것입니다. 부처님 당시 설사 부처님 문하에 있었다 하더라도 그 가르침을 따르지 않으면 아무 소득이 없는 것이고, 지금 이 시대에 산다 하더라도 부처님 가르침을 잘 따르고, 받들고, 그대로 살려고 노력한다면 말세라 해서 손해 볼 게 조금도 없습니다. 앞에서도 말했듯이 그동안 훌륭한 조사가 수없이 거쳐 가시면서 뛰어난 가르침을 많이 남겼기 때문입니다. 지금의 우리는 조사들의 훌륭한 가르침을 접할 수 있고, 들을 수 있고, 공부할 수 있습니다.

그렇기 때문에 시대를 탓한다든지, 선조를 탓한다든지, 스승을 탓한다든지, 부모를 탓한다든지 남을 탓하는 자세는 바람직하지 못합니다. 남 핑계 대는 것은 다 자기 변명하느라 그런 것입니다. 생각이 바로 된 사람은 결코 부모를 탓하거나, 스승을 탓하거나,

시대를 탓하거나, 나라를 탓하거나, 세상을 탓하거나, 정치 상황을 탓하는 일이 없습니다.

고　세존　운
故로 世尊이 云하사대

아 여 양 의　　지 병 설 약　　복 여 불 복　비 의 구 야
我如良醫하야 知病設藥하노니 服與不服은 非醫咎也며

그렇기 때문에 부처님께서 말씀하시기를 "나는 훌륭한 의사와 같아서 병을 알아 약을 처방하니, 그 약을 먹고 먹지 않는 것은 의사의 허물이 아니며,

부처님의 가르침을 약방문이라고 합니다. 부처님의 설법은 중생의 병에 따라 처방된 약과 같기 때문입니다. 사람들은 필요에 따라 적절하게 그 마음을 쓸 줄 모릅니다. 그래서 병이 됩니다. 병이 있으면 고통이 따르기 마련이죠. 그래서 부처님은 탐욕이 많은 사람에게는 탐욕을 고치는 약을 베풀었고, 어리석음이 많은 사람에게는 어리석음을 고치는 약을 베풀었고, 분노가 많은 사람에게는 분노를 고치는 약을 베풀었습니다. 팔만대장경도 중생의 팔만 사천 가지 병에 따라 내려진 팔만 사천 가지 처방전이라고 할 수 있습니다.

　그래서 부처님을 '대의왕大醫王'이라고도 합니다. 의사로서 최고의 사람이라는 뜻입니다. 관세음보살도 중생의 병을 고치는 큰 의

사라는 의미로 '관음보살대의왕觀音菩薩大醫王'이라 찬탄합니다. 하지만 세속의 의사들처럼 육신의 병을 고치는 것은 아닙니다. 부처님도 관세음보살님도 육신의 병을 고친 적은 없습니다. 육신의 병을 고치는 것은 세속의 의사가 하는 일이죠. 마음의 병을 고치는 분은 성인입니다. 부처님이나 관세음보살님, 수많은 제자들과 훌륭한 조사들이 모두 마음의 병을 고치는 훌륭한 의사라고 할 수 있습니다.

우리가 불교에 귀의하여 공부하는 이유도 마음의 병을 고치기 위한 것입니다. 마음을 잘 다스려 마음의 병이 생기지 않도록 하는 것이기도 합니다. 불교에는 마음의 병에 대한 처방전과 예방법이 다 있습니다. 한마디로 마음의 병, 번뇌의 병을 고치는 약방문이라고 말할 수 있어요. 그래서 부처님 스스로도 "나는 훌륭한 의사와 같아서 병을 알고 약을 베푼다."고 말씀하셨습니다. 그리고 온갖 약을 베풀어 놨습니다. 「예불문」, 『반야심경』, 『천수경』, 『금강경』, 『법화경』, 『화엄경』, 『유마경』, 『원각경』 등 온갖 가르침이 모두 약입니다.

그런데 그 가르침을 받아들이고, 그것에 감동하고, 열심히 공부하여 내 마음의 병을 고치는 약으로 활용하느냐 하지 않느냐는 각자의 몫이지, 부처님의 허물은 아닙니다. 환자가 약을 쓰지 않는 것은 환자의 잘못이지 의사의 허물이 아닙니다. 의사는 할 일을 다 했어요. 부처님으로서는 할 일 다 했으니, 부처님이 베풀어 놓은 약을 잘 먹어 마음의 병을 다스리는 것이 우리가 할 일입니다.

우 여 선 도　　도 인 선 도　　　문 이 불 행　　비 도 과 야
又如善導하야 **導人善道**하노니 **聞而不行**은 **非導過也**라

또 나는 훌륭한 안내자와 같아서 사람을 좋은 길로 인도하노
니, 듣고도 행하지 아니하는 것은 인도하는 사람의 허물이 아
니니라.

　아무리 좋은 가르침이라도 듣지 않으면 어쩔 수 없습니다. '말
을 냇가에 끌고 갈 수는 있어도 물을 먹일 수는 없다.'는 말이 있
습니다. 좋은 법회가 있고 훌륭한 전법도량이 있다고 아무리 소개
를 한들 한계가 있습니다. 법사는 설명만 할 수 있을 뿐 이해하고
자기 것으로 만드는 것은 듣는 사람의 몫이기 때문입니다. 듣는
사람이 실천하지 않으면 안내하고 설명하고 소개하는 사람은 더
이상 어떻게 할 수가 없습니다.

　말해 봤자 듣지 않는다고 안내하고 설명하고 소개하는 일을
안 한다면 곤란합니다. 부처님의 가르침이 세상의 그 어떤 보물
보다 더 값지고 우수하다는 사실을 모르는 사람이 아직 많기 때문
입니다. 그런데도 유명한 관광지를 다녀와서는 "아, 거기 참 좋더
라. 꼭 한 번 가 봐라." 하며 차표를 사 주는 일은 있어도 부처님
의 가르침을 듣고는 "참 훌륭한 전법도량이 있다."고 소개를 하거
나, "이 경전을 한번 읽어 보라.", "이 법문 한번 들어보라."고 권
유하는 일이 너무나 부족합니다.

　사람은 백지와 같아서 검은색을 자꾸 칠하다 보면 그것이 본래
색깔인 줄 압니다. 마찬가지로 아무리 비합리적인 이야기, 상식적

으로 얼토당토않은 이야기라도 계속 하다 보면 믿게 됩니다. 좋은 길, 바른 길로 안내하는 말이라면 더더욱 믿기 쉽겠지요. 그렇기 때문에 부처님께 귀의해서 어떤 느낌이 있고, 감동이 있고, 깨달음이 있다면 그것을 다른 사람에게 적극적으로 권하는 노력이 꼭 필요합니다. 이 이상 큰 공덕이 또 어디 있겠습니까.

자리이인　법개구족　약아구주　갱무소익
自利利人이 法皆具足하니 若我久住라도 更無所益이라

자금이후　아제제자　전전행지즉여래법신
自今而後로 我諸弟子가 展轉行之則如來法身이

상주이불멸야
常住而不滅也리라

자기 자신에게도 이롭고 다른 사람에게도 이로운 법이 다 갖춰져 있나니, 만약 내가 더 오래 세상에 머문다 하더라도 더 이상 이로울 바가 없음이라. 지금 이후로 나의 모든 제자가 계속 정진하고 실천에 옮기면 여래법신이 상주하여 멸하지 않으리라."

부처님께서는 소득이 될 만하고 이익이 될 만한 말을 다 했다고 하십니다.

여래의 법신은 말세라고 해서 없고, 부처님 당시라고 해서 있는 게 아닙니다. 형상으로 이루어진 몸이 아니고 진리의 몸이기 때문입니다. 부처님의 위대함은 영원히 변치 않는 진리를 깨닫고,

그 진리를 우리에게 펼쳐 보이신 데 있습니다. 여래법신이란 존재의 실상이며 진리를 뜻합니다. 모든 존재에 대한 참이치이기 때문입니다. 그래서 부처님께서도 일찍이 항상 있으면서 소멸하지 않는다고 말씀하셨던 것입니다.

　야운 스님께서는 스스로 느낀 말세와 부처님 당시의 관계를 예를 들어서 말씀하시고, 『유교경遺教經』에 나오는 내용을 인용해서 그 증거를 댔습니다.

> 약 지 여 시 리 즉 단 한 자 불 수 도
> **若知如是理則但恨自不修道**언정 　하 환 호 말 세 야
> **何患乎末世也**리오
> 만약 이와 같은 이치를 안다면 다만 스스로 진리의 길을 닦지 않음을 한탄할지언정 어찌 말세라 근심하리오.

　시대가 어떻다, 나라가 어떻다, 세상이 어떻다 하며 근심할 까닭이 없습니다. 시대나 상황을 막론하고 그 이치가 이렇게 되어 있는데 시대를 근심할 일은 없죠.

　말세라서 공부가 안 되고, 말세 사람이라서 공부가 안 된다고 염려할 까닭이 없습니다. 자기가 공부하지 않은 것을 한탄해야지, 말세라고 한탄하면 그 한탄하는 시간만큼 자기만 손해 보는 겁니다. 그리고 한탄만 하다 보면 습관이 되어 남만 원망하고, 시대만 원망하게 됩니다. 또 그게 업이 되어 버립니다.

　그 시간에 성인의 가르침을 배우고, 그것을 깊이 사유하고, 자

기 살림살이로 만들어 거기서 법희선열을 누리고 산다면 말세가 어디 있겠습니까. 그 순간 다 사라져 버리는 겁니다.

복　망　　　　여 수 흥 결 렬 지 지　　　개 특 달 지 회
伏望하노니 汝須興決烈之志하고 開特達之懷하야

진 사 제 연　　　제 거 전 도
盡捨諸緣하며 除去顚倒하고

엎드려 바라노니, 주인공은 모름지기 결렬한 뜻을 일으키고 특별한 열린 마음으로, 온갖 인연을 다 버리며 전도된 생각을 제거하고,

「자경문」은 야운 스님이 스스로를 경책하는 형식의 글이라고 했습니다. 본문의 너 여汝 자는 '주인공'이라는 뜻으로 본인을 지칭합니다. 야운 스님 자신에게 '그대는 모름지기 결렬한 뜻을 일으키라.'고 합니다. 결렬이란 불법을 공부함에 있어서 '세상에 이렇게 훌륭한 가르침이 있단 말인가.', '이런 훌륭한 삶이 있단 말인가.' 하고 매우 열광적인 마음을 일으키는 것을 말합니다.

삶의 주인공이 되고자 한다면 모름지기 세속의 잡다한 인연을 다 끊어야 합니다. 세속의 인연은 수행에 이득이 될 게 없습니다. 세속에서 떠나는 것이 출가입니다. 출가한 수행자가 불필요한 인연에 얽매이는 것은 맞지 않습니다. 그동안 옳다고 믿어 왔던 것, 가치 있다고 생각해 왔던 것은 버리는 반면, 보잘것없고 신통찮은

것이라 생각해 왔던 소견을 제거해 버리는 것이 올바른 수행자입
니다.

진 실 위 생 사 대 사   어 조 사 공 안 상   의 선 참 구
眞實爲生死大事하야 **於祖師公案上**에 **宜善參究**하야

이 대 오   위 칙   절 막 자 경 이 퇴 굴
以大悟로 **爲則**이언정 **切莫自輕而退屈**이어다

진실로 삶과 죽음이라는 큰일을 해결하기 위해 조사의 공안에
의지하여 마땅히 잘 참구하되, 오직 큰 깨달음으로써 법칙을
삼을지언정 절대로 가벼이 여겨서 스스로 물러서지 말지어다.

'조사공안'이라는 말을 보면 야운 스님이 화두 참선을 위주로
수행하신 분이라는 것을 알 수 있습니다. 그런데 「자경문」에서 느
껴지는 스님의 문장 실력을 보면 경전과 어록에 대한 이해 역시
매우 깊었으리라 생각됩니다.

조사공안이란 곧 화두입니다. 조사들이 내어 놓은 일종의 문제
죠. '이 뭐고.'라고 한다든지, '몸뚱이를 끌고 다니는 주인공이 무
엇인가?' 하고 묻는다든지, '개에게 불성이 있습니까, 없습니까?'
했는데 '없다.'고 대답한다든지, 또 거슬러 올라가 부처님이 꽃을
척 들어 보이자 가섭만 그 뜻을 알고 미소 지었다는 '염화미소拈華
微笑' 등이 바로 화두입니다. 이런 화두에 대한 의심을 지워 가는
것을 간화참선이라 합니다.

야운 스님께서 어떤 화두에 들으셨는지 이 글에는 나타나 있지 않습니다. 다만 삶과 죽음이라는 큰 문제 하나를 해결하기 위해 모든 반연을 끊어 버리고, 그동안 해 왔던 잘못된 생각들을 모두 제거해 버리라고 경책하고 있습니다.

부처님께서 출가하신 목적도 같습니다. 부처님은 삶과 죽음을 인생의 가장 큰 문제로 여겨서 출가하셨죠. 그래서 부처님의 깨달음이란 바로 삶과 죽음의 문제에 대한 해결입니다. 불교에서는 궁극적으로 생사해탈을 목적으로 합니다. 생사해탈을 해야 비로소 모든 문제로부터 벗어나는 것이라고 간단하게 정리할 수 있습니다.

큰 깨달음으로써 극칙極則을 삼으라 했습니다. 이는 예나 지금이나 진리가 다르지 않고, 삶과 죽음의 문제가 크다고 하는 것이 다르지 않고, 그것을 끝내 해결해야 한다는 사실도 또한 다르지 않기 때문입니다. 그런데 '인유고금人有古今 인유우지人有愚智'라고 했듯이 이 사실 또한 부정할 수 없는 현실이기도 합니다. 그 나름의 소소한 깨달음은 있겠으나, 옛날처럼 경천동지驚天動地 하는 큰 깨달음에 대한 소식을 듣지 못하는 것이 안타깝고 유감스러울 뿐입니다.

그렇다고 시절 탓만 할 수는 없습니다. 야운 스님이 우리를 꾸짖는 내용이기도 합니다. 우리는 '나는 말세 중생이고, 근기 하열한 중생이다.'라고 여겨 정진에서 물러서고, 깨달음이라는 목표에서 물러서는 경향이 있습니다. 생사대사의 문제를 스스로 가볍게 여기는 겁니다. 공부하는 데 있어서 절대 그렇게 하지 말라는 가르침입니다.

유 사 말 운　　거 성 시 요
惟斯末運이라 去聖時遙하고

마 강 법 약　　인 다 사 치
魔强法弱하고 人多邪侈하야

성 인 자 소　　패 인 자 다
成人者少하고 敗人者多하며

지 혜 자 과　　우 치 자 중
智慧者寡하고 愚癡者衆하야

자 불 수 도　　역 뇌 타 인
自不修道하고 亦惱他人하나니

범 유 장 도 지 연　　언 지 부 진
凡有障道之緣을 言之不盡이로다

오직 말세라 성인이 가신 때가 오래되고, 마구니는 강하고 정
법은 약하고, 간사하고 치사한 사람만 많아, 공부를 성취하는
사람은 적고 실패하는 사람은 많으며, 지혜로운 사람은 적고
어리석은 사람은 많아, 스스로 도를 닦지 아니하고 오히려 다
른 사람을 괴롭게 하나니, 무릇 도를 방해하는 인연을 말로 다
할 수 없도다.

야운 스님은 지금으로부터 약 700년 전에 사셨던 분이라고 했

습니다. 부처님이 계셨던 때는 그보다도 1,800년 전입니다. 부처님이 계셨던 때로부터 참으로 오랜 세월이 지났죠.

그렇게 세월이 지나는 동안 사람으로 태어났으면 성현은 되지 못하더라도 사람다워야 하는데, 사람 행세도 못하는 이들이 허다하다고 하였습니다. '사람이 어찌 저럴 수 있을까.' 하는 마음이 생기는 일이 한두 가지가 아닙니다. 이웃을 돌아보기는커녕 자기만 살기 위해 다른 사람을 해치는 일까지도 다반사로 일어납니다. 과거에는 생계 때문에 저지르는 범죄가 많았다면 요즘은 먹고 마시고 즐기기 위해서 벌이는 범죄가 더 많다고 합니다.

우리의 생활상은 그 타락의 끝을 알 수 없을 지경입니다. 수행 정진하는 데 방해될 요소들이 정말 많습니다. 다시 말해 법을 깨달을 만한 환경이 너무나 열악하다는 거죠. 더욱이 자기만 공부를 안 하는 게 아니라 다른 사람을 괴롭히고, 번거롭게 하고, 마음을 어지럽게 합니다. 이렇듯 도를 이루는 데 장애가 되는 인연들이 얼마나 많습니까? 지금부터 700년 전에도 이런 말씀을 하셨는데, 지금이야 더 말할 것도 없습니다.

공 여 착 로 고　　아 이 관 견
恐汝錯路故로　**我以管見**으로

찬 성 십 문　　영 여 경 책
撰成十門하야　**令汝警策**하노니

여 수 신 지   무 일 가 위   지 도 지 도
汝須信持하야 **無一可違**를 **至禱至禱**하노라

그대가 길을 그르칠까 염려되어 비록 나의 좁은 소견으로 열 가
지 문을 마련하여 그대를 경책하노니, 그대는 모름지기 믿고 받
아 가져서 한 가지도 어기지 말 것을 지극히 바라고 바라노라.

'관견'은 댓구멍 같은 소견이란 뜻으로, 자기의 견해가 아주 작
고 보잘것없다는, 지극히 겸손한 표현입니다. 야운 스님은 스스
로 열 가지 원칙을 세우고 그것을 수행하는 기준으로 삼겠다고 합
니다. 스님은 좁은 소견으로 세운 원칙이라고 겸손하게 말씀하였
지만 그 원칙은 오랜 세월 동안 수많은 수행자가 따르는 삶의 지
남이 되었습니다.

그리고 그 원칙을 잘 지켜야 한다고 크게 꾸짖기보다는 기도
하는 마음으로 타이릅니다. '주인공이시여! 나 자신이시여! 부디
어기지 말고 잘 지켜서 정말 훌륭한 수행자가 되십시오.'라고 합
니다. 독특하면서도 정통파 수행자다운 마음과 정성이 무르녹아
있음을 느낄 수 있습니다.

송 왈
頌曰

우 심 불 학 증 교 만   치 의 무 수 장 아 인
愚心不學增憍慢이요 **癡意無修長我人**이로다

어리석은 마음으로 배우지 않으면 교만만 더하고, 어리석은 마

음으로 수행하지 않으면 아상, 인상만 커진다.

배우지 않는 게 곧 어리석은 마음입니다. 여기서 말하는 공부는 비단 불교 공부만 뜻하는 것은 아닙니다. 자기 발전을 위해 배우는 모든 것이 공부입니다.

자기 발전을 위한 공부에는 여러 가지가 있습니다. 그중에서도 특히 성인의 가르침, 인생의 실상을 꿰뚫어 보고 세상의 진리를 깨달은 분들의 위대한 가르침에 대한 공부가 없다면 출가 수행자로서는 참으로 바람직하지 못합니다. 공부를 하지 않은 사람일수록 교만이 더 치성합니다.

수행이 무엇입니까? 부처님과 조사들의 가르침을 열심히 공부하고, 사양하고 겸손하고 하심 하는 마음으로 육바라밀을 부지런히 실천하여 스스로 도를 깨치고, 또 남도 깨우치는 일을 목표로 하는 삶이 수행입니다. 불법을 만나고도 그와 같은 일을 하지 않는 것은 참으로 어리석은 일입니다.

어리석은 마음으로 수행하지 아니하면 아상我相, 인상人相만 커진다고 했습니다. 너니 나니 하는 차별 의식만 높아지는 거죠. 자기에 대한 집착만 강해집니다. 못 배운 사람들, 즉 마음의 도리, 인간이 살아가는 도리를 성인의 가르침을 통해 배우지 못한 사람은 겸손할 줄 모르고, 자아가 강해 차별 의식이 매우 강합니다. 수행하겠다고 출가하여 불법 문중에 들어와서까지 그와 같은 꼴을 보인다는 것은 있어서는 안 될 일입니다.

공 복 고 심 여 아 호　무 지 방 일 사 전 원
空腹高心如餓虎요 無知放逸似顚猿이로다

배고픈데 마음만 높으면 굶주린 호랑이와 같고, 아는 것 없이
방일하면 거꾸로 매달린 원숭이와 같음이로다.

배우려고 하지 않거나 수행하지 않았을 때를 아주 비참한 모습
으로 비유하고 있습니다. 배가 비었다는 말은 들은 것이 없고, 아
는 것이 없으며, 능력이 없다는 뜻입니다. 속은 텅텅 비었는데 상
만 높습니다. 불교 공부를 해 보겠다고 출가한 세월만 많았지 게
으르고 어리석어 허송세월만 한 겁니다. 대중처소에서 보면 속은
텅텅 비어 마음만 쓸데없이 높은 사람이 말도 제대로 알아듣지 못
하면서 자기를 무시하는가 싶어 오해하고 시비하고 분란을 일으
킵니다. 이 모습이 마치 굶주린 호랑이와 같다는 것입니다. 잡아
먹기 위해 닥치는 대로 설쳐 대잖아요.

　전원顚猿이란 재주를 부린답시고 거꾸로 매달려 배를 쑥 내밀고
있는 원숭이를 말합니다. 참 추하죠. 그런 재주야 철없는 어린아
이들이나 보는 거지 철든 사람이 볼거리는 못 됩니다. 불교에 몸
담고 있으면서도 경전을 아나, 조사를 아나, 사찰의 역사에 대해
서 아나, 빈둥빈둥 놀기만 할 줄 알지 불교에 대해서는 아무것도
모른다면 그와 같다는 말입니다. 대단한 비유죠. 무서운 비유입
니다.

　야운 스님은 이렇듯 철저하고 통절하게 자기 자신을 꾸짖습
니다.

사 언 마 어 긍 수 청　　성 교 현 장 고 불 문

邪言魔語肯受聽하고 **聖敎賢章故不聞**이로다

삿된 소리와 마구니의 말은 곧잘 들어도, 성현의 가르침과 현
인의 글은 짐짓 듣지 않음이로다.

정법이 아닌 모든 것은 삿된 소리이며 마구니의 말입니다. 그런
데 정법이 아닌 온전치 못한 가르침에는 쉽게 빠져들면서 정법은
짐짓 들으려 하지 않습니다. '사람 힘들게만 만든다.'고 생각하며
거리를 둡니다. 불자가 아닌 일반인들의 반응도 같습니다. 법문을
듣고 실천하고 안 하고는 그 다음의 문제잖아요. 그런데 '들어봐
야 실천도 못할 거 괜히 부담만 된다. 내 멋대로 사는데 오히려 방
해가 된다.'는 생각을 하는 거예요. 짐짓 듣지 않으려고 하는 것입
니다. 비록 야운 스님이 스스로를 경책하기 위해 하신 말씀이지만
모든 수행자, 모든 사람이 이 범주에서 벗어날 수는 없습니다.

선 도 무 인 수 여 도　　장 륜 악 취 고 전 신

善道無因誰汝度리오 **長淪惡趣苦纏身**이로다

착한 도에 인연이 없으니 누가 그대를 제도하리요. 길이 악취
에 빠져 괴로움이 온몸을 휘감을 뿐이로다.

불법과 성인의 가르침이 아무리 좋다 하더라도 우리 스스로가
인연을 지어야 그 인연이 뿌리를 내리고, 싹을 틔우고, 줄기를 뻗

고, 가지를 만들고, 꽃을 피우고, 열매를 맺을 수 있습니다.

'선도善道'란 사람이 갈 수 있는 가장 바람직한 길을 말합니다. 불도라고 해도 좋고, 지극한 도라 해도 좋고, 가장 지혜롭고 행복한 삶이라고 해도 되겠습니다. 바로 그 길에 인연의 씨앗을 심어야 합니다. 그렇지 않으면 악취惡趣에 빠진다고 했습니다. 악취에 빠진 삶은 진리를 등진 삶, 이치를 등진 삶, 자기 멋대로의 삶을 말합니다. 이러한 삶은 결국 좋지 못한 과보를 받게 됩니다. 우리는 벼슬이 높다는 사람, 권력이 있다는 사람, 많이 가졌다는 사람의 처참한 말로를 많이 봅니다. 그러한 모습이 바로 악취예요.

지옥, 아귀, 축생이라는 악도의 세계는 실재하는 것이라기보다는 상징적인 것입니다. 소가 소 노릇 하는 것은 우리가 신경쓸 일이 아니잖아요. 설사 우리가 소가 되었다 하더라도, 소의 문제이지 지금 우리의 문제는 아닙니다. 부처님의 가르침은 지극히 현실적인 것이에요. 지금 우리의 문제를 이야기합니다. 우리가 사람의 몸을 가지고 사람으로 살아가면서도 지옥보다 더 고통스러운 삶, 축생보다 더 어리석은 삶, 아귀보다 더 탐욕을 부리는 삶, 아수라보다 더 싸움을 좋아하는 삶을 연출하니 비유하여 악도라고 이야기하는 것입니다.

2. 자경십문

:

기 일 연 의 미 식 절 막 수 용
其一은 **軟衣美食**을 **切莫受用**이어다

그 첫 번째는 부드러운 옷과 맛있는 음식을 함부로 받아 쓰지
말지어다.

야운 스님께서는 스스로 경계해야 할 첫 번째 조항으로 옷과 음
식의 문제를 이야기합니다. 매우 일반적인 이야기부터 한 거죠.
수행자라 해서 입고 먹는 문제로부터 자유로울 수는 없습니다.
입고 먹는 문제는 가장 본능적인 욕구이기도 합니다. 그래서 이
문제를 잘 조절하지 않으면 온갖 분별 망상에 빠지는 근원이 됩
니다.

옛말에 '포난생음심飽暖生淫心 기한발도심飢寒發道心', 즉 '배부르
고 등 따뜻하면 음심이 생하고, 배고프고 추우면 도심이 발한다.'
고 했습니다.

요즘같이 입고 먹는 것이 풍족하여 구하기 쉬운 때일수록 수행자는 근본으로 되돌아가 스스로를 성찰하는 기준으로 삼아야 할 것입니다.

자종경종   지우구신   비도인우   공력다중
自從耕種으로 至于口身히 非徒人牛의 功力多重이라

역내방생   손해무궁
亦乃傍生의 損害無窮이라

노피공이리아   상불연야
勞彼功而利我라도 尙不然也어든

황살타명이활기   해가인호
況殺他命而活己를 奚可忍乎아

농부   매유기한지고
農夫도 每有飢寒之苦하고

직녀   연무차신지의
織女도 連無遮身之衣어든

황아장유수   기한   하염심
況我長遊手어니 飢寒을 何厭心이리오

밭 갈고 씨 뿌리는 일로부터 먹고 입는 데 이르기까지 사람과 소의 공력이 많고 무거울 뿐만 아니라, 그 때문에 죽고 상한 벌레들 또한 한량이 없다. 남을 수고롭게 하여 나를 이롭게 한다 하더라도 그렇게 해서는 안 될 것이거늘 하물며 다른 생명을 죽여 내 살기를 어찌 참을 수 있겠는가. 농부도 항상 굶주리고 추운 고통이 있고, 베 짜는 사람도 몸을 가릴 옷이 늘 있을 수 없는데, 하물며 항상 손을 놀려 뒀던 내가 춥고 배고픔을 어찌 싫어하리오.

우리가 먹고 입는 데 필요한 것들을 얻기 위해서는 수많은 희생이 따릅니다. 사람과 짐승의 직접적인 노동뿐 아니라 농사짓는 과정에서 수많은 벌레와 곤충이 불가피하게 죽거나 상처받기 때문입니다. 남의 수고로움과 희생으로 나를 이롭게 하는 것은 수행자로서 있을 수 없는 일이죠. 더욱이 다른 생명을 죽여 가면서 나 살기를 바라는 것은 도저히 참을 수 없다고 했습니다. 성인다운 가르침입니다.

농사짓는 농부라고 해서 늘 배부릅니까? 농부일수록 더 배고픕니다. 농부도 매양 춥고 배고픈 고통이 있습니다. 예전에도 보릿고개라고 하는 어려운 시기가 있었습니다. 농사짓는 농부일수록 좋은 곡식으로 만든 좋은 음식은 못 먹습니다. 베 짜는 사람도 옷을 늘 풍족하게 입을 수 있나요. '갓쟁이가 헌 갓 쓴다.'는 말이 있잖습니까. 베 짜는 사람일수록 헌 옷, 떨어진 옷을 입습니다.

그런데 수행자는 어떻습니까. 염불한다고, 참선한다고, 수행한다고 늘 손을 놀리죠. 손을 놀리면서 배고프고 추운 것을 싫어할 수는 없는 일이 아니냐는 말입니다.

옛날 중국에서 총림의 청규를 만드신 백장 스님도 '일일부작一日不作 일일불식一日不食', 즉 '하루 일하지 아니하면 하루 먹지 않는다.'는 유명한 말씀을 남겼습니다. 중국에서는 출가 수행자도 선농일치禪農一致, 농사짓는 일과 참선하는 일을 병행하도록 했습니다. 우리도 강원 생활을 할 때는 밭일도 하고, 논일도 하고, 산에 가서 나무를 해 오기도 하는 등 하루에 두 시간씩 꼭 울력을 했습니다.

연 의 미 식   당 은 중 이 손 도
軟衣美食은 **當恩重而損道**요

파 납 소 식   필 시 경 이 적 음
破衲蔬食은 **必施輕而積陰**이니

금 생   미 명 심   적 수   야 난 소
今生에 **未明心**이면 **滴水**도 **也難消**니라

좋은 옷과 맛있는 음식에는 지중한 은혜가 따라서 도에 손해요, 떨어진 옷과 거친 음식은 반드시 시주의 은혜를 가볍게 하여 음덕을 쌓나니, 금생에 마음을 밝히지 못하면 한 방울의 물도 능히 소화시키기 어려우니라.

수행자는 도 닦는다는 명분으로 별도의 생업 없이 시주의 은혜를 입고 살아갑니다. 모든 의식주를 시주에게 의지하면서 사는데, 그게 온통 빚입니다. 특히 좋은 옷과 음식은 그 은혜가 더 무겁습니다. 빚이 많다는 거죠. 그렇기 때문에 도를 닦는 데는 손해가 되는 겁니다.

그러면 그 빚을 어떻게 갚느냐? 수행을 잘 하여 마음을 밝히는 것, 마음의 도리를 깨닫는 것, 도를 이루어 중생을 제도하는 것이 바로 은혜를 갚는 길입니다.

영가 스님의 「증도가」에서도 '만냥황금萬兩黃金 역소득亦銷得'이라고 했습니다. '하루에 만 냥의 황금을 쓴다 하더라도 다 녹일 수 있다.'는 뜻이죠. 수행을 제대로 하고 깨친 사람이라면 하루에 몇억 원을 소비한다 하더라도 그게 빚이 안 되며, 충분히 갚을 능력이 있다는 말입니다. 그런데 그렇지 못하면 한 방울의 물도 소화하기 어렵다고 합니다. 참으로 간절한 가르침입니다.

채 근 목 과 위 기 장　　　송 락 초 의 차 색 신
菜根木果慰飢腸하고 **松落草衣遮色身**이어다

야 학 청 운 위 반 려　　　고 잠 유 곡 도 잔 년
野鶴靑雲爲伴侶하고 **高岑幽谷度殘年**이어다

나물 뿌리와 나무 열매로 주린 창자를 위로하고 송락과 풀 옷으로 몸을 가릴지어다. 들판의 학과 푸른 구름으로 벗을 삼고 높은 산 깊은 골에서 남은 생을 보낼지어다.

여기서 말하는 야운 스님의 삶, 수행자의 삶은 시주의 무거운 은혜로 도를 깨닫는 일에 손해가 가는 삶을 살지 않겠다는 의지의 표현이라고 할 수 있습니다. 더욱이 지금처럼 물질이 풍부하지 않았던 700년 전 당시의 상황이라면 실지로 가능한 삶이기도 했을 겁니다.

『선가귀감』에도 '도인道人 진식여진독進食如進毒 수시여수전受施如受箭', '도인은 음식을 먹을 때 독약을 먹는 것과 같이 하고, 시주의 보시를 받을 때 화살을 받는 것과 같이 하라.'라는 가르침이 있습니다.

송락松落은 소나무 겨우살이를 말합니다. 깊은 산에 들어가면 소나무에 주렁주렁 매달려 있지요. 제가 어렸을 때만 하더라도 스님들은 이 송락으로 삿갓을 만들어 쓰곤 했습니다. 깊은 산속에서 수행하던 당시에는 이를 얼기설기 짜서 몸을 가리는 용도로도 사용했던 것 같습니다. 맛있는 음식과 좋은 옷감을 구하는 것 자체가 수행자에게는 어울리지 않는다는 가르침입니다.

불교에서는 구름과 물을 상징적 의미로 많이 사용합니다. '운수납자雲水衲子'와 같이 수행자를 뜻할 때 쓰기도 하고, 번뇌와 무상을 나타낼 때도 씁니다. 또 사찰의 큰방에서 스님이 앉는 위치를 구분할 때 '청운靑雲'과 '백운白雲'이라는 명칭을 쓰기도 합니다. 불단을 중심으로 오른쪽은 청운이라 하여 절에 상주하는 스님들이, 왼쪽은 백운이라 하여 선객禪客과 같이 선원에서 수행하는 스님들이 앉습니다. 특히 청운에는 꿈과 희망, 포부 등의 의미가 담겨 있습니다. 이런 점에서 야운 스님의 기상을 엿볼 수 있습니다.

자경십문 중 첫 번째 대의는 수행자라면 마땅히 청빈하고 지족한 삶을 살아야 한다는 경책이라 할 수 있습니다.

기 이   자 재   불 린   타 물   막 구
其二는 **自財**를 **不悋**하고 **他物**을 **莫求**어다

두 번째는 자신의 재물을 아끼지 말고 다른 사람의 물건을 탐하지 말지어다.

「계초심학인문」에 '재색지화財色之禍 심어독사甚於毒蛇'라는 구절이 있습니다. 재물과 이성에 의한 화는 독사보다 더 심하다는 말이죠. 야운 스님은 수행자가 갖춰야 할 두 번째 덕목으로 물질에 욕심내지 말 것을 말씀하십니다. 물질에 대한 인색함을 버리고 검소하고 청빈하게 사는 것은 수행자라면 마땅히 갖추어야 할 자세입니다.

삼 도 고 상   탐 업   재 초
三途苦上에 **貪業**이 **在初**요

육 도 문 중   행 단   거 수
六度門中에 **行檀**이 **居首**니라

삼악도의 괴로움은 탐욕으로 지은 업이 첫째요, 육바라밀 수행 중에 보시행이 으뜸이니라.

삼악도란 지옥과 같은 삶, 아귀와 같은 삶, 축생과 같은 삶이라고 말씀드렸습니다. 고통스러운 삶이죠. 그렇게 사는 원인은 대부분 탐욕 때문입니다. 야운 스님은 물질을 두고 말씀하셨지만 비단

그것뿐만은 아닙니다. 명예에 대한 것, 벼슬에 대한 것, 대접받고 자 하는 것, 어른 노릇 하려고 하는 것 등 소위 재·색·식·수· 명의 오욕락이 모두 해당합니다. 자기 분이 있고, 자기 복이 있으면 물질이든 벼슬이든 모든 부귀영화가 자연스럽게 옵니다. 물리치려 해도 자기가 지은 공이 있다면 저절로 받게 되어 있습니다. 그러한 인연을 모르고, 그러한 이치를 모르고, 그러한 자기 분을 모르고 욕심나는 대로 탐하다 보면 그대로 지옥과 같은 삶을 겪게 됩니다. 겪지 않아도 될 수모를 겪는 일도 생기죠. 욕심나는 대로 탐하며 사는 사람들 중에는 벼슬이 높고 많이 가진 사람인 경우가 많습니다. 오히려 벼슬도 없고, 가진 것도 많지 않은 사람들은 그런 수모를 겪지 않습니다. 삶이 조금 불편할지언정 지옥과 같은 고통은 겪지 않는 거죠.

보시, 지계, 인욕, 정진, 선정, 지혜의 육바라밀은 불자라면 응당 닦아야 할 덕목입니다. 불자가 아니더라도 의미 있고 보람되게 살고자 하는 사람이라면 반드시 실천해야 하는 것이죠. 육바라밀 중 첫째가 보시하는 일입니다. 이를 행단行檀, 단바라밀을 행한다고 합니다. 단바라밀은 보시바라밀을 뜻합니다. 야운 스님도 베푸는 일이 으뜸이라고 합니다. 『금강경』에서 가장 중심이 되는 대승의 근본 뜻을 가르치는 「대승정종분」을 보면 부처님도 마음을 잘 다스려야 한다고 하십니다. 그리고 바로 이어 「묘행무주분」에서 '어떤 대상에도 집착 없이 보시해야 한다.'라고 말씀하고 계십니다.

보시에는 물질을 베푸는 재시, 진리를 베푸는 법시, 두려움을

없애는 무외시가 있습니다. 또 재물이 없어도 할 수 있는 무재칠
시無財七施가 있습니다.

간 탐　　능 방 선 도　　자 시　　필 어 악 경
慳貪은 能防善道요 慈施는 必禦惡徑이니

여 유 빈 인　　내 구 걸　　　수 재 궁 핍　　　무 린 석
如有貧人이 來求乞이어든 雖在窮乏이라도 無悋惜이니라

아끼고 탐하는 것은 능히 착한 길을 막음이요 자비로운 보시는
반드시 악한 길을 막으니, 가난한 사람이 와서 구걸하거든 비
록 궁핍하더라도 아끼지 말지니라.

아낀다는 것은 자기 재물을 아낀다는 말이고, 탐한다는 것은 남
의 것을 탐한다는 말입니다. 이를 '간탐'이라 합니다.

「시식문施食文」에도 '파제간탐破除慳貪 법재구족法財具足'이라는
구절이 있습니다. 간탐을 깨뜨려 버리고 법의 재산을 구족하라는
뜻이죠. 이생을 떠나는 영가에게 마지막으로 당부하는 말입니다.
자기 물건을 아끼고 남의 것을 탐하는 마음을 다 깨뜨려 버리고
진리의 재산, 이치의 재산, 깨달음의 재산, 지혜의 눈을 갖추는 재
산을 구족하라는 뜻입니다.

'선도'란 바람직한 삶의 길을 말하는 것이고, '악경'은 분에 맞지
않아 허덕이는 삶, 이치를 모르고 살아가는 삶을 말합니다. 요즘
같이 경쟁이 심한 세상에서는 집착 없이 베푸는 삶을 살기란 참으

로 어렵습니다. 그래도 늘 베풀려는 마음이 중요합니다. 당장에는 베풀수록 내 주머니가 빌지 몰라도 이는 결국 복전을 만드는 일입니다. 더 많은 소득으로 돌아오죠. 마치 볍씨를 심어 정성껏 가꾸면 수십 배의 결실을 거두게 되는 이치와 같습니다.

내 무 일 물 래　　거 역 공 수 거
來無一物來요 **去亦空手去**라

자 재　　무 연 지　　　타 물　　유 하 심
自財도 **無戀志**어니 **他物**에 **有何心**이리오

올 때 한 물건도 없이 왔고 갈 때 역시 빈손으로 가느니라. 스스로의 재물에도 연연할 것 없거니 다른 이의 재물에 어찌 마음이 있으리오.

평소 '공수래공수거空手來空手去'라는 말을 얼마나 자주 듣습니까. '내무일물래來無一物來 거역공수거去亦空手去'도 같은 뜻입니다. 본래 인생이란 한 물건도 가지고 오는 바 없고, 갈 때도 빈손으로 갈 수밖에 없습니다. 이 구절 하나만 외워 놔도 삶을 대하는 태도가 달라질 것입니다.

아무것도 없는데 어떻게 베풀 수 있느냐고 물을 수도 있을 겁니다. 『잡보장경雜寶藏經』에서는 비록 가진 것이 없어도 베풀 수 있는 일곱 가지 보시를 제시합니다. 이를 무재칠시라고 합니다.

첫째는 화안시和顔施입니다. 부드럽고 웃는 얼굴로 남을 대하는

그대로가 좋은 보시라는 겁니다. 어쩌면 재물보다 더 좋은 보시일지 모릅니다.

둘째는 언사시言辭施입니다. 늘 겸손하고 남을 칭찬하며 좋은 말로 대하는 것이죠. 특히 가족 관계, 이웃 관계, 친척 관계, 형제 관계 등 가까운 사람과의 관계에서 언사시가 중요합니다. 관계가 멀면 멀수록 말로 상처 주는 경우는 드물기 때문입니다.

셋째는 심려시心慮施입니다. 따뜻한 마음을 전달하는 거죠. 사람에 대한 따뜻한 마음이 없으면 어떤 보시도 이루어질 수 없습니다. 마음이 없으면 형식적으로 보시를 하거나 그 보시 행위에 집착하게 됩니다.

넷째는 안시眼施입니다. 호의의 눈빛으로 남을 보는 것이죠. 경계하는 눈빛이 아니라 친화적이고 우호적인 마음을 가득 담아서 사람을 대하는 것입니다.

다섯째는 신시身施, 몸으로 보시하는 것입니다. 자원봉사 활동이 그 대표적인 사례라 하겠습니다. 어렵고 소외된 이웃을 향한 따뜻한 손길은 상대방에게 큰 위로가 됩니다.

여섯째는 상좌시床座施입니다. 남에게 좋은 자리를 양보하는 거죠. 불자들이 특히 새겨야 할 보시행입니다. 법당에 들어서면 부처님과 가까운 자리를 서로 차지하려고 하는 경우를 흔히 볼 수 있습니다. 초파일 등을 달 때도 그렇죠. 부처님과 가까울수록 복을 더 많이 받는다는 착각이나 탐심 때문입니다.

일곱째는 방사시房舍施입니다. 남에게 쉴 공간을 제공하는 거죠. 지금처럼 숙박 시설이 없던 옛날에는 나그네에게 잠자리를 제

공하는 것을 복 짓는 일로 여겼습니다. 그래서 예전부터 사찰에는 나그네에게 잠자리를 제공하는 문화가 있었습니다. 운수행각雲水行脚 하는 수행자가 사찰에 들르면 언제든지 방사를 제공하였죠.

이와 같은 무재칠시 이외에 무엇보다 중요한 것이 재물이 없어도 할 수 있는 법 보시입니다. 부처님의 가르침을 올바로 믿고 이해하여 그 이치를 다른 사람에게 전하는 것이죠. 부처님 재세 시사리불과 목건련이 불교에 귀의한 직접적인 계기도 마승 비구의 전법이 있었기 때문입니다. 불교의 대의인 '제법종연생諸法從緣生 제법종연멸諸法從緣滅'이라는 연기법의 이치를 설명한 것입니다. 부처님도 『금강경』에서 '삼천대천세계를 칠보로 가득 채워 보시하는 것보다 『금강경』의 사구게를 전하는 복이 더 뛰어나다.'라고 했습니다.

만 반 장 불 거　　유 유 업 수 신
萬般將不去요 **唯有業隨身**이라

삼 일 수 심　　천 재 보　　백 년 탐 물　　일 조 진
三日修心은 **千載寶**요 **百年貪物**은 **一朝塵**이니라

아무리 많이 장만해도 가져가지 못하고, 오직 업만 몸을 따라 갈 뿐이라. 사흘 닦은 마음은 천 년의 보배요 백 년 탐한 재물은 하루아침의 티끌이니라.

우리가 죽을 때 가져가는 게 있습니까? 수억 원이 든 통장을 손

에 쥐고 죽은들 가져갈 수 없습니다. 고가의 다이아몬드를 입에 물고 죽은들 가져갈 수 없죠. 명 떨어지고 나면 자식들이 그 통장, 금은보화를 비롯한 온갖 재산을 서로 빼앗으려고 난리법석이 벌어집니다.

다음 생에 가져갈 수 없는 것은 결코 진정한 재산이 아닙니다. 다음 생에 가져갈 수 있는 것은 진리에 대한 깨우침, 진리에 대한 깊은 이해, 선행으로 닦은 공덕뿐입니다. 이것만이 진짜 재산이죠. 지금 수천억 대의 전답을 가지고 있다 한들 다음 생에도 내 소유인 것은 아닙니다.

'삼일수심三日修心 천재보千載寶 백년탐물百年貪物 일조진一朝塵'은 천하의 명구 중에서도 명구입니다. 수많은 사람이 가슴 깊이 새겨 삶의 지표로 삼기도 하고, 곳곳에 소개되기도 하는 구절이죠. 그리고 이 글은 제가 출가할 인연을 맺는 계기가 되기도 하였습니다. 그래서인지 가장 좋아하는 구절이기도 합니다.

저는 출가 전 마을 인근 사찰을 자주 찾았습니다. 그때 만난 제 또래의 동자승이 이 구절을 소개하고는 해석을 해 주었습니다. 그리고 또 『명심보감』「성심편」의 '화호화피난화골畵虎畵皮難畵骨 지인지면불지심知人知面不知心', '호랑이를 그리는데 겉모양은 그릴 수 있지만 그 골격은 그리기 어렵고, 사람을 아는데 겉모습은 알지만 속마음을 알기란 어렵다.'라는 소리를 하는 거예요.

그게 인연이 되어 '내가 공부할 길이 바로 이 길이구나.'라고 생각하고, 출가하게 되었습니다.

송 왈
頌曰

삼 도 고 본 인 하 기   지 시 다 생 탐 애 정
三途苦本因何起오   只是多生貪愛情이로다

아 불 의 우 생 이 족   여 하 축 적 장 무 명
我佛衣盂生理足커늘   如何蓄積長無明고

삼악도의 고통은 무엇 때문에 일어나는가. 다만 다생토록 탐하고 애착하는 마음 때문이로다. 가사와 발우면 살기에 부족함이 없는데 무엇 하러 쌓고 모아 무명만 기르는고.

지옥 같은 생활, 축생 같은 생활, 아귀 같은 생활은 오랜 세월 동안 스스로 만든 탐하는 마음, 성내는 마음, 어리석은 마음에서 비롯된 것입니다. 이러한 탐·진·치 삼독심은 계·정·혜 삼학의 수행과 소욕지족의 삶, 청빈낙도의 삶을 통해 스스로 제어하고 여읠 수 있습니다. 그러니 재물에 대한 집착을 버리고, 자비로운 보시로 해탈의 문을 열라는 것입니다.

기 삼   구 무 다 언   신 불 경 동
其三은   口無多言하고   身不輕動이어다

세 번째는 말을 많이 하지 말고 가벼이 움직이지 말지어다.

야운 스님의 세 번째 경책은 신·구·의 삼업을 잘 다스려야

한다는 가르침입니다. 입으로는 말을 많이 하지 말고 몸은 가볍게 움직이지 말라고 합니다.

수행하는 사람으로서 말이 많은 것은 바람직한 일이 아닙니다. 세속에 사는 사람의 경우도 그렇습니다. 뜻이 크고 생각이 깊은 사람은 말이 많지 않습니다. 그리고 꼭 필요한 경우가 아니면 함부로 움직이지 않는다는 것입니다.

身不輕動則息亂成定이요 口無多言則轉愚成慧니
신 불 경 동 즉 식 란 성 정   구 무 다 언 즉 전 우 성 혜

實相은 離言이요 眞理는 非動이니라
실 상   이 언   진 리   비 동

몸을 가벼이 움직이지 않으면 산란한 마음을 쉬어 선정을 이루게 되고, 말이 많지 않으면 어리석음을 돌려 지혜를 이루니, 실다운 모습은 말을 떠남이요 진리는 움직이지 않음이니라.

승찬 스님의 「신심명」에도 '다언다려多言多慮 전불상응轉不相應 절언절려絶言絶慮 무처불통無處不通', '말이 많고 생각이 많으면 도리어 상응하지 못하고 말과 생각이 모두 끊어지면 통하지 않는 곳이 없느니라.'라고 했습니다.

몸을 정중히 하고 산란심을 쉬게 하기 위한 가장 보편적인 방법이 바로 좌선입니다. 중생들은 방석 위에 앉아 편안한 자세를 취해야 그나마 마음이 가라앉습니다. 비단 좌선할 때만이 아닙니다.

경을 읽거나 사경을 하거나 염불을 할 때도 마찬가지입니다. 몸을 함부로 움직여서는 안 될 일입니다.

대체적으로 어리석은 사람이 말이 많습니다. 정말 지혜로운 사람은 안으로 환하게 밝습니다. 말만 많은 사람은 남들이 비웃죠. 그런데 비웃는 줄도 모르고 떠들어 댑니다. 어리석음은 더하고 지혜는 더욱 어두워지는 거죠.

존재의 참모습은 말로 표현하는 게 아닙니다. 자기가 보고 듣고 느끼고 아는 것을 말로, 혹은 경박한 행동으로 전달해 봐야 제대로 되지 않습니다.

구 시 화 문　　　필 가 엄 수
口是禍門이니 必加嚴守하고

신 내 재 본　　　불 응 경 동
身乃災本이니 不應輕動이니라

삭 비 지 조　　　홀 유 라 망 지 앙
數飛之鳥는 忽有羅網之殃이요

경 보 지 수　　　비 무 상 전 지 화
輕步之獸는 非無傷箭之禍니라

사람의 입은 모든 화의 문이니 반드시 엄숙하게 지켜야 하고, 몸은 재앙의 근본이니 가볍게 움직이지 말지니라. 자주 나는 새는 홀연히 그물에 걸릴 위험이 있고, 가벼이 다니는 짐승은 화살에 맞을 재앙이 없지 않느니라.

우리 일상생활을 돌아보면 말 한마디 잘못해서 많은 오해와 문제가 생기는 경우가 많습니다. 오해와 갈등을 불러일으킬 뿐만 아니라 손해도 보게 되며, 심각해지면 싸움이 벌어지기도 합니다. 송나라 태종 때 편찬된 『태평어람太平御覽』에도 '정신은 감정에 의해서 발현되며, 마음은 입을 통해서 발표된다. 복이 생기는 것은 그 징조가 있으며, 화가 생기는 데도 그 단서가 나타난다. 그러므로 함부로 감정을 표출하거나 지나치게 수다를 떨어서는 안 된다. 작은 일은 큰일의 시작이 되고, 큰 강도 작은 개미구멍 때문에 터지며, 큰 산도 작은 함몰로 기울어진다. 이처럼 작은 일이라도 삼가지 않으면 안 된다. 병은 입으로 들어가고 화는 입에서 나오는 것이므로 군자란 항상 입을 조심하지 않으면 안 된다.'라는 구절이 있습니다. 사람의 몸뚱이도 마찬가지입니다. 몸뚱이를 함부로 가볍게 놀리면 모든 재앙의 근본이 됩니다.

'數' 자를 '자주'라는 뜻으로 쓸 때는 '삭'이라고 읽습니다. 자주 날아다니는 새일수록 포수의 눈에 띄거나 그물에 걸릴 위험이 높습니다. 다른 짐승도 마찬가지입니다. 사람의 눈에 자주 띄게 되면 표적이 되어 화를 면하기 어렵습니다. 이와 마찬가지로 수행하는 사람은 반드시 말을 삼가고 함부로 나다니지 말아야 합니다. 그렇지 않으면 수행에 반드시 재앙이 따르고, 공부에 큰 손해만 오게 되어 있습니다.

고 　세 존 　주 설 산 　　육 년 　좌 부 동
故로 世尊이 住雪山하사 六年을 坐不動하시고

달 마 　거 소 림 　　구 세 　묵 무 언
達摩가 居少林하사 九歲를 黙無言하시니

후 래 참 선 자 　　하 불 의 고 종
後來參禪者인들 何不依古蹤이리오

그러므로 세존께서는 설산에 계시면서 육 년 동안 움직이지 않으시고, 달마 조사가 소림에 계시면서 구 년 동안 말없이 묵언하셨으니, 후세의 참선하는 이가 어찌 옛 자취를 따르지 않으리오.

몸을 움직이지 않고, 말을 하지 않은 대표적인 사례로 부처님과 달마 대사를 들었습니다.

깨달음을 얻기 전, 부처님은 많은 스승을 찾아다니며 수행 정진에 몰두하셨습니다. 그 수많은 수행 정진 이야기 중에 여기에서는 설산에서 육 년간 고행하셨던 일을 들었습니다. 설산에 들어가 결가부좌한 부처님의 고행상을 통해 우리는 그 과정이 얼마나 험난했을지 상상할 수 있습니다.

달마 대사도 마찬가지입니다. 중국으로 건너온 달마 대사는 시절 인연을 맺을 때까지 소림사 달마굴에서 구 년 동안 면벽 수행을 하며 말없이 세월을 보냈습니다.

앞에서 야운 스님은 전통적인 간화선법을 수행하신 스님일 것이라고 했었습니다. 그 사실을 염두에 두고 생각해 보면 야운 스님은 참선 수행하는 사람이라면 더욱더 말이 없어야 하고, 몸을 함부로 움직여서는 안 된다고 하신 것이라 이해할 수 있겠습니다.

　결제 중에는 몸과 마음이 모두 안정되었다가도 해제가 된 뒤에는 몸과 입을 함부로 놀리는 경향이 적잖이 있습니다. 공부하는 사람이라면 반드시 새겨들어야 할 가르침입니다.

　　송 왈
　　頌曰

　　신 심 파 정 원 무 동　　묵 좌 모 암 절 왕 래
　　身心把定元無動하고 黙坐茅菴絕往來어다

　　적 적 요 요 무 일 사　　단 간 심 불 자 귀 의
　　寂寂寥寥無一事하고 但看心佛自歸依어다

몸과 마음을 다잡아 안정시켜 동함이 없게 하고 묵묵히 모암에 앉아 왕래를 끊을지어다. 고요하고 고요해서 아무 일도 없게 하고 다만 마음 부처를 보아 스스로 귀의할지어다.

　'모암茅菴'은 잔디로 얽어서 만든 토굴을 말합니다. 언덕배기에 흙을 파서 겨우 드나들 만하게 만들어진 모암에 거주하면서 왕래를 끊고 공부에 매진하라는 말입니다. 아무런 일이 없다는 것은 밖으로 일어나는 온갖 반연을 끊었다는 것이죠.

　마음의 부처를 보아 스스로 귀의한다는 것은 선불교의 핵심입니다. 몸과 입을 엄숙히 단정하는 것도 '내 마음이 부처'라는 자리를 찾기 위해서입니다. 이것이 아닌 다른 무엇을 찾고 구하기 위해 수행에 매진하는 것은 불교의 근본에서 벗어난 것입니다. 달마 대사는 『혈맥론』에서 다음과 같이 말씀하셨습니다.

외식제연(外息諸緣)
내심무천(內心無喘)
심여장벽(心如墻壁)
가이입도(可以入道)
밖으로 꺼들리는 모든 반연을 쉬고,
안으로 마음의 헐떡임을 없게 하여
마음을 장벽처럼 움직이지 않게 하면
도에 이를 수 있다.

기 사　　단 친 선 우　　막 결 사 붕
其四는 **但親善友**언정 **莫結邪朋**이어다
네 번째는 선한 벗을 가까이할지언정 삿된 벗을 사귀지 말지어다.

자경십문 중 네 번째 가르침은 좋은 스승과 벗을 사귀라는 것입니다. 「계초심학인문」 첫머리에서도 '부초심지인夫初心之人 수원리악우須遠離惡友 친근현선親近賢善', '무릇 처음 발심한 사람은 반드시 악한 벗을 멀리하고 어질고 착한 이를 가까이해야 한다.'고 지눌

스님께서 말씀하십니다.

또 유교 경서『계몽편啓蒙篇』「인편人篇」에서도 '생아자부모生我者
父母 성아자붕우成我者朋友', '나를 탄생시킨 사람은 부모이지만 나
를 나 되게 한 사람은 벗이다.'라고 합니다.

조 지 장 식   필 택 기 림   인 지 구 학   내 선 사 우
鳥之將息에 必擇其林이요 人之求學에 乃選師友니

택 림 목 즉 기 지 야 안   선 사 우 즉 기 학 야 고
擇林木則其止也安하고 選師友則其學也高니라

새가 장차 쉬고자 할 때 반드시 그 숲을 선택하듯 사람이 공
부하려 함에 스승과 벗을 가려야 하니, 숲과 나무를 잘 선택하
면 잠자리가 편안하고 스승과 벗을 잘 만나면 공부가 높아지
느니라.

불교와 인연이 있는 사람이라면「자경문」의 구절 구절이 매우
익숙할 것입니다.「자경문」만이 아니라『초발심자경문』에 있는 글
이 모두 그럴 것입니다. 초심학인뿐 아니라 경허 스님과 같은 도
인에 이르기까지 항상 옆에 두고 암송하며 자신의 수행을 성찰하
는 기준으로 삼았던 가르침이었기 때문이라 생각됩니다.

수행자는 스승과 도반을 잘 만나야 합니다. 부처님께서는 좋은
친구의 중요성에 대해서 다음과 같이 말씀하셨습니다.

아난아, 우리들이 좋은 벗을 갖고 좋은 동료와 함께 있다는 것은 이 성스러운 길의 절반에 해당하는 것이 아니라 그 전부인 것이다.

이는 승속을 막론하고 모두가 새겨야 할 가르침입니다. 새가 집을 지을 때 차도나 인도의 길목에 자리를 잡게 되면 편안하겠습니까. 항상 불안하겠죠. 온갖 유해한 요소로 인해 제 수명을 마치지 못할 것입니다.

수행자도 마찬가지입니다. 공부하는 동안 스승과 도반의 영향은 절대적입니다. 수행자의 역량을 알아보고 깨달음에 이르게 하는 것은 스승과 도반의 조력으로 이루어질 수 있습니다. 이를 줄탁동시啐啄同時라고 합니다. 그러므로 스승과 도반을 잘 만나야지, 혹여 잘못된 사상에 오염된 스승이나 도반을 만난다면 불교 공부를 하지 않는 것보다 못한 결과를 초래할 수 있습니다.

고　　승사선우　　여부모
故로 承事善友를 如父母하며

원리악우　　사원가
遠離惡友를 似冤家니라

학무오붕지계　　붕기초우지모
鶴無烏朋之計어니 鵬豈鷦友之謀리오

그러므로 선한 벗 받들어 섬기기를 부모와 같이 하며, 나쁜 벗

멀리하기를 원수처럼 해야 하느니라. 학도 까마귀와 벗할 생각이 없거니, 붕새가 어찌 뱁새와 벗할 생각이 있으리오.

「자경문」은 참으로 멋진 글입니다. 대구가 절묘하고 깊은 공감과 감동을 자아냅니다.

고고한 자태의 학이 어찌 까마귀와 벗할 생각이 있겠습니까. 하물며 한 번 날면 삼천 리 파도를 일으키고, 구만 리 장천을 쉬지 않고 육 개월간 난다는 붕새가 어찌 뱁새와 벗할 생각을 하겠습니까.

붕새는 큰 깨달음을 성취하겠다는 웅대한 포부를 품은 대장부, 즉 수행자를 뜻합니다. 특히 초심학인의 경우에는 그 발원이 굳건하고 지대합니다. 그런 수행자가 어찌 범부와 짝할 수 있으며, 외도와 함께할 수 있겠습니까.

송 리 지 갈　　직 용 천 심　　　모 중 지 목　　미 면 삼 척
松裏之葛은 **直聳千尋**이요 **茅中之木**은 **未免三尺**이니

무 량 소 배　　빈 빈 탈　　　득 의 고 류　　삭 삭 친
無良小輩는 **頻頻脫**하고 **得意高流**는 **數數親**이어다

소나무를 의지한 칡넝쿨은 천 길을 곧게 올라가고 따풀에 자라는 나무는 석 자를 넘지 못하나니, 어질지 못한 소인배는 멀리멀리 여의어야 하고 뜻을 얻은 고상한 사람들은 자주자주 가까이할지어다.

칡은 넝쿨식물이기 때문에 특별히 의지할 물체가 없으면 단 일 미터도 땅보다 위로 올라갈 수가 없습니다. 하지만 소나무를 의지하여 자라면 소나무보다 더 높이 자랍니다. 우리가 공부하는 것 역시 이와 같습니다. 비록 자기 자신은 못났다 하더라도 좋은 스승과 벗을 만나면 그 덕택에 소견이 넓어지고, 생각이 바르게 되며, 사상이 진취적으로 발전하여 남보다 한 걸음 더 앞서가는 삶을 살 수 있는 거죠. 반대로 못난 사람 옆에 있다 보면 결국 자기 자신도 못나게 됩니다.

사람이 살다 보면 이런저런 수많은 사람과 인연을 맺게 됩니다. 그러할 때 못난 사람은 멀리하고, 뜻이 높은 사람과는 친하게 지내라는 가르침입니다.

송 왈
頌曰

주 지 경 행 수 선 우
住止經行須善友하야

신 심 결 택 거 형 진
身心決擇去荊塵이어다

형 진 소 진 통 전 로
荊塵掃盡通前路하면

촌 보 불 이 투 조 관
寸步不移透祖關하리라

머물 때나 경행할 때나 좋은 벗을 구하여 몸과 마음을 잘 가려 가시와 먼지를 제거할지어다. 가시와 먼지 모두 없어져 앞길이 툭 터지면 한 걸음도 옮기지 않고 조사관문을 뚫으리라.

자기 자신도 모르는 사이 우리 몸과 마음은 온갖 찌꺼기로 오염되어 있습니다. 몸이나 마음가짐에 좋지 않은 습관이 배어 있는 것이죠. 언제 어디서나 좋은 스승과 도반을 가까이하여 몸과 마음의 온갖 때를 털어 내라는 뜻입니다.

그렇게 수행이 무르익다 보면 어느 순간 앉은 자리에서 조사관문을 뚫을 것이라고 했습니다. 조사관문을 뚫는다는 것은 마음을 깨치는 것, 화두를 깨치는 것, 불법의 진정한 의미를 아는 것, 세상의 이치를 꿰뚫는다는 것과 같은 뜻입니다.

간화선 수행의 지침서라 할 수 있는 『선요』에 다음과 같은 가르침이 있습니다.

간절하고 삼가며 두려워해서 이르고 이르지 못함과 얻고 얻지 못함을 묻지 말고 단단히 짚신을 매며 다리에 힘주어 얼음 모서리 위를 가고 칼날 위를 달리듯 하여 목숨을 버리고 몸을 잊고 다만 이렇게 가야 한다. 물이 다하고 구름이 다한 곳과 연기가 사라지고 불이 꺼진 때에 이르러 문득 본지풍광(本地風光)을 밟으면 불조(佛祖)를 뛰어넘을 것이다.

기 오   제 삼 경 외   불 허 수 면
其五면 **除三更外**에 **不許睡眠**이어다
다섯 번째는 삼경 외에는 잠을 허락하지 말지어다.

자경십문 중 다섯 번째는 수면에 관한 말씀입니다. 수면욕은 인간의 가장 기본적인 욕구 중 하나입니다. 수행자라면 능히 극복해서, 잠자는 시간을 아끼고 줄여 깨달음의 길에 매진해야 한다는 가르침이기도 합니다. 부처님의 유훈을 담은 『유교경』에도 '조구자도求自度 물수면야勿睡眠也 제번뇌적상사살인諸煩惱賊常伺殺人 심어원가甚於怨家', '자신을 구하기 위해 허망한 수면의 유혹에 빠지지 말아야 한다. 모든 번뇌의 적들이 틈만 나면 너를 죽이고자 원수의 집에서 기회를 보고 있다.'라는 말씀이 있습니다.

　삼경三更은 밤 열한 시부터 다음날 새벽 한 시까지를 말합니다. 옛날에는 저녁 일곱 시부터 다음날 새벽 다섯 시까지, 하룻밤을 다섯으로 나누어 시간을 표시하였습니다. 이렇게 나눈 다섯 시간을 오경五更이라 합니다. 밤 일곱 시부터 아홉 시까지를 초경初更, 다음날 새벽 세 시부터 다섯 시까지를 오경五更이라 하죠. 그래서 밤 열한 시부터 새벽 한 시까지는 삼경이 되는 겁니다. 야운 스님은 수행자라면 마땅히 삼경, 즉 밤 열한 시부터 새벽 한 시까지 두 시간만 잠을 자라고 하십니다.

　참선 정진을 하다 보면 화두에 순일하게 들 때가 있습니다. 그때는 잘 시간도 허락하지 않고 화두에 몰입하게 됩니다. 24시간 정진이 되는 거죠.

　제가 과거 존경했던 스님 중 법륜이라는 분이 계십니다. 이 스님은 '평생 하루에 한 번만 잤으면 좋겠다. 식사는 한 번만 했으면 좋겠다. 화두는 한 번만 들었으면 좋겠다.'는 서원을 세우셨습니다. 우리는 먹고, 입고, 자는 일을 내 의지대로 행하지 못하고 꺼들리며 삽니다. 화두도 들었다, 나갔다 온갖 번뇌 망상과 함께 합니다. 스님이 세운 서원은 바로 먹고, 입고, 자는 일에서 자유롭고, 화두도 순일무잡하게 들어 공부에 진척이 있기를 바라는 참다운 마음을 담고 있다고 할 수 있습니다.

<table>
<tr><td>광 겁 장 도</td><td>수 마 막 대</td></tr>
</table>

광 겁 장 도　　수 마 막 대
曠劫障道는 **睡魔莫大**하니

이 육 시 중　　성 성 기 의 이 불 매
二六時中에 **惺惺起疑而不昧**하며

사 위 의 내　　밀 밀 회 광 이 자 간
四威儀內에 **密密廻光而自看**이어다

오랜 세월 동안 도에 방해되는 것은 수마보다 더한 것이 없으니 열두 시간 항상 또렷또렷하게 의심을 일으켜 매이지 말며, 행주좌와에 빈틈없이 빛을 돌이켜 스스로를 살필지어다.

도를 이루겠다고 출가한 수행자에게 가장 방해되는 것이 수면욕입니다. 이를 제외한 재물욕, 색욕, 식욕, 명예욕 등은 수행 시간이 오래되고 화두 의심이 깊어지면 어느 정도 초연해질 수 있습니다. 그런데 오래 수행한 사람이라도 수마를 견디기란 쉽지 않습니다.

공부하는 데 가장 바람직한 정신 상태를 '성성적적惺惺寂寂 적적성성寂寂惺惺'이라 합니다. 성성은 또렷또렷하게 깨어 있는 상태이고, 적적은 번뇌 망상이 없는 고요한 상태입니다. 그런데 고요하면 졸음이 오기 십상이고, 성성하기만 하면 망상이 오기 십상이에요. 그래서 또렷또렷하면서도 고요하고, 고요하면서도 또렷또렷한 상태인 '성성적적 적적성성'의 상태가 되어야 순일무잡한 화두 의심에 들 수 있습니다. 그래야 그 어떠한 경계에도 매이지 않게 됩니다.

잠 안 자고 하루 24시간 행주좌와行住坐臥 어묵동정語默動靜 간 화두를 간절하게 든다는 건 참으로 어려운 일입니다. 특히 깨달음의 경지를 소위 '정중일여, 동정일여, 몽중일여, 오매일여' 등으로 설정해 놓고 이를 통과하는 것만이 간화선의 바른 길이라고 하기는 곤란하다고 생각합니다. 저는 오히려 간화선 수행이 어느 정도 되었는지의 문제보다 청정 대중의 일원으로서 승려의 기본 자세라 할 수 있는 계율을 호지하여 청빈하고 겸손하며 탈속한 삶을 사는 태도가 더욱 값지고 소중하다고 생각합니다. 화두 참선을 통해 깨닫는 것은 더디고 빠름의 문제일 뿐이라고 모든 조사어록에서 밝히고 있습니다.

일생 공과 만겁 추한
一生을 空過하면 萬劫에 追恨이니

무상 찰나 내일일이경포
無常은 刹那라 乃日日而驚怖요

인 명　　수 유　　실 시 시 이 불 보
人命은 **須臾**라 **實時時而不保**니

약 미 투 조 관　　　여 하 안 수 면
若未透祖關이면 **如何安睡眠**이리오

일생을 헛되게 보낼 것 같으면 만겁에 이르도록 한이 따르니,
무상은 찰나라 매일매일 놀랍고 두려운 일이요 사람의 목숨은
잠깐 사이라 한시도 보장되어 있지 않으니, 만약 조사관을 뚫
지 못하였다면 어찌 편히 잠을 잘 수 있으리오.

'무상無常'은 항상 그대로 있는 것은 없다는 말입니다. 흔히 '세
월무상'이라 말하듯 시간이 속절없이 흘러간다는 의미도 포함되어
있습니다. 죽음이 찰나에 있으니, 즉 죽음이 언제 다가올 지 모르
니 하루하루를 두려워해야 한다는 뜻입니다.

　사람의 목숨이 잠깐인데 어찌 잠자는 데 시간을 허비할 수 있겠
습니까. 불법의 대의, 지극한 도, 인생의 진정한 의미와 가치, 궁
극의 행복을 찾고자 출가한 수행자는 촌음을 아껴야 합니다.

송 왈
頌曰

수 사 운 롱 심 월 암　　　행 인 도 차 진 미 정
睡蛇雲籠心月暗하니 **行人到此盡迷程**이로다

개 중 념 기 취 모 리　　　운 자 무 형 월 자 명
箇中拈起吹毛利하면 **雲自無形月自明**하리라

잠이라는 뱀은 마음의 달을 어둡게 하는 구름이니 수행자가 여기에 이르러 길을 잃고 헤맴이로다. 그 가운데 취모리를 잡아 힘껏 일으키면 구름은 스스로 사라지고 달은 스스로 밝으리라.

수행자에게 가장 큰 문제가 되는 것이 잠이라는 말입니다. 잠 때문에 화두일념이 안 되고, 확철대오할 수 없다는 것입니다.

'취모리吹毛利'는 '취모검吹毛劍'이라고도 합니다. 털이 날아와서 붙어도 잘려 나갈 만큼 아주 날카로운 칼을 말합니다. 성성적적하게 화두를 챙기는 마음 상태를 바로 그 취모리에 비유하였습니다. 그런 마음 상태가 되면 바로 우리의 본래 마음이 드러나게 됩니다.

영가 스님의 「증도가」에도 다음과 같은 구절이 있습니다.

증실상무인법(證實相無人法)
찰나멸각아비업(刹那滅却阿鼻業)
실상을 증득하니 나와 남의 분별이 없어지고
찰나 사이에 무간지옥의 업이 사라지네.

기 육　　절 막 망 자 존 대　　경 만 타 인
其六은 **切莫妄自尊大**하야 **輕慢他人**이어다

여섯 번째는 망령되이 스스로를 높여 남을 업신여기지 말지어다.

자경십문 여섯 번째는 하심과 교만에 대한 경계의 가르침입니다.

수행자가 아니라 하더라도 자랑하고 뽐내며 자기만 내세우는 것은 경계해야 할 일입니다. 자기 스스로를 자랑한다는 것은 남을 무시하거나 업신여기고 가볍게 여기는 것입니다. 반대로 스스로를 낮추는 것은 다른 사람을 존중하고, 배려하고, 소중히 여기는 것과 같습니다.

수 인 득 인   겸 양   위 본
修仁得仁은 **謙讓**이 **爲本**이요

친 우 화 우   경 신   위 종
親友和友는 **敬信**이 **爲宗**이니라

사 상 산   점 고   삼 도 해   익 심
四相山이 **漸高**하면 **三途海**가 **益深**하니라

어진 마음을 닦아 어질게 되는 것은 겸손과 사양이 근본이요, 벗과 친해지고 화목하게 하는 것은 공경과 믿음이 으뜸이 되느니라. 사상의 산이 높아지면 삼악도의 바다는 더욱 깊어지느니라.

도를 백 번, 천 번 깨쳤다손 치더라도 늘 겸손하고 사양하는 자

세가 되어 있어야 진짜 수행자요, 도인이라 할 수 있습니다. 이와 관련하여 중아함경에 다음과 같은 가르침이 있습니다.

어떤 것이 사문의 법과 같고 바라문의 법과 같은가. 몸의 행이 청정하여 번듯이 드러내어 숨김이 없고 잘 보호하여 이지러짐이 없게 하는 것이다. 그러나 몸의 행이 청정하다 하여 스스로 뽐내지도 않고 남을 깔보지도 않아서 더러움도 없고 흐림도 없어 모든 지혜로운 범행자들의 다 같은 칭찬을 받아도 만일 너희들이 '나는 몸의 행이 청정하여 내가 할 일은 이미 마쳤으니 다시 배울 것이 없고, 도덕과 도리를 이미 이루었으니 다시 위로 비구가 될 것도 없다.'고 생각한다면 나는 너희들을 위하여 '사문의 도리를 구하다가 사문의 도리를 잃게 하지 말라.'고 말하리라.

벗을 사귐에 있어서도 마찬가지입니다. 벗과 화합하고 화목하게 지내고자 한다면 반드시 공경하여야 하고, 신뢰가 있어야 합니다. 『법원주림法苑珠林』에서는 좋은 벗에 대하여 다음과 같이 말하고 있습니다.

친우(親友)란 반드시 일곱 가지 법을 갖추어야 비로소 될 수 있다. 첫째는 그를 위해 어려운 일을 능히 하고, 둘째는 그를 위해 주기 어려운 것을 능히 주며, 셋째는 참기 어려움을 능히 참고, 넷째는 비밀한 일을 서로 알려 주며, 다섯째는 그 허물을 서로 감추어 주고, 여섯째는 고통을 당해도 버리지 않으며, 일곱째는 빈천해도 업신여기지 않는 것이다. 이런 칠법(七法)을 능히 행하는 사람은 참으로 친우이니 그를 가까이해야 한다.

그런데 겸양과 경신이 바탕이 되지 않고 아상, 인상, 중생상, 수자상만 산처럼 높아지면 스스로 아귀, 축생, 지옥과 같은 깊은 삼악도의 늪에 빠지는 삶을 자초할 뿐입니다. '나'를 고집하고 '내가 제일 잘났다.'고 생각하는 것이 아상입니다. 이러한 아상으로 남을 업신여기고 속이고 나와 구별하게 되는 것이죠. 바로 그것이 인상입니다. 공간과 시간에서 '주관과 객관', '나와 너'를 나누어 온갖 시비를 분별하고 취사선택하여 갈등하고 고뇌하는 삶을 살게 됩니다. 그것이 바로 중생상이고 수자상입니다.

외현위의　　여존귀　　내무소득　　사후주
外現威儀는 如尊貴나 內無所得은 似朽舟니

관익대자　　심익소　　도익고자　　의익비
官益大者는 心益小하고 道益高者는 意益卑라

인아산붕처　　무위도자성
人我山崩處에 無爲道自成하나니

범유하심자　　만복　　자귀의
凡有下心者는 萬福이 自歸依니라

밖은 근사한 모양으로 존귀한 듯 꾸몄으나 안으로 얻을 바 없음은 썩은 배와 같나니, 벼슬이 높은 사람은 마음을 더욱 작게 하고 도가 높은 사람은 그 뜻을 더욱 낮추어라. 분별의 상이라는 산이 무너진 곳에 무위의 도가 저절로 이루어지나니, 무릇 하심 하는 사람에게는 온갖 복이 저절로 돌아오느니라.

내실은 없으면서 외양을 치장하는 데만 온갖 정성을 기울이는 사람이 있습니다. 실력도 없고, 공부한 것도 없으면서 근사하게 차려입고 교만심만 높아 어울리지 않게 으쓱거리며 뽐내는 사람입니다. 이런 사람은 마치 썩은 배와 같다고 했습니다. 썩은 배는 배의 모양은 갖추었어도 물이 들어와 항해를 할 수 없습니다. 수행자라 하여도 온갖 상에 갇혀 있다면 깨달음에 이를 수 없습니다. 청매 조사는 「십무익송十無益頌」에서 '부절아만학법무익不絕我慢學法無益', '아만을 꺾지 못하면 법을 배워도 소용이 없다.'고 하였습니다.

초심학인을 위한 수행 방법 중 '입중오법入衆五法'이란 것이 있습니다. 수행하는 데 필요한 윤리적이며 교양 있는 태도에 관한 가르침입니다. 자신을 낮추고 겸손하게 남을 대하는 하심, 남에 대한 따뜻한 배려의 마음을 가지는 자비慈悲, 경의를 표하여 신의와 화합을 조성하는 공경恭敬, 분수에 넘치는 외람된 행동이나 말을 삼가고 대중의 위계질서를 잘 지키는 지차제知次第, 잡담이나 농담 등 쓸데없는 말을 삼가는 불설여사不說餘事가 그것입니다.

불교에서 쓰는 말 중에 하심보다 더 좋은 말은 없습니다. 하심은 내 마음을 철저히 낮추는 것입니다. 하심을 하면 만복이 저절로 들어옵니다. 복을 짓기 위해 특별히 노력할 필요가 없습니다.

송 왈
頌曰

교 만 진 중 장 반 야　　아 인 산 상 장 무 명
驕慢塵中藏般若요 我人山上長無明이로다

경 타 불 학 룡 종 노　　병 와 신 음 한 불 궁
輕他不學踵踵老하면 病臥辛吟恨不窮하리라

교만의 티끌 속에 지혜는 감춰짐이요, 분별심 위에 무명만 자
람이로다. 남을 가벼이 여겨 공부하지 않고 세월만 보내면 병
들어 신음할 때 한탄만 가득하리라.

잘난 체하며 겸손함이란 전혀 없는 교만심에는 지혜가 들어갈
자리가 없습니다. 교만과 지혜는 상반된 길입니다. 또 나와 너를
구분하고, 옳고 그름을 나누고, 좋고 나쁨을 선택하는 시비분별과
취사선택 때문에 지혜로운 삶, 이상적인 삶을 살지 못하고 무명에
서 헤매게 됩니다.

승찬 스님은 「신심명」에서 '일종평회一種平懷 민연자진泯然自塵',
'한가지로 바르게 마음에 품으면 민연히 사라져서 저절로 다하리
라.'라고 하셨습니다. 즉 차별하는 마음만 없어지면 자유롭고 평
화로운 삶을 살 수 있다는 말입니다.

'저 사람한테 뭐 배울 것이 있겠어.'라고 생각하는 것이 경타불

학輕他不學입니다. 다른 사람을 가볍게 여기는 거죠. 가까이 지내는 사람일수록 과거를 들먹이며 배울 게 없다고 생각하는 경우가 많습니다. 하지만 누구에게나 가르침을 청해야 합니다. 아만과 교만심만 높은 사람은 그 마음 때문에 스스로 배움의 기회를 놓치고 맙니다. 결국 죽음에 임박하여 한탄할 뿐입니다.

　　기 칠　　　견 재 색　　　　필 수 정 념 대 지
　其七은 **見財色**이어든 **必須正念對之**어다

　일곱 번째는 재물과 색을 보거든 모름지기 반드시 바른 생각으로 그것을 대할지어다.

　자경십문의 일곱 번째 관문은 재물과 이성에 대한 바른 생각의 문제입니다. 인간의 가장 대표적인 욕심은 재욕, 색욕, 식욕, 명예욕, 수면욕 다섯 가지입니다. 이를 오욕락이라 하죠. 이 다섯 가지 탐욕을 여의는 문제는 수행자에게도 대단히 중요합니다. 여기서 야운 스님은 탐욕을 여의는 바른 마음에 대해 말씀하십니다.

　　해 신 지 기　　　무 과 여 색　　　상 도 지 본　　　막 급 화 재
　害身之機는 **無過女色**이요 **喪道之本**은 **莫及貨財**니라

　　시 고　　　불 수 계 율　　　엄 금 재 색
　是故로 **佛垂戒律**하사 **嚴禁財色**하사대

안 도 여 색　　　여 견 호 사
眼睹女色이어든 **如見虎蛇**하고

신 림 금 옥　　　등 시 목 석
身臨金玉이어든 **等視木石**하라

몸을 해치는 계기는 여색의 화보다 더한 것이 없음이요, 도를
손상시키는 근본은 재화에 미침이 없느니라. 그러므로 부처님
께서 계율로 재물과 색을 엄히 금하시면서 말씀하시길 "여색을
보거든 호랑이나 뱀을 보는 것과 같이 하고, 몸에 금과 옥이 따
르거든 나무나 돌을 보듯이 하라."

수행자와 소유욕은 본질적으로 그 궤가 다릅니다. 인간 욕망의
대상인 부, 권력, 명예를 추구하는 삶은 세속적 가치에 근거한 삶
입니다. 그런 삶은 곧 끝없는 추락을 불러옵니다. 몸과 마음은 욕
망의 노예가 되기 쉽습니다. 주객이 전도된 삶입니다. 전도된 삶
은 애욕과 집착에서 기인합니다. 애욕과 집착은 세계를 이해하고
바라보는 바른 안목을 잃게 합니다. 그래서 부처님께서 계율을 제
정하고 재물과 색을 엄격히 금하셨다고 했습니다.

불교에서 가장 기본적으로 지켜야 하는 계율이 바로 오계와 십
계입니다. 오계 중 '불사음' 항목과 십계 중 '불착금은전보'가 본문
의 재색과 관련한 내용이라고 할 수 있습니다. 금은재보를 모으거
나 쌓아 두지 말라는 말입니다. 수행하는 사람은 있는 것도 베풀
어서 버리고 버려야 하는데 재산을 쌓아 두는 일은 바람직하지 못
하다는 것이죠. 몽산 스님은 '재욕무욕在欲無欲 거진출진居塵出塵',

'욕심 경계에 살고 있지만 그 욕심에서 벗어나고, 몸은 번뇌로 가득한 세상에 살지만 마음은 연꽃처럼 번뇌에서 벗어나라.'고 하셨습니다.

수거 암실   여 대 대 빈
雖居暗室이나 如對大賓하야

은 현 동 시   내 외 막 이
隱現同時하며 內外莫異어다

심 정 즉 선 신   필 호   연 색 즉 제 천   불 용
心淨則善神이 必護하고 戀色則諸天이 不容하나니

신 필 호 즉 수 난 처 이 무 난
神必護則雖難處而無難이요

천 불 용 즉 내 안 방 이 불 안
天不容則乃安方而不安이니라

비록 깜깜한 방에 혼자 있을지라도 큰 손님을 대하는 것과 같이 하여, 남이 볼 때나 보지 않을 때나 한결같이 하며, 안과 밖을 다르게 하지 말지어다. 마음이 깨끗하면 선신이 보호하고, 색을 그리워하면 하늘이 용납하지 않나니, 신선이 반드시 보호하면 비록 험한 곳에 있어도 어지럽지 않고, 하늘이 용납하지 않으면 편한 곳에 있어도 마음이 편안하지 않느니라.

당연한 이야기입니다. 혼자 있을 때라 하여도 대중처소에 있는

것처럼 행동거지뿐 아니라 정신 상태를 올곧게 유지해야 합니다. 수행은 외부 환경을 바꾸고 조건을 개선하는 것이 아닙니다. 자신의 마음을 비우고 바꾸는 것이죠. 또한 누굴 위해서 하거나 누구에게 잘 보이려고 하는 게 아닙니다. 자기 자신을 위해서 하는 거죠. 그렇기 때문에 수행하는 데 혼자 있는지 대중과 함께 있는지는 아무런 관계가 없습니다. 그런데 대중처소에서는 잘하다가도 개인 처소로 돌아가면 방만해지는 경우가 종종 있습니다. 이는 스스로를 속이는 겁니다. 양심을 스스로 저버리는 것이죠.

어린아이를 천진불天眞佛이라 하는 것도 어린아이는 안과 밖이 같기 때문입니다. 동심에는 어떠한 가식도, 속임도 없습니다. 무심하게 행동하죠. 어린아이같이 안과 밖이 같은 사람에게서는 덕의 향기가 묻어납니다. 하지만 겉과 속이 달라 재색에 찌들어 사는 사람에게서는 썩은 냄새가 진동합니다. 덕의 향기가 묻어나는 사람에게는 부처님의 가피가 따릅니다. 『유마경』에서도 '수기심정隨其心淨 즉불토정卽佛土淨', '그 마음의 청정함을 따르면 곧 불국토가 청정하리라.'라고 했습니다. 원효 스님은 「발심수행장」에서 '행자심정行者心淨 제천공찬諸天共讚 도인연색道人戀色 선신사리善神捨離', '수행자의 마음이 깨끗하면 하늘이 함께 칭찬하고, 도인이 색을 그리워하면 선신들이 버리고 떠나 버린다.'라고 했습니다.

송 왈
頌曰

이 욕 염 왕 인 옥 쇄　　정 행 타 불 접 연 대
利慾閻王引獄鎖요　淨行陀佛接蓮臺니라

쇄 구 입 옥 고 천 종　　선 상 생 연 락 만 반
鎖拘入獄苦千種이요　船上生蓮樂萬般이니라

이익을 욕심내면 염라대왕이 지옥으로 이끌고 청정한 행위를
하면 아미타불이 연화대로 영접하느니라. 족쇄에 구속되어 지
옥세계에 들어가면 고통이 끝이 없고 반야용선 타고 연꽃으로
태어나면 즐거움이 가득하네.

　'이욕염왕인옥쇄'는 재물을, '정행타불접연대'는 여색을 경계하
는 말입니다. 재물에 욕심내고 여색에 빠지면 지옥고를 면하지 못
하는 반면, 청정한 삶은 태란습화胎卵濕化의 사생과 육도윤회를 끊
어 반야용선을 타고 연꽃으로 태어난다고 했습니다.
　사람이 죽어 사십구재를 지낼 때, 종이배를 만들어 법당에 걸어
놓습니다. 이 종이배를 반야용선般若龍船이라 합니다. 반야용선에
서 '반야'라는 말에 주목해야 합니다. 반야는 지혜를 말합니다. 이
지혜는 모든 존재의 실상을 꿰뚫어 보게 해 줍니다. 생사의 고해
에서 벗어나 열반의 피안에 이르기 위해서는 반드시 이 지혜의 배
인 반야용선이 필요합니다. 이것을 깨우치게 하기 위해서 반야용
선을 법당에 걸어 놓는 것입니다.

기 팔　막 교 세 속　　영 타 증 질
其八은 莫交世俗하야 **令他憎嫉**이어다

여덟 번째는 세속의 사람을 사귀어 다른 사람으로 하여금 미워
하거나 질투를 하게 하지 말지어다.

자경십문 중 여덟 번째로 출가 수행자의 바람직한 관계에 대해
말합니다.

수행하는 사람들끼리 수행하는 집단 안에서 교류하고, 도담道談
을 나누는 것은 수행에 도움이 될 뿐만 아니라 서로 경책도 되는
아주 좋은 일입니다. 하지만 출가 수행자가 세속의 사람, 즉 정치
인, 경제인, 관료, 연예인 등과 빈번하게 교류하고 얼기설기 얽히
는 것은 바람직하지 않습니다.

사람의 활동이란 한계가 있습니다. 세속의 사람과 교류가 깊다
보면 함께 살며 수행하는 내부의 대중과 함께할 시간이 적어지
죠. 그리되면 서로 서먹해지기 마련입니다. '저 사람은 세속에 가
서 뭘 하려고 하는가?', '세속 사람들과 사귀어 무슨 일을 꾸미는
가?', '출가한 사람으로서 바람직하지 못하다.' 등의 번뇌를 사람
들이 일으키도록 만드는 거죠. 자신에게도 손해이지만 다른 사람
에게도 그 손해를 끼치는 일이 됩니다.

이 심 중 애 왈 사 문　　불 연 세 속 왈 출 가
離心中愛日沙門이요 **不戀世俗日出家**니라

기 능 할 애 휘 인 세   부 하 백 의   결 당 유
既能割愛揮人世인댄 **復何白衣**로 **結黨遊**리오

애 연 세 속   위 도 철
愛戀世俗은 **爲饕餮**이니

도 철   유 래   비 도 심
饕餮은 **由來**로 **非道心**이니라

마음 가운데 애착을 떠남이 사문이요, 세속을 그리워하지 않음
이 출가니라. 이미 능히 애착을 끊고 인간 세상을 뛰어넘었을
진댄 어찌 다시 세속 사람들과 무리를 지으리오. 세속에 애착
하고 그리워하는 것은 도철이니, 도철은 본래로 도 닦는 마음
이 아니리라.

「계초심학인문」, 「발심수행장」에서와 같이 이 부분에서는 진정
한 출가란 어떤 것인지에 대해 말합니다.

앞에서도 여러 번 말했지만 집을 떠나 승복을 입고 머리를 깎는
것만으로 출가했다고 할 수 없습니다. 삼계의 고해를 벗어나 궁극
의 행복에 이르기 위해 수행 정진하는 삶이 진정한 출가입니다.
오직 궁극의 행복, 인생의 진정한 가치와 의미를 찾기 위해, 진리
를 깨쳐 중생 구제에 이바지하겠다는 원력을 세운 사람이야말로
출가 수행자입니다.

도철饕餮은 상상 속의 동물입니다. 인간의 머리에 뿔이 있으며,
온몸이 털로 뒤덮인 양의 몸, 호랑이 같은 송곳니를 갖고 있다고
알려져 있습니다. 도철은 식욕이 엄청나서 무엇이든지 먹어 치우

고, 자기는 일하지 않으면서 다른 사람의 소유물을 빼앗고, 강한 자에게는 굽실거리며 약한 자를 괴롭히는 등 끊임없이 탐심만 일으키는 짐승입니다. 세속적인 것, 속된 것을 좋아하는 사람이 바로 도철과 같다고 할 수 있습니다.

人情이 濃厚하면 道心疎니 冷却人情永不顧어다
인정 농후 도심소 냉각인정영불고

若欲不負出家志인댄 須向名山窮妙旨호대
약욕불부출가지 수향명산궁묘지

一衣一鉢로 絶人情하야 飢飽에 無心道自高니라
일의일발 절인정 기포 무심도자고

인정이 농후하면 도심이 멀어지니, 인정을 냉각시켜 영원히 돌아보지 말지어다. 만약 출가의 뜻을 저버리지 않고자 할진댄 마땅히 명산을 찾아 묘한 이치를 궁구하되, 가사 한 벌과 바리때 하나로 인정을 끊어 주리고 배부름에 무심하면 도가 스스로 높아지느니라.

사람의 마음에는 한계가 있습니다. 정에 꺼들리면 도 닦는 마음이 멀어질 수밖에 없죠. 도 닦는 마음에 집중할 수 없기 때문입니다. 반면 도 닦는 마음에 집중하다 보면 저절로 세속의 인정人情과는 거리가 멀어지겠죠. 공부하는 길을 한마디로 요약하면 익숙한 것은 설게 만들고, 설은 것은 익숙하게 만드는 것이라고 할 수 있습니다. 공부하는 것은 익숙하지 않으니까 익숙하게 만들고, 세속적인 것은 익숙하니까 설게 만드는 거죠. 세속의 일에 밝고 깊이 연관되어 있으면 십중팔구 도를 제대로 닦을 수 없습니다. 이런 이치는 비단 도 닦는 일에만 해당되는 것은 아닙니다. 성공하려는 마음을 가지고 사는 사람은 다 마찬가지입니다. 서예나 그림, 음악과 같은 예술 분야에서도 마찬가지입니다. 그 분야에서 상당한 경지에 오를 마음이 있다면 다른 인연들을 다 끊어야 돼요. 다른 잡다한 인연들과 오가다 보면 하고자 하는 일의 경지가 깊어질 까닭이 없습니다. 도는 더 말할 나위가 없겠죠.

『전심법요』를 설하신 황벽 스님이 어머니가 찾아왔을 때 취한 모습도 우리가 눈여겨볼 만합니다. 스님의 어머니는 출가한 아들이 그리워 얼마나 울었던지 거의 장님이 되다시피 했답니다. 죽기 전에 아들을 한 번이라도 보기 위해 수만 리 길을 한 걸음으로 달려왔지만 황벽 스님은 매정하게 모른 체하고 다른 사람을 시켜 돌려보냅니다. 그만큼 부모, 형제자매 등 세속을 그리워하거나, 인정에 꺼들리거나, 세속의 애욕에 빠지지 않았다는 이야기입니다.

예로부터 출가자는 깊고 높은 산에 의지하며 수행 생활을 하였습니다. 원효 스님도 「발심수행장」에서 '망용상덕望龍象德 능인장고能忍長苦 기사자좌期獅子座 영배욕락永背欲樂', '용상의 덕을 바라면서 능히 긴 세월의 괴로움을 참고, 사자의 자리를 기약하여 길이 욕락을 등지고 살아야 한다.'라고 했습니다.

송 왈
頌曰

위 타 위 기 수 미 선
爲他爲己雖微善이나

개 시 윤 회 생 사 인
皆是輪廻生死因이니라

원 입 송 풍 라 월 하
願入松風蘿月下하야

장 관 무 루 조 사 선
長觀無漏祖師禪이어다

나와 남을 위하는 것이 비록 작은 선행이나 이 모두가 생사를
윤회하는 원인이니라. 원컨대 솔바람 칡넝쿨 달빛 아래에서 길
이 다함없는 조사선을 관할지어다.

여기서는 출가 수행자라면 마땅히 가야 할 길을 말합니다. 인정
에 꺼들리어 작은 선행에 만족하거나 부질없이 시간만 축낸다면
도를 깨칠 수 없다는 말입니다.

세속에서는 그 어떤 일보다 남을 돕는 일에 진력하라고 합니다.
남을 돕는 것이 나를 돕는 것이요, 작은 선행이 모여 큰 복전을 이
룰 것이라고 말하죠. 그러나 불교에서는 복 짓는 일과 도 닦는 일
을 구분합니다. 그리고 복 짓는 일보다는 생사라는 일대사의 문제
를 해결하기 위한 도 닦는 일을 급선무로 봅니다. 누구를 위해서,
누구 집이 어려워서, 누가 곤경에 처해서, 누가 초상이 나서, 누가
아파서 등 수많은 인정에 꺼들리다 보면 자기 도 닦는 일에는 소
홀할 수밖에 없지요. 그렇게 도 닦을 시간에 도를 닦지 못하게 되
어 결국 다시 윤회하게 된다고 보기 때문입니다.

엄격하게 말하면 출가 수행이란 생사를 윤회하는 끈을 끊는 것

입니다. 그렇기 때문에 높은 산, 깊은 계곡에 들어가 영원히 닳지 않는 깨달음을 이루라고 합니다. 원효 스님은 「발심수행장」에서 '고악아암高嶽峨岩 지인소거智人所居 벽송심곡碧松深谷 행자소서行者所捿', '높은 산은 지혜로운 사람이 머물 곳이요, 깊은 골짜기는 수행자가 깃들 곳이다.'라고 하였습니다.

其九는 勿說他人過失이어다

아홉 번째는 다른 사람의 허물을 말하지 말지어다.

자경십문 중 아홉 번째는 구업口業을 단속하는 가르침입니다. 세속 사람에게도 꼭 필요합니다만, 수행하는 사람에게는 더 중요한 말이죠.

남의 과실을 보고 이러쿵저러쿵해 보았자 나에게 덕 될 일이 없습니다. 괜히 시간만 뺏기고 구업만 짓게 됩니다. 설령 훈계한다고 하여도 상대방은 들으려고 하거나 바뀌지 않습니다. 사람은 자신의 생각에만 지배되기 때문에 다른 사람의 말이 들리지 않습니다. 그러니 시간 낭비고 나 자신만 손해죠. 스스로 깨닫는 방법밖에는 없습니다.

수 문 선 악   심 무 동 념
雖聞善惡이나 心無動念이니

무 덕 이 피 찬   실 오 참 괴
無德而被讚은 實吾慚愧요

유 구 이 몽 훼   성 아 흔 연
有咎而蒙毀는 誠我欣然이니라

흔 연 즉 지 과 필 개   참 괴 즉 진 도 무 태
欣然則知過必改요 慚愧則進道無怠니라

비록 좋고 싫은 소리이나 마음에 움직이지 말지니, 덕도 없이 남의 칭찬을 받는 것은 참으로 부끄러워해야 할 일이요, 허물이 있어 비방하는 소리를 듣는 것은 진실로 내가 기뻐해야 할 일이니라. 기뻐하면 잘못을 알아 반드시 고칠 수 있고, 부끄러워할 줄 알면 도에 나아가는 데 게으름이 없을 것이니라.

『금강경』「능정업장분」에 '이 경을 받고 지니고 읽고 외우는 선남자 선여인이 남에게 천대와 멸시를 당한다면 이 사람이 전생에 지은 죄업으로는 악도에 떨어져야 마땅하겠지만, 금생에 다른 사람의 천대와 멸시를 받았기 때문에 전생의 죄업이 소멸되고 반드시 가장 높고 바른 깨달음을 얻게 될 것이다.'라는 가르침이 있습니다.

불교는 깨달은 사람들의 이치를 배우는 것입니다. 덕도 없이 남의 칭찬을 듣는 것은 복을 감하는 일이고, 내가 잘못했으면 당연히 비난하거나 욕하는 소리를 들어야 합니다. 설사 내가 잘못하지

않았는데도 나를 비난하거나 욕하는 소리를 들으면, 그것은 내 업장을 소멸시키는 보약이죠.

「증도가」를 지으신 영가 스님도 당시의 시대 상황을 겪으면서 다음과 같이 말씀하셨습니다.

종타방임타비(從他謗任他非)
파화소천도자피(把火燒天徒自疲)
아문흡사음감로(我聞恰似飮甘露)
소융돈입부사의(銷融頓入不思議)
관악언시공덕(觀惡言是功德)
차즉성오선지식(此則成吾善知識)
불인산방기원친(不因訕謗起怨親)
하표무생자인력(何表無生慈忍力)

다른 사람들이 비방하고 헐뜯게 맡겨 두어라.
마치 불로써 하늘을 태우는 일이라 스스로 피로할 뿐이로다.
나는 비방하는 말을 들으니 흡사 감로수를 마시는 것과 같아서
깡그리 녹아서 모두 사라지니 참으로 불가사의하도다.
악한 말을 가만히 살펴보니 이것이야말로 공덕이라.
이렇게 되면 악한 말을 하는 이가 곧 나의 선지식이로다.
비방으로 인해서 원수와 친한 마음을 일으키는 일이 아니면
생사를 초월한 자비와 인욕의 힘을 어찌 나타낼 수 있으랴.

물설타인과　　　종귀필손실
勿說他人過하라 終歸必損身이니라

약문해인언　　　여훼부모성
若聞害人言이어든 如毀父母聲하라

금조　수설타인과　이일　회두론아구
今朝에 雖說他人過나 異日에 回頭論我咎니라

수연　　　범소유상　　개시허망
雖然이나 凡所有相이 皆是虛妄이니

기훼찬예　　하우하희
譏毀讚譽에 何憂何喜리오

다른 사람의 허물을 말하지 마라. 결국에는 다시 돌아와 반드시 자신을 해치느니라. 만약 다른 사람을 해롭게 하는 말을 듣거든 부모를 비방하는 소리로 들어라. 오늘 비록 다른 사람의 허물을 말하나 다른 날에 나의 허물을 논하게 되느니라. 비록 그러하나 무릇 있는바 상이 모두 허망한 것이니, 헐뜯고 욕하고 칭찬하고 치켜세운다고 어찌 근심하고 기뻐하리오.

손가락질을 할 때, 하나의 손가락은 남을 향하지만 나머지 네 개의 손가락은 나를 향한다는 말이 있습니다. 다른 사람의 허물이 한 가지면 내 허물은 네 가지라는 뜻이죠. 다른 사람의 허물을 지적하는 일이 결국 내 허물이 된다는 말입니다.

도반들끼리 모이면 다른 사람 험담을 늘어놓는 경우가 있습니다. 그럴 경우 나의 부모를 비방하는 소리로 들으라고 했습니다.

누군가 나의 부모를 비방하면 어떻게 하겠습니까. 절대 용서할 수 없다는 듯 즉각적으로 반응을 보일 겁니다. 마치 그렇게 해서 다른 사람을 비방하지 못하게 하라는 뜻이죠. 만약 이것을 그냥 둔다면 내가 없는 상황에서는 나를 비방하거나 나의 허물을 이야기하게 될 겁니다.

그리고 이에 대해 『금강경』을 인용하여 말합니다. 『금강경』의 '범소유상凡所有相 개시허망皆是虛妄 약견제상비상若見諸相非相 즉견여래卽見如來'라는 구절입니다. '무릇 있는바 상이 모두 허망한 것이니 상이 상이 아님을 본다면 바로 여래를 보리라.'라는 뜻이죠. 남을 비방하든 칭찬하든 근심하거나 기뻐할 일이 아닙니다. 나의 일이든 남의 일이든 결국에는 모두 허망한 일입니다. 칭찬도 결국은 공空으로 돌아가고, 비난도 결국은 공으로 돌아갑니다. 그러니 나를 비방하고 헐뜯고 칭찬하고 치켜세우는 일에 무엇을 근심하고 무엇을 기뻐하겠습니까. 부동심不動心이 되어야죠. 마음이 움직이지 않아야 합니다. 내가 칭찬과 비방에 동요하지 않으면, 다른 사람이 비방할 까닭이 없습니다.

도를 깨닫지는 못했어도 도인의 경지를 알아보는 방법은 있습니다. '팔풍구동八風驅動이라야 도의 경지에 이르렀다.'는 말에 따라 보면 알 수 있습니다. 여덟 가지 일에 동요하지 않아야 도의 경지에 이를 수 있다는 뜻입니다. 이 여덟 가지는 사순四順과 사위四違를 말합니다. 사순이란 네 가지 좋은 일, 기쁜 일에 동요하지 않는 것입니다. 이익의 이利, 명예의 예譽, 칭송의 칭稱, 향락의 낙樂이 그 네 가지입니다. 반대로 사위는 네 가지 싫은 일, 나쁜 일에 동요하지 않는 것을 말합니다. 쇠퇴의 쇠衰, 상처의 훼毁, 헐뜯음의 기譏, 곤경의 고苦가 여기에 해당됩니다. 이 여덟 가지 바람 중한 가지를 날렸을 때 그 사람이 흔들리나 안 흔들리나 보고 도인인지 아닌지를 알 수 있다는 것입니다.

따라서 수행하는 사람은 남을 비방하지 말아야 하며, 다른 사람이 비방을 하더라도 흔들리지 않아야 하고, 남이 잘하고 못하는데 내 마음이 움직이지 말아야 합니다.

송 왈
頌曰

종조난설인장단   경야혼침락수면
終朝亂說人長短타가 竟夜昏沈樂睡眠이로다

여차출가도수시   필어삼계출두난
如此出家徒受施라 必於三界出頭難이니라

아침이 다하도록 다른 사람의 장단점을 어지럽게 말하다가 밤이 이슥하도록 혼침에 떨어져 잠만을 즐기는도다. 이와 같은 출가자는 신도의 시주만을 받는 것이라 반드시 삼계를 벗어나기 참으로 어려우니라.

다른 사람 비방만 일삼고, 잠만 자는 게으른 사람을 어찌 수행자라고 할 수가 있겠습니까. 원효 스님은 「발심수행장」에서 '무행공신無行空身 양무이익養無利益 무상부명無常浮命 애석불보愛惜不保',

'수행 없는 헛된 몸뚱이는 길러봐야 아무런 이익이 없고, 덧없는 뜬 목숨은 애착해 아껴도 보존할 수 없느니라.'라고 하셨습니다. 또 '자죄미탈自罪未脫 타죄불속他罪不贖', '자기 허물을 벗어 버리지 못하면 남의 허물을 구해낼 수 없는 것이니라.'라고 하셨습니다.

　　기 십　　거 중 중　　　심 상 평 등
　　其十은 居衆中하야 心常平等이어다
　　열 번째는 대중 가운데 머물면서 마음은 항상 평등을 유지할지 어다.

　　자경십문의 마지막 가르침은 평등심에 관한 말입니다.
　　평등심은 불법의 핵심입니다. 수행자는 대중과 더불어 있을 때 뿐만 아니라 언제 어디서나 그 마음을 평등하게 유지하여야 합니다. 『화엄경』에 '심불급중생心佛及衆生 시삼무차별是三無差別', '마음 과 부처와 중생 이 셋은 차별이 없다.'라고 했습니다. 마음과 부처, 중생은 모두 같은 존재로써 차별이 없기에 마음이 부처도 만들고 중생도 만든다는 것입니다. 황벽 스님은 『전심법요』에서 '차 심즉시불此心即是佛 갱무별불更無別佛 역무별심亦無別心 차심명정此 心明淨 유여허공猶如虛空 무일점상모無一點相貌', '이 마음이 곧 부처 이며 다시 다른 부처는 없으며 달리 마음도 없으니, 이 마음은 밝 고 고요한 것이 마치 허공과 같아서 한 점의 형상도 없다.'고 밝힙 니다. 이렇게 일체에 대해 평등심을 유지하는 것, 그것이 바로 불

교입니다.

할 애 사 친　　법 계 평 등　　약 유 친 소　　심 불 평 등
割愛辭親은 **法界平等**이니 **若有親疎**면 **心不平等**이라

수 부 출 가　　하 덕 지 유
雖復出家나 **何德之有**리오

애착을 끊고 부모를 떠난 것은 불법의 세계가 평등하기 때문이
니, 만약 친함과 친하지 아니함이 있다면 마음이 평등하지 아
니함이라. 비록 다시 출가하였으나 무슨 덕이 있으리오.

　출가 수행자에게는 친소가 있을 수 없습니다. 나의 부모라 하여
더 애착이 가고, 남의 형제자매라 하여 관심이 없다면 마음이 평
등하지 않다는 것이고, 마음이 평등하지 않다는 것은 정법과 등지
게 되는 것입니다. 유가儒家의 논리와는 다릅니다.

　인륜 관계에 친소와 원근이 있는 것처럼 사랑을 펴는 데도 선후
의 순서가 있어야 한다는 것이 유가의 입장입니다. 이는 나의 부
모, 나의 고향, 나의 학교 등의 학연, 지연, 혈연을 중요하게 여기
는 배경이 됩니다. 유가에서는 이를 '별애別愛'라고 합니다. 과거
농경제 사회에서는 의미가 있었겠지만 지금과 같이 모든 경계가
허물어진 사회에서는 그 시효가 이미 상실되지 않았나 싶습니다.

　청정한 출가 대중이 함께 수행하는 경우 평등심은 더욱 중요시
됩니다. 생면부지의 남남이 모여 사는데 친소, 호오, 선악 등으

로 분별하고 평등심이 유지되지 않으면 공동체는 크게 훼손될 것이기 때문입니다. 결국 마음의 평등심을 잃게 되면 출가한들 얻을 이익은 아무것도 없다는 가르침입니다.

심 중 　 약 무 증 애 지 취 사
心中에 若無憎愛之取捨하면

신 상 　 나 유 고 락 지 성 쇠
身上에 那有苦樂之盛衰리오

평 등 성 중 　 무 피 차 　 대 원 경 상 　 절 친 소
平等性中에 無彼此요 大圓鏡上에 絶親疎니라

마음 가운데에 만약 미움도 사랑도 취하고 버릴 것이 없다면 몸에 어찌 괴로움과 즐거움의 성하고 쇠함이 있으리오. 평등의 성품에는 이것과 저것이 없고, 대원경에는 가깝고 먼 것이 끊어졌느니라.

「신심명」의 첫 구절은 '지도무난至道無難 유혐간택唯嫌揀擇 단막증애但莫憎愛 통연명백洞然明白'입니다. '지극한 도는 어려움이 없으며 오직 간택함을 싫어할 뿐이다. 다만 미워하고 사랑하지 아니하면 환하게 명백하리라.'는 뜻이죠. 이와 같은 가르침이야말로 불교의 시작이자 끝이라고 할 수 있습니다. 지극한 도란 가장 이상적인 삶, 영원한 행복을 말합니다. 그런데 그와 같은 삶이 어렵지 않다는 거죠. 모든 분별심을 여의고 평등심만 회복하면 됩니다.

이는 우리의 마음이 본래 공하기 때문입니다. 환화공상幻化空相이죠. 우리의 마음이 크고 둥근 거울과 같다는 겁니다. 거울은 친소, 주객을 가리지 않고 모든 사물을 비추잖아요. 남자가 서도 비춰 주고, 여자가 서도 비춰 줍니다. 도둑이 서도 비춰 주고, 선행을 잘하는 사람이 서도 비춰 주죠. 어떠한 차별도 없습니다. 우리의 마음도 본래 공한 자리에 서면 피차와 친소가 없어지게 됩니다. 그 자리가 바로 깨달음이라고 할 수 있겠습니다.

삼 도 출 몰　　증 애 소 전　　　육 도 승 강　　친 소 업 박
三途出沒은 憎愛所纏이요 六道昇降은 親疎業縛이니라

계 심 평 등　　　본 무 취 사　　약 무 취 사　　　생 사 하 유
契心平等하면 本無取捨니 若無取捨인댄 生死何有리오

삼악도에서 출몰함은 미움과 사랑에 얽힌 바요, 육도를 오르내림은 가깝고 멀다 하는 속박의 업 때문이니라. 마음이 평등한데에 계합하면 본래 취하고 버릴 것이 없으니, 만약 취사가 없을진댄 생사가 어찌 있으리오.

지옥 같은 삶, 아귀 같은 삶, 축생 같은 삶을 사는 것도 마음의 분별심에서 기인한 것이고, 육도의 삶을 윤회하는 것도 분별심 때문이라는 겁니다. 앞에서 말씀드렸듯이 취사, 간택의 마음만 없으면, 즉 마음의 평등한 도리에 계합하면 지극한 도, 깨달음, 영원한 행복, 이상적인 삶을 이룰 수 있습니다.

송 왈
頌曰

욕 성 무 상 보 리 도   야 요 상 회 평 등 심
欲成無上菩提道인댄 也要常懷平等心이어다

약 유 친 소 증 애 계   도 가 원 혜 업 가 심
若有親疎憎愛計하면 道加遠兮業加深하리라

위없는 깨달음을 이루고자 할진댄 요컨대 항상 평등한 마음을
품을지어다. 만약 친소증애를 따지면 도는 더욱 멀어지고 업은
더욱 깊어지리라.

마음은 본래 허공과 같다고 했습니다. 본래 성품이 공하기 때
문에 차별이 없고 모든 것이 평등합니다. 그래서 분별하고 집착하
는 순간 도에서 멀어집니다. 주객, 선악, 시비, 진망, 유공, 능경,
정추, 미오, 득실, 지동 등의 분별과 집착은 우리의 평등심이 아닙
니다. 색안경을 쓰고 바라보는 불평등심이죠. 분별과 집착은 업만
쌓게 합니다.

출가하여 도 닦는다면서 업만 쌓아 둔다면 잘못 되어도 너무나
잘못된 일입니다. 부처님과 조사들의 가르침을 통해 의미 있고 보
람된 삶을 이루어야 합니다.

3. 전법도생

주 인 공   여 치 인 도   당 여 맹 구 우 목
主人公아 **汝值人道**가 **當如盲龜遇木**이어늘

일 생   기 하   불 수 해 태
一生이 **幾何**관대 **不修懈怠**오

주인공아, 그대가 사람의 몸을 받은 것이 마땅히 눈먼 거북이
가 나무를 만난 것과 같거늘, 한평생이 얼마나 되기에 수행하
지 않고 게으름만 피우는가.

우리는 우리 존재의 소중함을 잊고 삽니다. 우리는 우주의 수많
은 생명체 중에서 사람의 몸을 받아 이 세상에 태어났습니다. 불
교에서는 이렇듯 무수한 생명체 중에서 사람으로 태어날 확률은
그야말로 수억만 분의 일에 불과하다고 봅니다. 그래서 '맹구우목
盲龜遇木'에 비유를 했습니다.

잡아함경『맹구경』을 보면 맹구우목과 관련된 부처님과 아난의

대화가 나옵니다. 부처님께서 웨살리의 원숭이 연못 옆 중각강당에 있을 때의 일입니다. 어느 날 제자들과 함께 연못 주변을 산책하시던 부처님께서 문득 아난에게 이렇게 물었습니다.

"아난아, 큰 바다에 눈먼 거북이 한 마리가 살고 있다. 이 거북이는 백 년에 한 번씩 물 위로 머리를 내놓는데 그때 바다 한가운데 떠다니는 구멍 뚫린 나무판자를 만나면 잠시 거기에 목을 넣고 쉰다. 그러나 판자를 만나지 못하면 그냥 물속으로 들어가야 한다. 그러면 이때 눈먼 거북이가 과연 나무판자를 만날 수 있겠느냐?"

아난은 "그럴 수 없습니다."라고 대답했습니다. 눈까지 먼 거북이가 백 년 만에 물 위로 머리를 내밀었을 때 넓은 바다에 떠다니는 구멍 뚫린 나무판자를 만난다는 것은 확률적으로 도저히 불가능한 일이기 때문이었습니다.

이에 부처님께서는 다시 이렇게 말씀하셨습니다.

"그래도 눈먼 거북이가 넓은 바다를 떠다니다 보면 서로 어긋나다가도 혹시 구멍 뚫린 나무판자를 만날 수 있을지도 모른다. 그러나 어리석고 미련한 중생이 육도윤회의 과정에서 사람으로 태어나기란 저 거북이가 나무판자를 만나기보다 더 어렵다. 왜냐하면 저 중생들은 선을 행하지 않고 서로서로 죽이거나 해치며, 강한 자는 약한 자를 해쳐서 한량없는 악업을 짓기 때문이니라. 그러므로 비구들이여, 너희들은 사람으로 태어났을 때 내가 가르친 '네 가지 진리'를 부지런히 닦으라. 만약 아직 알지 못하였다면 불꽃같은 치열함으로 배우기를 힘써야 한다."

이 이야기처럼 사람 몸을 받아 이 세상에 오는 것이 참으로 어렵다는 것을 알고 하루하루를 소중하게 생각하고 값지게 살아야 합니다. 저는 하루하루가 참으로 어마어마한 행운이고 복이라고 생각합니다. 그런데 일생이 얼마나 되기에 수행하지 않고 게으름만 피우며 허비할 수 있겠습니까. 무수한 시간 속에서 일생 백 년은 그야말로 문틈 사이를 달려 지나가는 말과 같습니다. 말이 지나가는지 소가 지나가는지 사람이 지나가는지 모르죠. 게으름 피울 일이 아니란 겁니다.

인생난득   불법난봉
人生難得이요 佛法難逢이라

차생   실각   만겁   난우
此生에 失却하면 萬劫에 難遇니

수지십문지계법   일신근수이불퇴
須持十門之戒法하야 日新勤修而不退하고

속성정각   환도중생
速成正覺하야 還度衆生이어다

사람으로 태어나기 어려운 일이요 불법 만나기는 더욱 어려우니라. 금생에 잃어버리면 만겁을 지나도 만나기 어려우니, 모름지기 자경십문의 법에 의지하여 날마다 새롭고 부지런히 수행하여 물러나지 말고, 속히 정각을 이루어 중생을 제도할지어다.

'인생난득人生難得 불법난봉佛法難逢'이라는 말은 하루에 수십만 번을 생각하더라도 결코 지나치지 않습니다. 인생의 소중함과 부처님 법의 고귀함을 가슴 절절히 느낄 때, 순간순간의 삶을 멋지고 향기롭게 살 수가 있습니다. 원효 스님도 「발심수행장」에서 '기생불수幾生不修 허과일야虛過日夜 기활공신幾活空身 일생불수一生不修', '얼마나 살 것이기에 닦지 아니하고 헛되이 밤낮을 보내며, 헛된 몸이 얼마나 살아 있을 것이라고 일생을 닦지 않는가.'라고 가르치고 있습니다.

야운 스님은 지금까지 열거한 열 가지 덕목을 수행 지침으로 삼아 부지런히 수행해야 한다고 말합니다. 수행의 종착지는 스스로의 깨달음과 중생 제도에 있습니다. 이게 자각각타, 상구보리 하화중생上求菩提 下化衆生이며 각행원만한 삶이죠. 이것이 바람직한 수행자, 그리고 불자의 길입니다.

아 지 본 원　　비 위 여 독 출 생 사 대 해
我之本願은 非爲汝獨出生死大海라

역 내 보 위 중 생 야　　하 이 고
亦乃普爲衆生也니 何以故오

여 자 무 시 이 래　　지 우 금 생　　항 치 사 생
汝自無始以來로 至于今生히 恒値四生하야

삭 삭 왕 환　　개 의 부 모 이 출 몰 야
數數往還호미 皆依父母而出沒也라

고 　 광 겁 부 모 　 무 량 무 변
故로 **曠劫父母**가 **無量無邊**하니

나의 본래 소원은 그대 혼자만 생사의 바다를 벗어나기 위함이
아니라 여러 중생을 위한 것이니, 이는 무슨 까닭인고. 그대가
시작 없는 옛적부터 금생에 이르기까지 네 가지로 생명을 받아
자주자주 오간 것은 모두 부모에 의지하여 출몰한 것이라. 그러
므로 지극히 오랜 세월 동안 의지한 부모는 한량이 없었으니,

이 글은 야운 스님께서 스스로를 경책하기 위해 쓰신 글이라고
했습니다. 비록 자신을 경계하고, 타이르고, 가르치기 위하여 쓰
신 글이지만 출가자라면 마땅히 수행의 문으로 삼을 만한 내용입
니다. 여기서 스님은 수행자의 본분사를 말씀하십니다. 그것은 자
각각타, 상구보리 하화중생의 삶이라고 앞서 말씀드렸습니다.

'나'가 있는 것은 많고 많은 인연 덕분입니다. 부모와의 인연,
형제자매와의 인연, 그 부모가 세상을 살면서 맺은 온갖 인연, 그
리고 동서남북 천지자연과 일체가 인연이 되어 지금 이 순간 내가
존재하는 것입니다.

'나'는 오랜 세월 동안 이 몸 다하면 버리고 새 몸 얻고, 새 몸
역시 다하면 버리고 다른 새 몸을 얻어 살아왔습니다. 마치 옷을
갈아입듯 우리는 수많은 세월 동안 육신이라는 옷을 갈아입었습
니다. 그 옷을 갈아입을 때마다 부모를 의지해서 이 세상에 태어
나게 되죠. 그러니까 그 오랜 세월 동안 내가 의지했던 부모 역시
헤아릴 수 없이 많았다고 하는 겁니다.

유시관지　　육도중생　　무비시여　　다생부모
由是觀之컨댄 六道衆生이 無非是汝의 多生父母라

여시등류　　함몰악취　　일야　　수대고뇌
如是等類가 咸沒惡趣하야 日夜에 受大苦惱하나니

약불증제　　하시출리
若不拯濟면 何時出離리오

이렇게 관찰해 보건대 육도 중생이 수많은 세월 동안 그대의
부모가 아닌 경우가 없음이라. 이와 같은 중생들이 악취에 떨
어져 밤낮 큰 괴로움을 받고 있나니, 만약 구제하지 않으면 어
느 때 벗어날 수 있으리오.

앞에서 말한 것과 같은 이치를 보면 육도 중생 중에 부모 아
닌 사람이 없다고 합니다. 나한테 잘해 주는 사람, 이로운 사람뿐
만 아니라, 손해를 끼치는 사람, 비방하는 사람에 이르기까지, 심
지어 지옥, 아귀, 축생에 이르기까지 다생 동안 부모 아닌 사람이
없다는 겁니다.

그런데 은혜가 제일 지중하고 가깝다고 할 수 있는 사람이 지
옥, 아귀, 축생의 세계에 빠져 별별 고초를 겪으며 살고 있다고 합
니다. 나는 다행히 이생에 사람의 몸 받고 불법 만난 인연으로 수
행하여 깨달음의 길, 행복의 길, 궁극의 길에 들어섰습니다. 그러
나 과거 여러 생 동안 부모였던 중생은 여전히 삼악도를 벗어나지
못하고 고통을 겪고 있는 거죠. 그럼 어떻게 해야 하겠습니까. 부
모가 고통의 바다에 빠져 있는데 수수방관할 수 있겠습니까. 나의

온몸을 던져서라도 건져 내는 게 도리입니다. 지금 이 순간을 놓치면 언제 또다시 불법 만날 인연이 지어질 지 모릅니다. 그렇기 때문에 중생 역시 언제 이 괴로움에서 벗어날 지 기약할 수 없는 겁니다. 더 이상 고통의 세월을 허락해서는 안 된다는 거죠.

오 호 애 재　　통 전 심 부
嗚呼哀哉라 痛纏心腑로다

천 만 망 여　　　조 조 발 명 대 지
千萬望汝하노니 早早發明大智하야

구 족 신 통 지 력　　자 재 방 편 지 권
具足神通之力과 自在方便之權으로

속 위 홍 도 지 지 즙　　광 도 욕 안 지 미 륜
速爲洪濤之智楫해서 廣度欲岸之迷倫이어다

아, 슬프고 슬프도다. 가슴이 저리고 애달프도다. 천번만번 그대에게 바라노니 어서 빨리 큰 지혜를 밝혀 신통력과 자재한 방편을 갖추어, 신속히 거친 파도를 헤쳐 가는 돛대가 되어 탐욕의 저 언덕에서 헤매는 미혹한 중생들을 널리 제도할지어다.

가슴이 찢어지듯 애달프다고 했습니다. 이는 모든 존재의 관계 원리를 깨달은 분들이 발하는 동체대비同體大悲의 마음입니다. '천지여아동근天地與我同根 만물여아동체萬物與我同體', '세상천지는 나와 한 뿌리요, 삼라만상은 나와 한몸이다.'라는 말과 같은 것입

니다. 모든 존재를 나와 한몸이라고 여기게 되면 다른 사람의 괴
로움을 자신의 것처럼 생각하게 됩니다. 그래서 다른 사람이 설령
나쁜 짓을 하더라도 미운 마음, 싫어하는 마음이 아니라 연민의
정을 가지게 됩니다. 잘못하면 잘못한 것을 미워하지 않습니다.
'아, 어떻게 해서 저렇게 잘못된 일을 하는가?', '왜 저런 짓을 하
는가?' 하고 가슴 아프게 생각합니다. 그리고 어떻게 하면 저들을
깨우쳐서 다시는 잘못을 하지 않도록 할 것인가를 생각합니다.

　이와 같은 동체대비의 마음을 내어 중생을 제도하기 위해서는
지혜와 방편을 두루 갖추어야 합니다.

　　　　군불견
　　　　君不見가

　　종상제불제조　　진시석일　　동아범부
　　從上諸佛諸祖가 盡是昔日에 同我凡夫일러니라

　　피기장부　　여역이　　단불위야　　비불능야
　　彼旣丈夫라 汝亦爾니 但不爲也언정 非不能也니라

　　고왈　도불원인　　인자원의
　　古曰 道不遠人이라 人自遠矣라

　　우운　아욕인　　사인　　지의
　　又云 我欲仁이면 斯仁이 至矣라

　　성재　　시언야
　　誠哉라 是言也여

그대는 보지 못했는가? 역대의 모든 부처님과 조사들이 옛날에는 우리와 같은 범부였느니라. 저들도 장부요 그대도 역시 장부이니 다만 하지 않아서일 뿐 능력이 없어서가 아니니라. 옛사람이 말하기를 "도가 사람을 멀리하는 것이 아니라 사람이 스스로 멀리한다." 하였으며, 또 말하기를 "내가 어질고자 하면 어진 것이 스스로 찾아온다."고 하였으니 진실로 옳은 말씀이다.

과거의 모든 부처님과 조사, 예를 들어 석가모니 부처님이나 달마, 황벽, 임제, 원효, 서산, 사명 스님 등 깨달음을 얻었다는 모든 분이 우리와 똑같은 범부였다고 합니다. 그리고 이들이 모두 장부가 되었듯 '그대'라고 칭하는 야운 스님 본인도 장부, 즉 출가 대장부가 되었다는 말이죠. 그런데도 지혜와 방편을 갖추지 못한 것은 하지 않아서 그런 것이지 능력이 없어서가 아니라고 했습니다.

이는 『맹자』「양혜왕편梁惠王篇」에 나오는 이야기이기도 합니다. 맹자가 양혜왕에게 "힘센 장사가 깃털을 못 드는 것은 힘을 쓰지 않았기 때문이고, 수레에 실린 섶을 못 보는 것은 밝은 눈을 이용하지 않았기 때문입니다. 이와 같이 왕으로부터 백성이 보호를 받을 수 없는 것은 은혜를 쓰지 않기 때문입니다. 그러니 왕께서 천하의 왕을 하지 않는 것은 하지 않아 그렇지 불능한 것은 아닙니다."라고 말합니다. 안 하는 것과 못하는 것은 엄연히 차이가 있는 거죠.

우리는 그대로가 부처입니다. 백보 양보해서 말하면 우리는 모두 부처의 소질과 능력을 가지고 있습니다. 부처로서의 삶을 살아가는데 못할 일이 뭐가 있겠습니까. 무엇이든 다 할 수 있습니다. 우리가 수행을 한다, 도를 통한다, 성불을 한다는 것도 하지 않아서 그렇지 못하는 것이 아닙니다.

도는 항상 그 자리에 있습니다. 또 누구에게나 있습니다. 한순간도 사람을 떠나 있지 않습니다. 그런데 우리 스스로가 도를 등한시하고, 멀리하고, 어려워하면서 특별한 사람이나 할 수 있는 것으로 치부합니다. 도가 무엇입니까? 사람이 사는 일입니다. 우리가 사람 사는 일의 실상을 아느냐 모르느냐의 차이일 뿐입니다. 누구든지 다 살고 있습니다. 살고 있으면 다 도를 행하고 있는 것입니다. 다만 그 도를 행하는지, 행하지 않는지를 아느냐 모르느냐의 차이입니다. 내가 어진 마음을 행하고자 하면, 즉 자비롭고 사랑하는 마음을 갖고자 하면 어진 행위, 어진 마음, 자비로운 행동, 자비로운 마음이 저절로 이루어진다는 겁니다.

약 능 신 심 불 퇴 즉 수 불 견 성 성 불
若能信心不退則誰不見性成佛이리오

아 금 증 명 삼 보   일 일 계 여
我今證明三寶하고 一一戒汝하노니

지 비 고 범 즉 생 함 지 옥
知非故犯則生陷地獄하리니

가 불 신 여 　　가 불 신 여
可不愼歟며 可不愼歟아

만약 능히 신심이 물러서지 않는다면 누가 견성성불을 못하리
오. 나는 이제 삼보를 증명으로 모시고 한 가지 한 가지씩 그대
에게 경계를 한 것이니, 잘못인 줄 알면서 고의로 범하면 산 채
로 지옥에 떨어지리니 부디 삼가고 또 삼가도록 하라.

이와 같은 확신만 있다면 견성성불하지 못할 사람이 없다고 했
습니다. 불교에서는 도를 이룰 수 있다, 도를 이루겠다는 확신과
믿음이 무엇보다 중요합니다. 그보다 더 중요한 것은 이미 내가
부처라는 사실을 믿는 것입니다. 그리고 모든 사람이 부처라는 사
실을 믿는 것이죠.

야운 스님께서는 스스로를 경책하는 자경십문을 열거하고 불·
법·승 삼보를 증명으로 모셔서 이를 반드시 지키겠다는 약속을
하셨습니다. 수행자로서 스스로 약속한 것이기에 더 지중하다고
봐야죠. 그렇기 때문에 잘못인 줄 알면서도 고의로 범하면 지옥에
떨어질 것이라고 스스로를 엄하게 다독이고 있습니다.

송 왈
頌曰

옥 토 승 침 최 노 상 　　금 오 출 몰 촉 년 광
玉兎昇沈催老像이요 金烏出沒促年光이로다

구 명 구 리 여 조 로　　혹 고 혹 영 사 석 연
求名求利如朝露요 或苦或榮似夕烟이로다

권 여 은 근 수 선 도　　속 성 불 과 제 미 륜
勸汝慇懃修善道하노니 速成佛果濟迷倫이어다

금 생 약 불 종 사 어　　후 세 당 연 한 만 단
今生若不從斯語하면 後世當然恨萬端이리라

옥토끼 오르내려 늙음을 재촉함이요 금까마귀 출몰하며 세월
만 재촉함이로다. 명리를 구하는 것은 아침 이슬과 같음이요
괴로움과 영화는 저녁 연기와 같음이로다. 그대에게 권하노
니 부지런히 도를 닦아 속히 성불하여 미혹한 무리를 제도할지
어다. 금생에 만약 나의 말을 따르지 않는다면 후세에 당연히
한탄함이 끝이 없으리라.

야운 스님은 칠언율시를 지어 이제까지 이야기해 온 것을 압축
적으로 표현하였습니다. 「자경문」의 결론으로 삼은 것이죠. 매우
유명한 게송입니다.

옥토끼는 달을, 금까마귀는 해를 상징합니다. 모두 무상한 세
월을 의미하죠. 덧없이 세월은 흘러 죽음만 재촉한다는 말입니다.

'명예와 이익을 구하는 것은 아침 이슬과 같다.'는 말이 참 근사
합니다. 높은 벼슬자리에 있다거나 사업은 크게 번창하고 있다지
만 벌써 남의 눈총을 받고, 비난도 받습니다. 어리석게, 무리하게,
이치에 맞지 않게 명예를 구하고 이익을 구해도 그것은 해가 뜨면
금방 증발해 버리는 아침 이슬과 같은 겁니다. 탐욕의 끝은 허망

하기 이를 데 없습니다.

괴로움과 영광도 마찬가지로 저녁 연기와 같습니다. 저녁 연기는 생겼다가도 잠깐 사이에 사라지고 맙니다. 그와 같이 어떤 순간의 영화, 순간의 고통에 민감하게 반응하거나 연연하지 말라는 겁니다.

부처님의 과를 이루었다 하여 특별한 자리가 있는 것이 아닙니다. 존재의 이치를 제대로 이해하고 순리대로 살 줄 아는 게 부처님이죠. 그러다 보면 수연소구업隨緣消舊業, 즉 인연 따라 저절로 옛날에 지은 업이 녹게 되고 좋은 일을 하게 됩니다. 임제 스님도 '단능수연소구업但能隨緣消舊業 무일념심희구불과無一念心希求佛果', '다만 인연을 따라서 구업을 녹인다. 한 생각도 불과를 바라지 않는다.'고 했습니다.

우리는 선지식으로부터 배운 가르침을 마음에 깊이깊이 새겨 나의 살림살이가 되도록 해야 합니다. 그렇게 되어야 정말 성공한 인생, 행복한 인생이고 참으로 보람 있는 인생입니다. 확신이 서지 않는데 억지로 할 필요는 없습니다. 그저 스스로 이치를 알아 자기 소신을 세우는 게 중요합니다. 소신이 서면 누가 이해해 주든 못하든 관계없이 자기 인생의 길을 당당하게 가게 됩니다. 그러면 후회도 없습니다.

끝으로 저의 출가 인연이 되기도 한 「자경문」의 한 구절을 거듭 소개하면서 강의를 마칩니다.

삼일수심천재보(三日修心千載寶)

백년탐물일조진(百年貪物一朝塵)
사흘 닦은 마음은 천 년의 보배요
백 년 탐한 재물은 하루아침의 티끌이니라.

부 록

계초심학인문
誠初心學人文

부 초 심 지 인　　수 원 리 악 우　　　친 근 현 선
夫初心之人은 須遠離惡友하고 親近賢善하야

수 오 계 십 계 등　　　선 지 지 범 개 차
受五戒十戒等하야 善知持犯開遮니라

무릇 처음 발심한 사람은 반드시 악한 벗을 멀리하고 어질고 착한 이를
가까이해야 하며, 오계와 십계 등을 받아서 잘 간직하고 범하고 열고
닫을 줄을 알아야 하느니라.

단 의 금 구 성 언　　　막 순 용 류 망 설
但依金口聖言이언정 莫順庸流妄說이어다

다만 부처님의 성스러운 말에 의지할지언정 용렬한 무리의 망설을 따르
지 말지어다.

기 이 출 가　　　참 배 청 중
旣已出家하야 參陪淸衆인댄

상 념 유 화 선 순　　　　부 득 아 만 공 고
常念柔和善順이언정　不得我慢貢高다

이미 출가하여 청정한 대중 속에 참여하였거든 항상 부드럽고 화합하고
착하고 순수함을 생각할지언정 교만심으로 잘난 체하지 말지어다.

대 자　　위 형　　　소 자　　위 제
大者는 爲兄하고 小者는 爲弟니

당 유 쟁 자　　　양 설　　화 합
儻有諍者어든 兩說을 和合하야

단 이 자 심 상 향　　　부 득 악 어 상 인
但以慈心相向이언정　不得惡語傷人이어다

큰 사람은 형으로 여기고 작은 사람은 아우로 여길지니, 만일 서로 다
투는 이가 있거든 두 사람의 말을 화합시켜 서로가 자비로운 마음으로
대하게 할지언정, 나쁜 말로써 사람을 상하게 해서는 안 된다.

약 야 기 능 동 반　　　논 설 시 비
若也欺凌同伴하야 論說是非인댄

여 차 출 가　　전 무 이 익
如此出家는 全無利益이니라

만약 도반을 속이고 업신여겨서 시비를 한다면, 이와 같은 출가는 전혀
이익이 없느니라.

재색지화　심어독사　성기지비　상수원리
財色之禍는 甚於毒蛇하니 省己知非하야 常須遠離어다

재물과 이성에 의한 화는 독사보다 더 심하니, 자기를 반성하고 그릇된
줄을 알아 모름지기 항상 멀리할지어다.

무연사즉부득입타방원　당병처　부득강지타사
無緣事則不得入他房院하며 當屏處하야 不得强知他事하며

일 없이 다른 사람의 방에 들어가지 말며, 가려 놓은 곳에 이르러서는
굳이 남의 일을 알려고 하지 말며,

비육일　부득세완내의
非六日이어든 不得洗浣內衣하며

임관수　부득고성체타
臨盥漱하야 不得高聲涕唾하며

6일이 아니면 속옷을 빨지 말며, 손을 씻거나 이를 닦을 때는 큰 소리
로 코를 풀거나 침을 뱉지 말지며,

행익차　부득당돌월서
行益次에 不得搪揆越序하며

경행차　부득개금도비
經行次에 不得開襟掉臂하며

이익을 나누는 일을 할 때 당돌하게 차례를 어기지 말며, 경행을 할 때
옷깃을 헤치거나 팔을 흔들지 말며,

언담차   부득고성희소
言談次에 不得高聲戲笑하며

비요사   부득출어문외
非要事어든 不得出於門外하며

말할 때 소리를 높여 희롱하거나 크게 웃지 말 것이며, 요긴한 일이 아니거든 문밖에 나가지 말며,

유병인   수자심수호
有病人이어든 須慈心守護하며

견빈객   수흔연영접
見賓客이어든 須欣然迎接하며

병든 사람이 있거든 마땅히 자비로운 마음으로 지켜 주고 간호할 것이며, 손님이 오거든 기쁜 마음으로 맞아들이며,

봉존장   수숙공회피
逢尊長이어든 須肅恭廻避하며

판도구   수검약지족
辦道具호대 須儉約知足하라

어른을 만나거든 마땅히 엄숙하고 공손한 마음으로 길을 비켜 드리며, 도구를 마련할 때는 마땅히 검소하고 약소한 것에 만족할 줄 알아라.

재식시   음철   부득작성
齋食時에 飮啜을 不得作聲하고

집 방　요 수 안 상
執放에 要須安詳하며

부 득 거 안 고 시　　부 득 흔 염 정 추
不得擧顔顧視하고 不得欣厭精麤하라

재식 시에 마시고 씹는 소리를 내지 말고, 수저나 발우를 잡고 놓을 때
에 모름지기 차근차근 조심스럽게 하며, 얼굴을 들고 이리저리 돌아보
지 말고, 맛있는 음식을 좋아하거나 맛없는 음식을 싫어하지 마라.

수 묵 무 언 설　　수 방 호 잡 념
須黙無言說하고 須防護雜念하며

수 지 수 식　　단 료 형 고　　위 성 도 업
須知受食이 但療形枯하야 爲成道業하며

수 념 반 야 심 경　　관 삼 륜 청 정　　불 위 도 용
須念般若心經호대 觀三輪清淨하야 不違道用이어다

모름지기 아무 말 없이 먹어야 하고, 쓸데없는 생각을 방호하며, 밥을
먹는 것은 오직 몸이 쇠약해지는 것을 막아 도업을 이루기 위한 것임을
알며, 반야심경을 생각하되 삼륜이 청정한 것을 관하여 도를 쓰는 데
어기지 말지어다.

부 분 수　　수 조 모 근 행　　자 책 해 태
赴焚修호대 須朝暮勤行하야 自責懈怠하며

지 중 행 차　　부 득 잡 란
知衆行次하야 不得雜亂하며

예불을 하고 기도를 하되 아침저녁으로 부지런히 행하여 스스로 나태함
을 꾸짖을 것이며, 대중이 행하는 때를 알아서 어지럽히지 말며,

찬 패 축 원　　　수 송 문 관 의
讚唄祝願호대　須誦文觀義언정

부 득 단 수 음 성　　　부 득 운 곡 부 조
不得但隨音聲하고　不得韻曲不調하며

첨 경 존 안　　　부 득 반 연 이 경
瞻敬尊顔하야　不得攀緣異境이어다

범패를 하고 축원을 하되 모름지기 뜻을 관할지언정 단지 소리만 따라
내어서는 안 되고 곡조를 틀리게 내지 말며, 존경하는 마음으로 부처님
의 존안을 우러러보아 다른 경계에 이끌리지 말지어다.

수 지 자 신 죄 장　　　유 여 산 해
須知自身罪障이　猶如山海하고

수 지 이 참 사 참　　　가 이 소 제
須知理懺事懺으로　可以消除하며

모름지기 자신의 죄와 업장이 산과 같고 바다와 같은 줄을 알고, 마땅
히 이참과 사참으로 죄업을 녹여 없앨 줄 알며,

심 관 능 례 소 례　　　개 종 진 성 연 기
深觀能禮所禮가　皆從眞性緣起하고

심신감응　　불허　　　영향상종
深信感應이 不虛하야 影響相從이니라

예배하는 나와 예배받는 부처님이 다 같이 진성으로부터 연기하는 줄을
깊이 관하면 감응이 헛되지 아니하여 그림자나 메아리가 서로 따르는
것과 같음을 깊이 믿을지니라.

거중료　　　수상양부쟁　　　수호상부호
居衆寮호대 須相讓不爭하며 須互相扶護하며

대중방에 거처할 때 서로 양보하여 다투지 말며, 모름지기 서로 돕고
보호하며,

신쟁론승부　　　신취두한화
愼諍論勝負하며 愼聚頭閑話하며

신오착타혜　　　신좌와월차
愼誤着他鞋하며 愼坐臥越次하며

말로써 다투어 승부를 가림을 삼가며, 머리를 맞대고 한가롭게 이야기
하는 것을 삼가며, 다른 사람의 신을 신는 것을 삼가며, 앉고 누울 때
차례를 어기는 것을 삼가며,

대객언담　　　부득양어가추　　　단찬원문불사
對客言談에 不得揚於家醜하고 但讚院門佛事하며

부득예고방　　　견문잡사　　　자생의혹
不得詣庫房하야 見聞雜事하고 自生疑惑이어다

객을 대하여 말할 때 집안의 허물을 드러내지 말고, 오로지 산문 안의 불사를 찬탄할지며, 부질없이 고방에 가서 잡된 일을 보거나 듣고 스스로 의심을 내지 말지어다.

비 요 사　　　부 득 유 주 엽 현
非要事어든 不得遊州獵縣하야

여 속 교 통　영 타 증 질　　실 자 도 정
與俗交通 令他憎嫉하고 失自道情이어다

요긴한 일이 아니거든 이 마을 저 마을로 다니며 속인들을 사귀어 다른 사람으로부터 미움을 받거나 스스로의 도정을 잃는 일이 없어야 한다.

당 유 요 사 출 행　　　고 주 지 인
儻有要事出行이어든 告住持人과

급 관 중 자　　　영 지 거 처
及管衆者하야 令知去處하며

만일 요긴한 일이 있어 외출을 하거든 반드시 주지나 대중 관리자에게 가는 곳을 알려야 하며,

약 입 속 가　　　절 수 견 지 정 념
若入俗家어든 切須堅持正念하야

신 물 견 색 문 성　　　유 탕 사 심
愼勿見色聞聲하고 流蕩邪心이어든

만약 속인의 집에 들어가거든 반드시 바른 생각을 굳게 지녀서 색을 보

거나 소리를 듣는 것을 삼가고 방탕함과 삿된 마음이 일어나지 않도록
유의해야 할 것이거늘,

우 황 피 금 희 소　　　난 설 잡 사
又況披襟戲笑하야 **亂說雜事**하며

비 시 주 식　　　망 작 무 애 지 행　　　심 괴 불 계
非時酒食으로 **妄作無碍之行**하야 **深乖佛戒**리오.

하물며 옷깃을 헤치고 희롱하는 웃음을 짓거나 잡된 일을 요란하게 말
하며, 때 아닌 때에 술과 밥을 먹거나 망령되게 거침없는 행동을 하여
서 부처님의 계율을 어기리오.

우 처 현 선 인　　　혐 의 지 간　　　기 위 유 지 혜 인 야
又處賢善人의 **嫌疑之間**이면 **豈爲有智慧人也**리오.

그리하여 어질고 착한 사람들로부터 혐의를 받게 된다면 어찌 지혜로운
사람이라 할 수 있으리오.

주 사 당　　　신 사 미 동 행　　　신 인 사 왕 환
住社堂호대 **愼沙彌同行**하며 **愼人事往還**하며

신 견 타 호 오　　　신 탐 구 문 자　　　신 수 면 과 도
愼見他好惡하며 **愼貪求文字**하며 **愼睡眠過度**하며

신 산 란 반 연
愼散亂攀緣이어다.

사당에 있을 때 사미승과 함께 행동하는 것을 삼가며, 사람의 일로 왕

래하는 것을 삼가며, 다른 사람의 좋고 궂은 일 보기를 삼가며, 문자를 탐하여 구하는 것을 삼가며, 잠을 지나치게 자는 것을 삼가며, 어지럽게 반연하는 것을 삼갈지어다.

약 우 종 사　　승 좌 설 법
若遇宗師의 陞座說法이어든

절 부 득 어 법　　작 현 애 상　　　생 퇴 굴 심
切不得於法에 作懸崖想하야 生退屈心하야

혹 작 관 문 상　　　생 용 이 심
或作慣聞想하야 生容易心하고

만약 종사가 법상에 올라 설법함을 만나거든 법문을 듣고 절대로 천 길 낭떠러지를 어떻게 오를 수 있을까 하는 생각을 지어 퇴굴심을 일으키거나, 늘 들을 수 있는 것이라는 생각을 지어 용이심을 일으키지 말고,

당 수 허 회 문 지　　　필 유 기 발 지 시
當須虛懷聞之하면 必有機發之時하리니

부 득 수 학 어 자　　　단 취 구 판
不得隨學語者하야 但取口辦이어다

모름지기 생각을 텅 비우고 들으면 기연을 발할 때가 있으리니, 말만 배우는 자를 따라서 단지 입으로만 판단하는 것을 취하지 말지어다.

소 위 사 음 수　　　성 독　　　우 음 수　　　성 유
所謂蛇飮水하면 成毒하고 牛飮水하면 成乳인달하야

지 학   성 보 리   우 학   성 생 사   시 야
智學은 成菩提하고 愚學은 成生死가 是也니라

이른바 "독사가 물을 마시면 독이 되고 소가 물을 마시면 젖이 된다. 지혜롭게 배우면 보리를 이루고 어리석게 배우면 생사를 이룬다."는 말씀이 이것이니라.

우 부 득 어 주 법 인   생 경 박 상
又不得於主法人에 生輕薄想이니

인 지 어 도   유 장   불 능 진 수   절 수 신 지
因之於道에 有障하야 不能進修하리니 切須愼之어다

또 법을 주관하는 스님에 대하여 업신여기는 생각을 내지 말지니, 그로 말미암아 도에 장애가 되고 수행에 진전이 없으리니 모름지기 간절히 삼갈지어다.

논   운 여 인   야 행   죄 인   집 거 당 로
論에 云如人이 夜行에 罪人이 執炬當路어든

약 이 인 악 고   불 수 광 명   타 갱 락 참 거 의
若以人惡故로 不受光明하면 墮坑落塹去矣라 하시니

논에 이르기를 "어떤 사람이 길을 가다가 횃불을 들고 가는 죄인을 만났는데 그 사람이 밉다고 불빛까지 받아들이지 않는다면 구렁텅이에 빠지고 말리라." 하시니,

문 법 지 차　　여 리 박 빙
聞法之次에 如履薄氷하야

필 수 측 이 목 이 청 현 음　　숙 정 진 이 상 유 치
必須側耳目而聽玄音하며 肅情塵而賞幽致라가

법문을 들을 때는 마치 얇은 얼음을 밟는 것과 같이 조심하여 모름지
기 귀와 눈을 기울여 깊은 말씀을 들을 것이며, 마음에 일어난 티끌을
가다듬어 그 깊은 뜻을 음미하다가,

하 당 후　　묵 좌 관 지　　여 유 소 의
下堂後에 黙坐觀之호대 如有所疑어든

박 문 선 각　　석 척 조 순　　불 람 사 발
博問先覺하야 夕惕朝詢하야 不濫絲髮이어다

법문이 끝나면 묵묵히 앉아 관해 보다가 의심이 생기거든 널리 아는 이
에게 물어야 하며, 아침저녁으로 생각하고 물어서 실낱만큼이라도 흘려
버리지 말지어다.

여 시　　내 가 능 생 정 신　　이 도 위 회 자 여
如是라야 乃可能生正信하야 以道爲懷者歟인저

이렇게 하여야 비로소 올바른 신심을 내어 도로써 자기 일을 삼는 자라
고 할 것이니라.

무 시 습 숙　　애 욕 에 치　　전 면 의 지
無始習熟한 愛欲恚癡가 纏綿意地하야

잠 복 환 기　　　여 격 일 학
暫伏還起호니 如隔日瘧하나니

비롯함이 없는 옛적부터 익혀 온 애욕과 성내는 마음과 어리석은 생각
이 마음에 얽히고설키어 잠깐 수그러졌다가는 다시 일어나는 것이 마치
하루거리와 같나니,

일 체 시 중　　　직 수 용 가 행 방 편 지 혜 지 력
一切時中에 直須用加行方便智慧之力하야

통 자 차 호　　　기 가 한 만　　　유 담 무 근
痛自遮護언정 豈可閑謾으로 遊談無根하야

허 상 천 일　　　욕 기 심 종 이 구 출 로 재
虛喪天日하고 欲冀心宗而求出路哉리오

일체 생활 시간 속에서 모름지기 가행 방편과 지혜의 힘을 써서 번뇌를
능히 막고 마음을 보호할지언정 한가로이 근거 없는 이야기로 세월을
헛되이 보낸다면 어찌 마음자리를 깨달아 윤회를 벗어나는 길을 구한다
고 하리오.

단 견 지 절　　　책 궁 비 해　　　지 비 천 선　　　개 회 조 유
但堅志節하야 責躬匪懈하며 知非遷善하야 改悔調柔어다

다만 뜻과 절개를 굳건히 하여 자기의 몸을 꾸짖어 게을리하지 말며,
그릇됨을 알았거든 선한 데로 옮겨 고치고 뉘우치고 부드럽게 만들지
어다.

근 수 이 관 력　　전 심　　　연 마 이 행 문　　익 정
勤修而觀力이 **轉深**하고 **鍊磨而行門**이 **益淨**하리라

이렇게 부지런히 닦다 보면 관하는 힘이 더욱 깊어지고 갈고 닦을수록
수행의 문이 점점 맑아지느니라.

장 기 난 조 지 상　　　도 업　　항 신
長起難遭之想하면 **道業**이 **恒新**하고

상 회 경 행 지 심　　　종 불 퇴 전
常懷慶幸之心하면 **終不退轉**하리라

항상 불법을 만나기 어렵다는 생각을 일으키면 도 닦는 업이 늘 새로워
질 것이고, 항상 경사스럽고 다행하다는 생각을 일으키면 마침내 물러
나지 아니하리라.

여 시 구 구　　　자 연 정 혜 원 명　　　견 자 심 성
如是久久하면 **自然定慧圓明**하야 **見自心性**하며

용 여 환 비 지　　　환 도 중 생　　　작 인 천 대 복 전
用如幻悲智하야 **還度衆生**하야 **作人天大福田**하리니

절 수 면 지
切須勉之어다

이와 같이 오래오래 하다 보면 자연히 선정과 지혜가 뚜렷이 밝아져 자
신의 마음자리를 보며, 환과 같은 자비와 지혜를 써서 모든 중생을 제
도하여 인간과 천상의 큰 복밭이 되리니, 모름지기 간절히 힘쓸지어다.

발심수행장
發心修行章

부제불제불　　장엄적멸궁　　어다겁해　　사욕고행
夫諸佛諸佛이 **莊嚴寂滅宮**은 **於多劫海**에 **捨欲苦行**이요

중생중생　　윤회화택문　　어무량세　　탐욕불사
衆生衆生이 **輪廻火宅門**은 **於無量世**에 **貪慾不捨**니라

모든 부처님과 부처님이 적멸궁을 장엄하는 것은 오랜 세월 욕심을 버
리고 고행을 하셨기 때문이요, 중생마다 불난 집의 문을 윤회하는 것은
한량없는 세상을 살아오면서 탐욕을 버리지 않기 때문이니라.

무방천당　　소왕지자　　삼독번뇌　　위자가재
無防天堂에 **少往至者**는 **三毒煩惱**로 **爲自家財**요

무유악도　　다왕입자　　사사오욕　　위망심보
無誘惡道에 **多往入者**는 **四蛇五欲**으로 **爲妄心寶**니라

막지 않는 천당에 이르는 사람이 적은 것은 탐·진·치 삼독의 번뇌로
자기의 재물을 삼기 때문이요, 유혹하지 않는 악한 길에 이르는 사람이
많은 것은 네 가지 요소와 다섯 가지 욕망으로 망심의 보배를 삼았기

때문이니라.

인 수 불 욕 귀 산 수 도　　　　이 위 부 진　　애 욕 소 전
人誰不欲歸山修道리요마는 而爲不進은 愛欲所纏이니라

연 이 불 귀 산 수 수 심　　　수 자 신 력　　불 사 선 행
然而不歸山藪修心이나 隨自身力하야 不捨善行이어다

사람으로서 누군들 산에 돌아가서 도 닦고 싶어 하지 않으랴마는 애욕
에 얽히어서 하지 못할 따름이니라. 산에 돌아가서 마음을 닦지 못한다
하더라도 자신의 능력에 따라 선행을 버리지 말아야 한다.

자 락　　능 사　　신 경 여 성
自樂을 能捨하면 信敬如聖이오

난 행　　능 행　　존 중 여 불
難行을 能行하면 尊重如佛이니라

세속에서 즐겨야 할 낙을 능히 버린다면 성인처럼 신뢰와 공경 받을 것
이요, 행하기 어려운 일을 능히 행하면 부처님처럼 존경받을 것이니라.

간 탐 어 물　　시 마 권 속　　자 비 보 시　　시 법 왕 자
慳貪於物은 是魔眷屬이요 慈悲布施는 是法王子니라

고 악 아 암　　지 인 소 거　　벽 송 심 곡　　행 자 소 서
高嶽峨巖은 智人所居요 碧松深谷은 行者所捿니라

재물을 아끼고 탐하는 사람은 마구니의 권속에 불과하고, 자비로운 마
음으로 베푸는 사람은 부처님의 제자이니라. 높은 산은 지혜로운 사람이

머물 곳이요, 깊은 골짜기는 수행자가 깃들 곳이니라.

기찬 목 과　　위 기 기 장　　갈 음 유 수　　식 기 갈 정

飢餐木果하야 慰其飢腸하고 渴飮流水하야 息其渴情이어다

배고프면 나무 열매 따 먹어 주린 창자를 달래고, 목마르면 흐르는 물
을 마시며 갈증을 풀지어다.

끽 감 애 양　　차 신　　정 괴

喫甘愛養하여도 此身은 定壞요

착 유 수 호　　명 필 유 종

着柔守護하여도 命必有終이니라

좋은 음식 먹고 몸을 잘 돌봐도 끝내 죽고 마는 몸이요, 부드러운 옷으
로 감싸 줘도 이 목숨 길이 살지 못하니라.

조 향 암 혈　　위 염 불 당　　애 명 압 조　　위 환 심 우

助響巖穴로 爲念佛堂하고 哀鳴鴨鳥로 爲歡心友니라

메아리 울리는 바위 동굴로 염불당을 삼고, 슬피 우는 새소리로 마음을
기쁘게 하는 벗을 삼을 것이니라.

배 슬　　여 빙　　무 연 화 심

拜膝이 如氷이라도 無戀火心하며

아 장　　여 절　　무 구 식 념

餓腸이 如切이라도 無求食念이니라

절하는 무릎이 얼음처럼 차더라도 따뜻한 불 생각 말고, 주린 창자가
끊어질 것 같더라도 밥 생각을 말 것이니라.

홀 지 백 년　　　운 하 불 학
忽至百年이어늘　云何不學이며

일 생　　기 하　　불 수 방 일
一生이　幾何관대　不修放逸고

홀연히 백 년에 이르거늘 어찌 배우지 아니하며, 한평생이 얼마기에 수
행하지 않고 방일하는가.

이 심 중 애　　시 명 사 문　　불 연 세 속　　시 명 출 가
離心中愛를　是名沙門이요　不戀世俗을　是名出家니라

마음속에 모든 애착 떠난 이를 사문이라 이름하고, 세속을 그리워하지
않는 것을 출가라 이름하느니라.

행 자 라 망　　구 피 상 피　　도 인 연 회　　위 입 서 궁
行者羅網은　狗被象皮요　道人戀懷는　蝟入鼠宮이니라

수행자가 번뇌의 그물에 걸리는 것은 개가 코끼리 가죽을 뒤집어쓴 것
이요, 도를 닦는 사람이 이성을 그리워하는 것은 고슴도치가 쥐 집에
들어가는 격이니라.

수 유 재 지　　거 읍 가 자　　제 불　　시 인　　생 비 우 심
雖有才智나　居邑家者는　諸佛이　是人에　生悲憂心하시고

설무도행   주산실자
設無道行이라도 住山室者는

중성   시인   생환희심
衆聖이 是人에 生歡喜心하나니라

비록 재주와 지혜가 있다 하나 도시에 사는 사람은 모든 부처님이 이
사람에 대해 슬퍼하는 마음을 내시고, 설사 도를 닦는 수행이 없더라도
산에 머무는 자에게는 모든 성인이 이 사람에게 기쁜 마음을 내느니라.

수유재학   무계행자   여보소도이불기행
雖有才學이나 無戒行者는 如寶所導而不起行이요

수유근행   무지혜자   욕왕동방이향서행
雖有勤行이나 無智慧者는 欲往東方而向西行이니라

비록 재주와 학식이 있으나 계행이 없는 사람은 보배 있는 곳으로 인
도하되 일어나 가지 않는 것과 같은 것이요, 비록 부지런히 행하더라도
지혜가 없는 사람은 동쪽으로 가고자 하나 서쪽으로 가는 격이니라.

유지인   소행   증미작반
有智人의 所行은 蒸米作飯이요

무지인   소행   증사작반
無智人의 所行은 蒸沙作飯이니라

지혜 있는 사람이 행하는 바는 쌀을 쪄서 밥 짓는 것과 같은 것이고, 지
혜 없는 사람이 행하는 바는 모래를 쪄서 밥 짓는 것과 같다.

공 지 끽 식 이 위 기 장　　부 지 학 법 이 개 치 심
共知喫食而慰飢腸하되 不知學法而改癡心이로다

누구나 배고프면 밥을 먹어 주린 창자를 채울 줄은 알지만, 법을 배워
어리석은 마음을 고칠 줄은 모른다.

행 지 구 비　　여 거 이 륜　　자 리 이 타　　여 조 양 익
行智具備는 如車二輪이요 自利利他는 如鳥兩翼이니라

행과 지혜를 갖추는 것은 수레의 두 바퀴와 같고, 자리이타는 새의 두
날개와 같은 것이니라.

득 죽 축 원　　불 해 기 의　　역 불 단 월　　응 수 치 호
得粥祝願호대 不解其意하면 亦不檀越에 應羞恥乎며

득 식 창 패　　부 달 기 취　　역 불 현 성　　응 참 괴 호
得食唱唄호대 不達其趣하면 亦不賢聖에 應慚愧乎아

죽을 얻고 축원을 하면서도 그 뜻을 알지 못하면 또한 시주에게 부끄러
운 일이 아닐 수 없으며, 밥을 얻고 염불하되 그 취지를 통달하지 못하
면 또한 성현에게 참회하고 부끄럽게 여겨야 하지 않겠는가.

인 오 미 충　　불 변 정 예　　　　성 증 사 문　　불 변 정 예
人惡尾蟲이 不辨淨穢인달하여 聖憎沙門이 不辨淨穢니라

사람은 미충이 깨끗하고 더러움을 가리지 않음을 싫어하듯이 성인은 사
문이 깨끗하고 더러움을 가리지 못함을 싫어하느니라.

기세간훤　　승공천상　　계위선제
棄世間喧하고 乘空天上은 戒爲善梯니

시고　　파계　　위타복전
是故로 破戒하고 爲他福田은

여절익조　　부귀상공
如折翼鳥가 負龜翔空이라

세간의 시끄러운 것을 버리고 천상에 오르는 것은 계가 좋은 사다리가
되니, 그렇기 때문에 계를 파하고 남의 복전이 되려는 것은 날개 꺾인
새가 거북이를 업고 하늘을 날려는 것과 같다.

자죄　　미탈　　타죄　　불속
自罪를 未脫하면 他罪를 不贖이니라

연　　　기무계행　　수타공급
然하니 豈無戒行하고 受他供給이리오

자기 허물을 벗어 버리지 못하면 남의 허물을 구해 낼 수 없는 것이니
라. 그러니 어찌 계를 지켜 수행하지 않고 남의 공양을 받으리오.

무행공신　　양무이익　　무상부명　　애석불보
無行空身은 養無利益이요 無常浮命은 愛惜不保니라

수행 없는 헛된 몸뚱이는 길러 봐야 아무런 이익이 없음이요, 덧없는
뜬 목숨은 애착해 아껴도 보존할 수 없느니라.

망 용 상 덕　　능 인 장 고　　기 사 자 좌　　영 배 욕 락
望龍象德하야 能忍長苦하고 期獅子座하야 永背欲樂이니라
용상의 덕을 바라면서 능히 긴 세월의 괴로움을 참고, 사자의 자리를
기약하여 길이 욕락을 등지고 살아야 하느니라.

행 자 심 정　　제 천　　공 찬
行者心淨하면 諸天이 共讚하고

도 인　　연 색　　선 신　　사 리
道人이 戀色하면 善神이 捨離하나니라

수행자의 마음이 깨끗하면 하늘이 함께 칭찬하고, 도인이 색을 그리워
하면 선신들이 버리고 떠나느니라.

사 대 홀 산　　불 보 구 주　　금 일 석 의　　파 행 조 재
四大忽散이라 不保久住니 今日夕矣라 頗行朝哉인저
사대가 홀연히 흩어져 버리는 것이라 오래도록 머묾이 보장되지 않으
니, 오늘이 벌써 저녁인가 했더니 어느새 아침이 오는구나.

세 락　　후 고　　하 탐 착 재
世樂이 後苦어늘 何貪着哉며

일 인　　장 락　　하 불 수 재
一忍이 長樂이어늘 何不修哉리오
세상의 욕락이 죽은 뒤의 고통이거늘 어찌 탐착하며, 한 번 참는 것이
긴 즐거움이거늘 어찌 닦지 아니하리오.

도 인 탐　　시 행 자 수 치　　출 가 부　　시 군 자 소 소
道人貪은 是行者羞恥요 出家富는 是君子所笑니라

도 닦는 이가 탐심을 가지는 것은 수행자로서 수치요, 출가한 사람이
부를 누리는 것은 군자의 비웃음거리니라.

차 언　　부 진　　　탐 착 불 이
遮言이 不盡이어늘 貪着不已하며

제 이 무 진　　　부 단 애 착
第二無盡이어늘 不斷愛着하며

차 사 무 한　　　세 사 불 사
此事無限이어늘 世事不捨하며

피 모 무 제　　　절 심 불 기
彼謀無際어늘 絶心不起로다

하지 말라는 말이 다하지 않거늘 탐착하기를 그만두지 않으며, 다음에
하겠다고 미루는 것이 다할 때가 없거늘 애착을 끊지 아니하며, 이 일
은 끝이 없거늘 세상일을 버리지 않으며, 저 도모하는 일이 끝이 없거
늘 끊으려는 마음을 일으키지 아니하도다.

금 일 부 진　　　조 악 일 다
今日不盡이어늘 造惡日多하고

명 일 무 진　　　작 선 일 소
明日無盡이어늘 作善日少하며

금 년 부 진　　　　무 한 번 뇌
今年不盡이어늘 無限煩惱하고

내 년 무 진　　　　부 진 보 리
來年無盡이어늘 不進菩提로다

오늘, 오늘 하는 것이 다함이 없거늘 악을 짓는 것이 날로 많아지고, 내일, 내일 하는 것이 다함이 없거늘 선을 행하는 것은 날로 적어지며, 올해만, 올해만 하는 것이 다함이 없거늘 한없는 번뇌에 시달리고, 내년에, 내년에 하는 것이 다함이 없거늘 보리에 나아가지 아니하도다.

시 시 이 이　　　속 경 일 야　　　일 일 이 이　　　속 경 월 회
時時移移하야 速經日夜하고 日日移移하야 速經月晦하며

월 월 이 이　　　홀 래 년 지　　　년 년 이 이　　　잠 도 사 문
月月移移하야 忽來年至하고 年年移移하야 暫到死門하나니

시간 시간이 옮기고 옮겨서 낮과 밤이 빨리 지나가고, 하루하루가 옮기고 옮겨서 보름과 그믐이 빨리 지나가며, 한 달 한 달이 옮기고 옮겨서 홀연히 해가 가고 해가 오고, 한 해 한 해 옮기고 옮겨서 잠깐 사이에 죽음의 문턱에 이르니

파 거 불 행　　　노 인 불 수　　　와 생 해 태　　　좌 기 난 식
破車不行이요 老人不修라 臥生懈怠하고 坐起亂識이니라

부서진 수레는 가지 못하고 늙으면 수행하기 어려운지라. 누워서 게으름을 피우고 앉아서 어지러운 생각만 일으키고 있구나.

기 생 불 수 　　　 허 과 일 야 　　　 기 활 공 신 　　　 일 생 불 수
幾生不修어늘 虛過日夜하며 幾活空身이어늘 一生不修오

얼마나 살 것이기에 닦지 아니하고 헛되이 밤낮을 보내며, 헛된 몸이

얼마나 살아 있을 것이라고 일생을 닦지 않는가.

신 필 유 종 　　　　 후 신 　　 하 호
身必有終하리니 後身은 何乎아

막 속 급 호 　　　 막 속 급 호
莫速急乎며 莫速急乎아

몸은 반드시 죽고 마는 것이니 죽은 다음에 받는 몸은 어찌할 것인가.

급하지 아니한가, 생각할수록 급하지 아니한가.

자경문
自警文

주인공아　청아언
主人公아 **聽我言**하라

기인　득도공문리　여하장륜고취중
幾人이 **得道空門裏**어늘 **汝何長輪苦趣中**고

주인공아, 나의 말을 들으라. 많은 사람이 공문 속에서 도를 얻었거늘
어찌 그대는 괴로움의 갈래에서 길이 윤회하고 있는가.

여자무시이래　지우금생
汝自無始以來로 **至于今生**히

배각합진　타락우치
背覺合塵하고 **墮落愚癡**하야

항조중악이입삼도지고륜
恒造衆惡而入三道之苦輪하며

불수제선이침사생지업해
不修諸善而沈四生之業海로다

그대는 시작함이 없는 옛적부터 지금에 이르기까지 깨달음의 세계를 등
지고 객진번뇌에 몸을 맡기고 어리석음에 빠져 온갖 악업을 항상 지었
기 때문에 삼악도의 괴로운 윤회에 시달렸으며, 갖가지 선행을 닦지 않
았기 때문에 사생의 업의 바다에 잠겨 있음이로다.

신 수 육 적 고 　 혹 타 악 취 즉 극 신 극 고
身隨六賊故로 **或墮惡趣則極辛極苦**하고

심 배 일 승 고 　 혹 생 인 도 즉 불 전 불 후
心背一乘故로 **或生人道則佛前佛後**로다

몸은 여섯 도둑을 따르는 까닭으로 나쁜 곳에 떨어지면 지독한 신고를
받게 되고, 마음은 일승을 등진 까닭에 사람으로 태어나더라도 부처님
나시기 전이나 부처님 가신 후가 됨이로다.

금 역 행 득 인 신 　 정 시 불 후 말 세 　 오 호 통 재
今亦幸得人身이나 **正是佛後末世**니 **嗚呼痛哉**라

시 수 과 여
是誰過歟아

이제 또한 다행히 사람 몸을 얻었으나 바로 부처님 열반하신 이후 말법
세상이니 슬프고 애통한지라. 이것이 누구의 허물이겠는가.

수 연 　 여 능 반 성 　 할 애 출 가
雖然이나 **汝能反省**하야 **割愛出家**하야

수지응기　　　착대법복　　　이출진지경로
受持應器하고 着大法服하고 履出塵之徑路하고

학무루지묘법　　　여용득수　　　사호고산
學無漏之妙法하면 如龍得水요 似虎靠山이라

기수묘지리　　　불가승언
其殊妙之理를 不可勝言이니라

비록 그러하나 그대가 능히 반성하여 세상의 모든 애정을 끊고 출가하
여 바리때를 받아 지니고, 큰 법복을 착용하고, 티끌 세상을 벗어나는
지름길을 밟아 가고, 무루의 묘법을 배우면, 마치 용이 물을 얻은 것과
같고 호랑이가 산을 의지하는 것과 같음이라. 그 수승하고 묘한 도리를
가히 말로 다할 수 없느니라.

인유고금　　　법무하이　　　인유우지　　　도무성쇠
人有古今이언정 法無遐邇하며 人有愚智언정 道無盛衰니

수재불시　　　불순불교즉하익
雖在佛時나 不順佛敎則何益이며

종치말세　　　봉행불교즉하상
縱値末世나 奉行佛敎則何傷이리오

사람에게는 옛날과 이제가 있을지언정 진리에 있어서는 멀고 가까움이
없으며, 사람에게는 어리석고 지혜로움이 있을지언정 도에는 흥하고 쇠
함이 없나니, 비록 부처님 당시에 태어났으나 부처님의 가르침을 따르
지 않으면 무슨 이익이 있을 것이며, 비록 말세를 만났으나 부처님의
가르침을 잘 봉행한다면 무슨 해로움이 있으리오.

고   세존   운
故로 世尊이 云하사대

아 여 양 의   지 병 설 약   복 여 불 복   비 의 구 야
我如良醫하야 知病設藥하노니 服與不服은 非醫咎也며

우 여 선 도   도 인 선 도   문 이 불 행   비 도 과 야
又如善導하야 導人善道하노니 聞而不行은 非導過也라

그렇기 때문에 부처님께서 말씀하시기를 "나는 훌륭한 의사와 같아서
병을 알아 약을 처방하니, 그 약을 먹고 먹지 않는 것은 의사의 허물이
아니며, 또 나는 훌륭한 안내자와 같아서 사람을 좋은 길로 인도하노
니, 듣고도 행하지 아니하는 것은 인도하는 사람의 허물이 아니니라.

자 리 이 인   법 개 구 족   약 아 구 주   갱 무 소 익
自利利人이 法皆具足하니 若我久住라도 更無所益이라

자 금 이 후   아 제 제 자   전 전 행 지 즉 여 래 법 신
自今而後로 我諸弟子가 展轉行之則如來法身이

상 주 이 불 멸 야
常住而不滅也리라

자기 자신에게도 이롭고 다른 사람에게도 이로운 법이 다 갖춰져 있나
니, 만약 내가 더 오래 세상에 머문다 하더라도 더 이상 이로울 바가 없
음이라. 지금 이후로 나의 모든 제자가 계속 정진하고 실천에 옮기면
여래법신이 상주하여 멸하지 않으리라."

약 지 여 시 리 즉 단 한 자 불 수 도 하 환 호 말 세 야

若知如是理則但恨自不修道언정 何患乎末世也리오

만약 이와 같은 이치를 안다면 다만 스스로 진리의 길을 닦지 않음을
한탄할지언정 어찌 말세라 근심하리오.

복 망   여 수 흥 결 렬 지 지   개 특 달 지 회

伏望하노니 汝須興決烈之志하고 開特達之懷하야

진 사 제 연   제 거 전 도

盡捨諸緣하며 除去顚倒하고

진 실 위 생 사 대 사 어 조 사 공 안 상 의 선 참 구

眞實爲生死大事하야 於祖師公案上에 宜善參究하야

이 대 오 위 칙   절 막 자 경 이 퇴 굴

以大悟로 爲則이언정 切莫自輕而退屈이어다

엎드려 바라노니, 주인공은 모름지기 결렬한 뜻을 일으키고 특별한 열
린 마음으로, 온갖 인연을 다 버리며 전도된 생각을 제거하고, 진실로
삶과 죽음이라는 큰일을 해결하기 위해 조사의 공안에 의지하여 마땅히
잘 참구하되, 오직 큰 깨달음으로써 법칙을 삼을지언정 절대로 가벼이
여겨서 스스로 물러서지 말지어다.

유 사 말 운 거 성 시 요 마 강 법 약 인 다 사 치

惟斯末運이라 去聖時遙하고 魔强法弱하고 人多邪侈하야

성 인 자 소 패 인 자 다 지 혜 자 과 우 치 자 중

成人者少하고 敗人者多하며 智慧者寡하고 愚癡者衆하야

자 불 수 도　　역 뇌 타 인
自不修道하고 亦惱他人하나니

범 유 장 도 지 연　　언 지 부 진
凡有障道之緣을 言之不盡이로다

오직 말세라 성인이 가신 때가 오래되고, 마구니는 강하고 정법은 약하고, 간사하고 치사한 사람만 많아, 공부를 성취하는 사람은 적고 실패하는 사람은 많으며, 지혜로운 사람은 적고 어리석은 사람은 많아, 스스로 도를 닦지 아니하고 오히려 다른 사람을 괴롭게 하나니, 무릇 도를 방해하는 인연을 말로 다할 수 없도다.

공 여 착 로 고　　아 이 관 견　　　찬 성 십 문　　　영 여 경 책
恐汝錯路故로 我以管見으로 撰成十門하야 令汝警策하노니

여 수 신 지　　무 일 가 위　　지 도 지 도
汝須信持하야 無一可違를 至禱至禱하노라

그대가 길을 그르칠까 염려되어 비록 나의 좁은 소견으로 열 가지 문을 마련하여 그대를 경책하노니, 그대는 모름지기 믿고 받아 가져서 한 가지도 어기지 말 것을 지극히 바라고 바라노라.

송 왈　우 심 불 학 증 교 만　　　치 의 무 수 장 아 인
頌曰 愚心不學增憍慢이요 癡意無修長我人이로다

어리석은 마음으로 배우지 않으면 교만만 더하고, 어리석은 마음으로 수행하지 않으면 아상, 인상만 커진다.

공복고심여아호   무지방일사전원
空腹高心如餓虎요 無知放逸似顚猿이로다

사언마어긍수청   성교현장고불문
邪言魔語肯受聽하고 聖教賢章故不聞이로다

선도무인수여도   장륜악취고전신
善道無因誰汝度리오 長淪惡趣苦纏身이로다

배고픈데 마음만 높으면 굶주린 호랑이와 같고, 아는 것 없이 방일하면 거꾸로 매달린 원숭이와 같음이로다. 삿된 소리와 마구니의 말은 곧잘 들어도, 성현의 가르침과 현인의 글은 짐짓 듣지 않음이로다. 착한 도에 인연이 없으니 누가 그대를 제도하리요. 길이 악취에 빠져 괴로움이 온 몸을 휘감을 뿐이로다.

기일   연의미식   절막수용
其一은 軟衣美食을 切莫受用이어다

그 첫 번째는 부드러운 옷과 맛있는 음식을 함부로 받아 쓰지 말지어다.

자종경종   지우구신   비도인우   공력다중
自從耕種으로 至于口身히 非徒人牛의 功力多重이라

역내방생   손해무궁
亦乃傍生의 損害無窮이라

노피공이리아   상불연야
勞彼功而利我라도 尙不然也어든

황 살 타 명 이 활 기   해 가 인 호
況殺他命而活己를 奚可忍乎아

농 부   매 유 기 한 지 고   직 녀   연 무 차 신 지 의
農夫도 每有飢寒之苦하고 織女도 連無遮身之衣어든

황 아 장 유 수   기 한   하 염 심
況我長遊手어니 飢寒을 何厭心이리오

밭 갈고 씨 뿌리는 일로부터 먹고 입는 데 이르기까지 사람과 소의 공력이 많고 무거울 뿐만 아니라, 그 때문에 죽고 상한 벌레들 또한 한량이 없다. 남을 수고롭게 하여 나를 이롭게 한다 하더라도 그렇게 해서는 안 될 것이거늘 하물며 다른 생명을 죽여 내 살기를 어찌 참을 수 있겠는가. 농부도 항상 굶주리고 추운 고통이 있고, 베 짜는 사람도 몸을 가릴 옷이 늘 있을 수 없는데, 하물며 항상 손을 놀려 뒀던 내가 춥고 배고픔을 어찌 싫어하리오.

연 의 미 식   당 은 중 이 손 도
軟衣美食은 當恩重而損道요

파 납 소 식   필 시 경 이 적 음
破衲蔬食은 必施輕而積陰이니

금 생   미 명 심   적 수   야 난 소
今生에 未明心이면 滴水도 也難消니라

좋은 옷과 맛있는 음식에는 지중한 은혜가 따라서 도에 손이요, 떨어진 옷과 거친 음식은 반드시 시주의 은혜를 가볍게 하여 음덕을 쌓나니, 금생에 마음을 밝히지 못하면 한 방울의 물도 능히 소화시키기 어려우니라.

채 근 목 과 위 기 장   송 락 초 의 차 색 신
菜根木果慰飢腸하고 **松落草衣遮色身**이어다

야 학 청 운 위 반 려   고 잠 유 곡 도 잔 년
野鶴靑雲爲伴侶하고 **高岑幽谷度殘年**이어다

나물 뿌리와 나무 열매로 주린 창자를 위로하고 송락과 풀 옷으로 몸을 가릴지어다. 들판의 학과 푸른 구름으로 벗을 삼고 높은 산 깊은 골에서 남은 생을 보낼지어다.

기 이   자 재   불 린   타 물   막 구
其二는 **自財**를 **不悋**하고 **他物**을 **莫求**어다

두 번째는 자신의 재물을 아끼지 말고 다른 사람의 물건을 탐하지 말지어다.

삼 도 고 상   탐 업   재 초   육 도 문 중   행 단   거 수
三途苦上에 **貪業**이 **在初**요 **六度門中**에 **行檀**이 **居首**니라

삼악도의 괴로움은 탐욕으로 지은 업이 첫째요, 육바라밀 수행 중에 보시행이 으뜸이니라.

간 탐   능 방 선 도   자 시   필 어 악 경
慳貪은 **能防善道**요 **慈施**는 **必禦惡徑**이니

여 유 빈 인   내 구 걸   수 재 궁 핍   무 린 석
如有貧人이 **來求乞**이어든 **雖在窮乏**이라도 **無悋惜**이니라

아끼고 탐하는 것은 능히 착한 길을 막음이요 자비로운 보시는 반드시

악한 길을 막으니, 가난한 사람이 와서 구걸하거든 비록 궁핍하더라도
아끼지 말지니라.

내 무 일 물 래　　거 역 공 수 거

來無一物來요 **去亦空手去**라

자 재　　무 연 지　　타 물　　유 하 심

自財도 **無戀志**어니 **他物**에 **有何心**이리오

올 때 한 물건도 없이 왔고 갈 때 역시 빈손으로 가느니라. 스스로의 재
물에도 연연할 것 없거니 다른 이의 재물에 어찌 마음이 있으리오.

만 반 장 불 거　　유 유 업 수 신

萬般將不去요 **唯有業隨身**이라

삼 일 수 심　　천 재 보　　백 년 탐 물　　일 조 진

三日修心은 **千載寶**요 **百年貪物**은 **一朝塵**이니라

아무리 많이 장만해도 가져가지 못하고, 오직 업만 몸을 따라갈 뿐이라.
사흘 닦은 마음은 천 년의 보배요 백 년 탐한 재물은 하루아침의 티끌
이니라.

송 왈　삼 도 고 본 인 하 기　　지 시 다 생 탐 애 정

頌曰 三途苦本因何起오 **只是多生貪愛情**이로다

아 불 의 우 생 이 족　　여 하 축 적 장 무 명

我佛衣盂生理足커늘 **如何蓄積長無明**고

삼악도의 고통은 무엇 때문에 일어나는가. 다만 다생토록 탐하고 애착

하는 마음 때문이로다. 가사와 발우면 살기에 부족함이 없는데 무엇 하

러 쌓고 모아 무명만 기르는고.

기 삼   구 무 다 언   신 불 경 동
其三은 口無多言하고 身不輕動이어다

세 번째는 말을 많이 하지 말고 가벼이 움직이지 말지어다.

신 불 경 동 즉 식 란 성 정   구 무 다 언 즉 전 우 성 혜
身不輕動則息亂成定이요 口無多言則轉愚成慧니

실 상   이 언   진 리   비 동
實相은 離言이요 眞理는 非動이니라

몸을 가벼이 움직이지 않으면 산란한 마음을 쉬어 선정을 이루게 되고,

말이 많지 않으면 어리석음을 돌려 지혜를 이루니, 실다운 모습은 말을

떠남이요 진리는 움직이지 않음이니라.

구 시 화 문   필 가 엄 수   신 내 재 본   불 응 경 동
口是禍門이니 必加嚴守하고 身乃災本이니 不應輕動이니라

삭 비 지 조   홀 유 라 망 지 앙
數飛之鳥는 忽有羅網之殃이요

경 보 지 수   비 무 상 전 지 화
輕步之獸는 非無傷箭之禍니라

사람의 입은 모든 화의 문이니 반드시 엄숙하게 지켜야 하고, 몸은 재

앙의 근본이니 가볍게 움직이지 말지니라. 자주 나는 새는 홀연히 그물

에 걸릴 위험이 있고, 가벼이 다니는 짐승은 화살에 맞을 재앙이 없지 않느니라.

고　세존　주설산　　육년　좌부동
故로 世尊이 住雪山하사 六年을 坐不動하시고

달마　거소림　　구세　묵무언
達摩가 居少林하사 九歲를 黙無言하시니

후래참선자　　하불의고종
後來參禪者인들 何不依古蹤이리오

그러므로 세존께서는 설산에 계시면서 육 년 동안 움직이지 않으시고, 달마 조사가 소림에 계시면서 구 년 동안 말없이 묵언하셨으니, 후세의 참선하는 이가 어찌 옛 자취를 따르지 않으리오.

송왈　신심파정원무동　　묵좌모암절왕래
頌曰 身心把定元無動하고 黙坐茅菴絶往來어다

적적요요무일사　　단간심불자귀의
寂寂寥寥無一事하고 但看心佛自歸依어다

몸과 마음을 다잡아 안정시켜 동함이 없게 하고 묵묵히 모암에 앉아 왕래를 끊을지어다. 고요하고 고요해서 아무 일도 없게 하고 다만 마음 부처를 보아 스스로 귀의할지어다.

기사　단친선우　　막결사붕
其四는 但親善友언정 莫結邪朋이어다

네 번째는 선한 벗을 가까이할지언정 삿된 벗을 사귀지 말지어다.

조 지 장 식　　필 택 기 림　　　　인 지 구 학　　내 선 사 우
鳥之將息에　必擇其林이요　人之求學에　乃選師友니

택 림 목 즉 기 지 야 안　　　　선 사 우 즉 기 학 야 고
擇林木則其止也安하고　選師友則其學也高니라

새가 장차 쉬고자 할 때 반드시 그 숲을 선택하듯 사람이 공부하려 함
에 스승과 벗을 가려야 하니, 숲과 나무를 잘 선택하면 잠자리가 편안
하고 스승과 벗을 잘 만나면 공부가 높아지느니라.

고　　　승 사 선 우　　여 부 모　　　원 리 악 우　　사 원 가
故로　承事善友를　如父母하며　遠離惡友를　似冤家니라

학 무 오 붕 지 계　　　봉 기 초 우 지 모
鶴無烏朋之計어니　鵬豈鷦友之謀리오

그러므로 선한 벗 받들어 섬기기를 부모와 같이 하며, 나쁜 벗 멀리하
기를 원수처럼 해야 하느니라. 학도 까마귀와 벗할 생각이 없거니, 봉새
가 어찌 뱁새와 벗할 생각이 있으리오.

송 리 지 갈　　직 용 천 심　　　모 중 지 목　　미 면 삼 척
松裏之葛은　直聳千尋이요　茅中之木은　未免三尺이니

무 량 소 배　　빈 빈 탈　　　득 의 고 류　　삭 삭 친
無良小輩는　頻頻脫하고　得意高流는　數數親이어다

소나무를 의지한 칡넝쿨은 천 길을 곧게 올라가고, 띠풀에 자라는 나무

는 석 자를 넘지 못하나니, 어질지 못한 소인배는 멀리멀리 여의어야
하고, 뜻을 얻은 고상한 사람들은 자주자주 가까이할지어다.

송 왈   주 지 경 행 수 선 우   신 심 결 택 거 형 진
頌日 住止經行須善友하야 身心決擇去荊塵이어다

형 진 소 진 통 전 로   촌 보 불 이 투 조 관
荊塵掃盡通前路하면 寸步不移透祖關하리라

머물 때나 경행할 때나 좋은 벗을 구하여 몸과 마음을 잘 가려 가시와
먼지를 제거할지어다. 가시와 먼지 모두 없어져 앞길이 툭 터지면 한
걸음도 옮기지 않고 조사관문을 뚫으리라.

기 오   제 삼 경 외   불 허 수 면
其五면 除三更外에 不許睡眠이어다

다섯 번째는 삼경 외에는 잠을 허락하지 말지어다.

광 겁 장 도   수 마 막 대
曠劫障道는 睡魔莫大하니

이 육 시 중   성 성 기 의 이 불 매
二六時中에 惺惺起疑而不昧하며

사 위 의 내   밀 밀 회 광 이 자 간
四威儀內에 密密廻光而自看이어다

오랜 세월 동안 도에 방해되는 것은 수마보다 더한 것이 없으니 열두
시간 항상 또렷또렷하게 의심을 일으켜 매이지 말며, 행주좌와에 빈틈

없이 빛을 돌이켜 스스로를 살필지어다.

일생   공과   만겁   추한
一生을 **空過**하면 **萬劫**에 **追恨**이니

무상   찰나   내일일이경포
無常은 **刹那**라 **乃日日而驚怖**요

인명   수유   실시시이불보
人命은 **須臾**라 **實時時而不保**니

약미투조관   여하안수면
若未透祖關이면 **如何安睡眠**이리오

일생을 헛되게 보낼 것 같으면 만겁에 이르도록 한이 따르니, 무상은 찰나라 매일매일 놀랍고 두려운 일이요 사람의 목숨은 잠깐 사이라 한 시도 보장되어 있지 않으니, 만약 조사관을 뚫지 못하였다면 어찌 편히 잠을 잘 수 있으리오.

송왈 수사운롱심월암   행인도차진미정
頌曰 睡蛇雲籠心月暗하니 **行人到此盡迷程**이로다

개중념기취모리   운자무형월자명
箇中拈起吹毛利하면 **雲自無形月自明**하리라

잠이라는 뱀은 마음의 달을 어둡게 하는 구름이니 수행자가 여기에 이르러 길을 잃고 헤맴이로다. 그 가운데 취모리를 잡아 힘껏 일으키면 구름은 스스로 사라지고 달은 스스로 밝으리라.

기 육   절 막 망 자 존 대   경 만 타 인
其六은 切莫妄自尊大하야 輕慢他人이어다

여섯 번째는 망령되이 스스로를 높여 남을 업신여기지 말지어다.

수 인 득 인   겸 양   위 본   친 우 화 우   경 신   위 종
修仁得仁은 謙讓이 爲本이요 親友和友는 敬信이 爲宗이니라

사 상 산   점 고   삼 도 해   익 심
四相山이 漸高하면 三途海가 益深하니라

어진 마음을 닦아 어질게 되는 것은 겸손과 사양이 근본이요, 벗과 친
해지고 화목하게 하는 것은 공경과 믿음이 으뜸이 되느니라. 사상의 산
이 높아지면 삼악도의 바다는 더욱 깊어지느니라.

외 현 위 의   여 존 귀   내 무 소 득   사 후 주
外現威儀는 如尊貴나 內無所得은 似朽舟니

관 익 대 자   심 익 소   도 익 고 자   의 익 비
官益大者는 心益小하고 道益高者는 意益卑라

인 아 산 붕 처   무 위 도 자 성
人我山崩處에 無爲道自成하나니

범 유 하 심 자   만 복   자 귀 의
凡有下心者는 萬福이 自歸依니라

밖은 근사한 모양으로 존귀한 듯 꾸몄으나 안으로 얻을 바 없음은 썩
은 배와 같나니, 벼슬이 높은 사람은 마음을 더욱 작게 하고 도가 높은
사람은 그 뜻을 더욱 낮추어라. 분별의 상이라는 산이 무너진 곳에 무

위의 도가 저절로 이루어지나니, 무릇 하심 하는 사람에게는 온갖 복이
저절로 돌아오느니라.

송 왈 교 만 진 중 장 반 야   아 인 산 상 장 무 명
頌日 驕慢塵中藏般若요 我人山上長無明이로다

경 타 불 학 롱 종 노   병 와 신 음 한 불 궁
輕他不學蹤踵老하면 病臥辛吟恨不窮하리라

교만의 티끌 속에 지혜는 감춰짐이요, 분별심 위에 무명만 자람이로다.
남을 가벼이 여겨 공부하지 않고 세월만 보내면 병들어 신음할 때 한탄
만 가득하리라.

기 칠   견 재 색   필 수 정 념 대 지
其七은 見財色이어든 必須正念對之어다

일곱 번째는 재물과 색을 보거든 모름지기 반드시 바른 생각으로 그것
을 대할지어다.

해 신 지 기   무 과 여 색   상 도 지 본   막 급 화 재
害身之機는 無過女色이요 喪道之本은 莫及貨財니라

시 고   불 수 계 율   엄 금 재 색
是故로 佛垂戒律하사 嚴禁財色하사대

안 도 여 색   여 견 호 사
眼睹女色이어든 如見虎蛇하고

신 림 금 옥　　　등 시 목 석
身臨金玉이어든 **等視木石**하라

몸을 해치는 계기는 여색의 화보다 더한 것이 없음이요, 도를 손상시키는 근본은 재화에 미침이 없느니라. 그러므로 부처님께서 계율로 재물과 색을 엄히 금하시면서 말씀하시길 "여색을 보거든 호랑이나 뱀을 보는 것과 같이 하고, 몸에 금과 옥이 따르거든 나무나 돌을 보듯이 하라."

수 거 암 실　　　여 대 대 빈　　　은 현 동 시　　　내 외 막 이
雖居暗室이나 **如對大賓**하야 **隱現同時**하며 **內外莫異**어다

심 정 즉 선 신　　　필 호　　　연 색 즉 제 천　　　불 용
心淨則善神이 **必護**하고 **戀色則諸天**이 **不容**하나니

신 필 호 즉 수 난 처 이 무 난　　　천 불 용 즉 내 안 방 이 불 안
神必護則雖難處而無難이요 **天不容則乃安方而不安**이니라

비록 깜깜한 방에 혼자 있을지라도 큰 손님을 대하는 것과 같이 하여, 남이 볼 때나 보지 않을 때나 한결같이 하며, 안과 밖을 다르게 하지 말지어다. 마음이 깨끗하면 선신이 보호하고, 색을 그리워하면 하늘이 용납하지 않나니, 신선이 반드시 보호하면 비록 험한 곳에 있어도 어지럽지 않고, 하늘이 용납하지 않으면 편한 곳에 있어도 마음이 편안하지 않느니라.

송 왈 이 욕 염 왕 인 옥 쇄　　　정 행 타 불 접 연 대
頌曰 利慾閻王引獄鎖요 **淨行陀佛接蓮臺**니라

쇄 구 입 옥 고 천 종　　　선 상 생 연 락 만 반
鎖拘入獄苦千種이요 船上生蓮樂萬般이니라

이익을 욕심내면 염라대왕이 지옥으로 이끌고 청정한 행위를 하면 아
미타불이 연화대로 영접하느니라. 족쇄에 구속되어 지옥세계에 들어가
면 고통이 끝이 없고 반야용선 타고 연꽃으로 태어나면 즐거움이 가득
하네.

기 팔　　막 교 세 속　　　영 타 증 질
其八은 莫交世俗하야 令他憎嫉이어다

여덟 번째는 세속의 사람을 사귀어 다른 사람으로 하여금 미워하거나
질투를 하게 하지어다.

이 심 중 애 왈 사 문　　　불 연 세 속 왈 출 가
離心中愛曰沙門이요 不戀世俗曰出家니라

기 능 할 애 휘 인 세　　　부 하 백 의　　　결 당 유
旣能割愛揮人世인댄 復何白衣로 結黨遊리오

애 연 세 속　　　위 도 철
愛戀世俗은 爲饕餮이니

도 철　　　유 래　　　비 도 심
饕餮은 由來로 非道心이니라

마음 가운데 애착을 떠남이 사문이요, 세속을 그리워하지 않음이 출가
니라. 이미 능히 애착을 끊고 인간 세상을 뛰어넘었을진댄 어찌 다시 세
속 사람들과 무리를 지으리오. 세속에 애착하고 그리워하는 것은 도철

이니, 도철은 본래로 도 닦는 마음이 아니리라.

인정 농후 도심소 냉각인정영불고
人情이 濃厚하면 道心疎니 冷却人情永不顧어다

약욕불부출가지 수향명산궁묘지
若欲不負出家志인댄 須向名山窮妙旨호대

일의일발 절인정 기포 무심도자고
一衣一鉢로 絶人情하야 飢飽에 無心道自高니라

인정이 농후하면 도심이 멀어지니, 인정을 냉각시켜 영원히 돌아보지 말지어다. 만약 출가의 뜻을 저버리지 않고자 할진댄 마땅히 명산을 찾아 묘한 이치를 궁구하되, 가사 한 벌과 바리때 하나로 인정을 끊어 주리고 배부름에 무심하면 도가 스스로 높아지느니라.

송왈 위타위기수미선 개시윤회생사인
頌曰 爲他爲己雖微善이나 皆是輪廻生死因이니라

원입송풍라월하 장관무루조사선
願入松風蘿月下하야 長觀無漏祖師禪이어다

나와 남을 위하는 것이 비록 작은 선행이나 이 모두가 생사를 윤회하는 원인이니라. 원컨대 솔바람 칡넝쿨 달빛 아래에서 길이 다함없는 조사선을 관할지어다.

기구 물설타인과실
其九는 勿說他人過失이어다

아홉 번째는 다른 사람의 허물을 말하지 말지어다.

수문선악   심무동념   무덕이피찬   실오참괴
雖聞善惡이나 心無動念이니 無德而被讚은 實吾慚愧요

유구이몽훼   성아흔연
有咎而蒙毀는 誠我欣然이니라

흔연즉지과필개   참괴즉진도무태
欣然則知過必改요 慚愧則進道無怠니라

비록 좋고 싫은 소리이나 마음에 움직이지 말지니, 덕도 없이 남의 칭
찬을 받는 것은 참으로 부끄러워해야 할 일이요, 허물이 있어 비방하는
소리를 듣는 것은 진실로 내가 기뻐해야 할 일이니라. 기뻐하면 잘못을
알아 반드시 고칠 수 있고, 부끄러워할 줄 알면 도에 나아가는 데 게으
름이 없을 것이니라.

물설타인과   종귀필손실
勿說他人過하라 終歸必損身이니라

약문해인언   여훼부모성
若聞害人言이어든 如毀父母聲하라

금조   수설타인과   이일   회두론아구
今朝에 雖說他人過나 異日에 回頭論我咎니라

수연   범소유상   개시허망
雖然이나 凡所有相이 皆是虛妄이니

기 훼 찬 예   하 우 하 희
譏毀讚譽에 **何憂何喜**리오

다른 사람의 허물을 말하지 마라. 결국에는 다시 돌아와 반드시 자신을 해치느니라. 만약 다른 사람을 해롭게 하는 말을 듣거든 부모를 비방하는 소리로 들어라. 오늘 비록 다른 사람의 허물을 말하나 다른 날에 나의 허물을 논하게 되느니라. 비록 그러하나 무릇 있는바 상이 모두 허망한 것이니, 헐뜯고 욕하고 칭찬하고 치켜세운다고 어찌 근심하고 기뻐하리오.

송 왈 종 조 난 설 인 장 단   경 야 혼 침 락 수 면
頌曰 終朝亂說人長短타가 **竟夜昏沈樂睡眠**이로다

여 차 출 가 도 수 시   필 어 삼 계 출 두 난
如此出家徒受施라 **必於三界出頭難**이니라

아침이 다하도록 다른 사람의 장단점을 어지럽게 말하다가 밤이 이슥하도록 혼침에 떨어져 잠만을 즐기는도다. 이와 같은 출가자는 신도의 시주만을 받는 것이라 반드시 삼계를 벗어나기 참으로 어려우니라.

기 십   거 중 중   심 상 평 등
其十은 **居衆中**하야 **心常平等**이어다

열 번째는 대중 가운데 머물면서 마음은 항상 평등을 유지할지어다.

할 애 사 친   법 계 평 등   약 유 친 소   심 불 평 등
割愛辭親은 **法界平等**이니 **若有親疎**면 **心不平等**이라

수 부 출 가　　하 덕 지 유
雖復出家나 何德之有리오

애착을 끊고 부모를 떠난 것은 불법의 세계가 평등하기 때문이니, 만약 친함과 친하지 아니함이 있다면 마음이 평등하지 아니함이라. 비록 다시 출가하였으나 무슨 덕이 있으리오.

심 중　　약 무 증 애 지 취 사　　　신 상　　나 유 고 락 지 성 쇠
心中에 若無憎愛之取捨하면 身上에 那有苦樂之盛衰리오

평 등 성 중　　무 피 차　　대 원 경 상　　절 친 소
平等性中에 無彼此요 大圓鏡上에 絶親疎니라

마음 가운데에 만약 미움도 사랑도 취하고 버릴 것이 없다면, 몸에 어찌 괴로움과 즐거움의 성하고 쇠함이 있으리오. 평등의 성품에는 이것과 저것이 없고, 대원경에는 가깝고 먼 것이 끊어졌느니라.

삼 도 출 몰　　증 애 소 전　　육 도 승 강　　친 소 업 박
三途出沒은 憎愛所纏이요 六道昇降은 親疎業縛이니라

계 심 평 등　　본 무 취 사　　약 무 취 사　　생 사 하 유
契心平等하면 本無取捨니 若無取捨인댄 生死何有리오

삼악도에서 출몰함은 미움과 사랑에 얽힌 바요, 육도를 오르내림은 가깝고 멀다 하는 속박의 업 때문이니라. 마음이 평등한 데에 계합하면 본래 취하고 버릴 것이 없으니, 만약 취사가 없을진댄 생사가 어찌 있으리오.

송왈 욕성무상보리도　　야요상회평등심
頌曰 欲成無上菩提道인댄 也要常懷平等心이어다

약유친소증애계　　도가원혜업가심
若有親疎憎愛計하면 道加遠兮業加深하리라

위없는 깨달음을 이루고자 할진댄 요컨대 항상 평등한 마음을 품을지
어다. 만약 친소증애를 따지면 도는 더욱 멀어지고 업은 더욱 깊어지리라.

주인공　　여치인도　　당여맹구우목
主人公아 汝値人道가 當如盲龜遇木이어늘

일생　　기하　　불수해태
一生이 幾何관대 不修懈怠오

주인공아, 그대가 사람의 몸을 받은 것이 마땅히 눈먼 거북이가 나무를
만난 것과 같거늘, 한평생이 얼마나 되기에 수행하지 않고 게으름만 피
우는가.

인생난득　　불법난봉
人生難得이요 佛法難逢이라

차생　　실각　　만겁　　난우
此生에 失却하면 萬劫에 難遇니

수지십문지계법　　일신근수이불퇴
須持十門之戒法하야 日新勤修而不退하고

속성정각　　환도중생
速成正覺하야 還度衆生이어다

사람으로 태어나기 어려운 일이요 불법 만나기는 더욱 어려우니라. 금생에 잃어버리면 만겁을 지나도 만나기 어려우니, 모름지기 자경십문의 법에 의지하여 날마다 새롭고 부지런히 수행하여 물러나지 말고, 속히 정각을 이루어 중생을 제도할지어다.

아 지 본 원　　비 위 여 독 출 생 사 대 해
我之本願은 **非爲汝獨出生死大海**라

역 내 보 위 중 생 야　　하 이 고
亦乃普爲衆生也니 **何以故**오

여 자 무 시 이 래　　지 우 금 생　　항 치 사 생
汝自無始以來로 **至于今生**히 **恒値四生**하야

삭 삭 왕 환　　개 의 부 모 이 출 몰 야
數數往還호미 **皆依父母而出沒也**라

나의 본래 소원은 그대 혼자만 생사의 바다를 벗어나기 위함이 아니라 여러 중생을 위한 것이니, 이는 무슨 까닭인고. 그대가 시작 없는 옛적부터 금생에 이르기까지 네 가지로 생명을 받아 자주자주 오간 것은 모두 부모에 의지하여 출몰한 것이라.

고　　광 겁 부 모　　무 량 무 변
故로 **曠劫父母**가 **無量無邊**하니

유 시 관 지　　육 도 중 생　　무 비 시 여　　다 생 부 모
由是觀之컨댄 **六道衆生**이 **無非是汝**의 **多生父母**라

여시등류　　함몰악취　　　일야　　수대고뇌
如是等類가 咸沒惡趣하야 日夜에 受大苦惱하나니

약불증제　　하시출리
若不拯濟면 何時出離리오

그러므로 지극히 오랜 세월 동안 의지한 부모는 한량이 없었으니, 이
렇게 관찰해 보건대 육도 중생이 수많은 세월 동안 그대의 부모가 아
닌 경우가 없음이라. 이와 같은 중생들이 악취에 떨어져 밤낮 큰 괴
로움을 받고 있나니, 만약 구제하지 않으면 어느 때 벗어날 수 있으
리오.

오호애재　　　통전심부
嗚呼哀哉라 痛纏心腑로다

천만망여　　　　조조발명대지
千萬望汝하노니 早早發明大智하야

구족신통지력　　　자재방편지권
具足神通之力과 自在方便之權으로

속위홍도지지즙　　　광도욕안지미륜
速爲洪濤之智楫해서 廣度欲岸之迷倫이어다

아, 슬프고 슬프도다. 가슴이 저리고 애달프도다. 천번만번 그대에게 바
라노니 어서 빨리 큰 지혜를 밝혀 신통력과 자재한 방편을 갖추어, 신
속히 거친 파도를 헤쳐 가는 돛대가 되어 탐욕의 저 언덕에서 헤매는
미혹한 중생들을 널리 제도할지어다.

군 불 견
君不見가

종 상 제 불 제 조   진 시 석 일   동 아 범 부
從上諸佛諸祖가 盡是昔日에 同我凡夫일러니라

피 기 장 부   여 역 이   단 불 위 야   비 불 능 야
彼旣丈夫라 汝亦爾니 但不爲也언정 非不能也니라

고 왈 도 불 원 인   인 자 원 의
古曰 道不遠人이라 人自遠矣라

우 운 아 욕 인   사 인   지 의   성 재   시 언 야
又云 我欲仁이면 斯仁이 至矣라 誠哉라 是言也여

그대는 보지 못했는가? 역대의 모든 부처님과 조사들이 옛날에는 우리
와 같은 범부였느니라. 저들도 장부요 그대도 역시 장부이니 다만 하지
않아서일 뿐 능력이 없어서가 아니니라. 옛사람이 말하기를 "도가 사람
을 멀리하는 것이 아니라 사람이 스스로 멀리한다." 하였으며, 또 말하
기를 "내가 어질고자 하면 어진 것이 스스로 찾아온다."고 하였으니 진
실로 옳은 말씀이다.

약 능 신 심 불 퇴 즉 수 불 견 성 성 불
若能信心不退則誰不見性成佛이리오

아 금 증 명 삼 보   일 일 계 여
我今證明三寶하고 一一戒汝하노니

지 비 고 범 즉 생 함 지 옥   가 불 신 여   가 불 신 여
知非故犯則生陷地獄하리니 可不愼歟며 可不愼歟아

만약 능히 신심이 물러서지 않는다면 누가 견성성불을 못하리오. 나는 이제 삼보를 증명으로 모시고 한 가지 한 가지씩 그대에게 경계를 한 것이니, 잘못인 줄 알면서 고의로 범하면 산 채로 지옥에 떨어지리니 부디 삼가고 또 삼가도록 하라.

송왈 옥토승침최노상   금오출몰촉년광
頌曰 玉兎昇沈催老像이요 金烏出沒促年光이로다

구명구리여조로   혹고혹영사석연
求名求利如朝露요 或苦或榮似夕烟이로다

권여은근수선도   속성불과제미륜
勸汝慇懃修善道하노니 速成佛果濟迷倫이어다

금생약불종사어   후세당연한만단
今生若不從斯語하면 後世當然恨萬端이리라

옥토끼 오르내려 늙음을 재촉함이요 금까마귀 출몰하며 세월만 재촉함이로다. 명리를 구하는 것은 아침 이슬과 같음이요 괴로움과 영화는 저녁 연기와 같음이로다. 그대에게 권하노니 부지런히 도를 닦아 속히 성불하여 미혹한 무리를 제도할지어다. 금생에 만약 나의 말을 따르지 않는다면 후세에 당연히 한탄함이 끝이 없으리라.